LEBEN WIE FRANZISKUS

ANSELM KRAUS

LEBEN WIE FRANZISKUS

Ein Begleiter
in seine Geistigkeit
und zu seinen Stätten

Friede und Heil - Würzburg

edizioni messaggero padova

Layout: messenger design

ISBN 88-7026-528-5

© 1983 Prov. Pad. F.M.C. Editrice
Grafiche Messaggero di S. Antonio

VORWORT

Die heutige Gesellschaft zeigt sich sehr beweglich. Tausende, ja Millionen von Menschen sind jährlich, vor allem in der Urlaubszeit, auf den Straßen Europas unterwegs. Für viele Christen haben diese Bewegungen eine besondere Note. Sie sind als Pilger unterwegs zu heiligen Stätten, an denen sie «Frieden und Heil» suchen.
Ein bevorzugtes Pilgerziel ist Assisi. Gerade die Jugend hat den Geburtsort des hl. Franziskus entdeckt und sucht dort Anleitung für ein sinnerfülltes Leben. Die Sehnsucht nach einem Miteinander in Frieden, das Bemühen um eine Annäherung an die Kirche, der Versuch das Leben am Evangelium zu orientieren, die Frage des rechten Umgangs mit der Natur, die Suche nach alternativen Lebensformen verweisen auf Assisi und den Mann, der diese Stadt großgemacht hat: Franziskus.

Dieses Buch ist entstanden aus dem Bemühen, Franziskus und seine Stätten zu entdecken und die franziskanischen Impulse fruchtbar zu machen für die eigene Lebensgestaltung. Es ist schrittweise im Laufe von Jahren bei Franziskus-Seminaren in Assisi entstanden. Das Buch soll kein Reiseführer sein, sondern Begleiter auf einem geistlichen Weg, Hilfe für geistliches Bemühen. Die Anregungen können auch für den, der nicht auf den Fußspuren des Franziskus wandeln kann, Hilfe für geistliche Übungen sein. Dieser Begleiter stellt kein wissenschaftliches Werk dar und erhebt auch nicht den Anspruch auf besondere Originalität. Er soll vielmehr der Versuch sein, auf verschiedenen Ebenen, nämlich über Auge und Ohr, Kopf und Herz, dem franziskanischen Weg näherzukommen und sich Schritt für Schritt einzuarbeiten.

Das Anliegen ist Menschwerdung und Menschsein, d.h. franziskanisch: Mit Gott leben dürfen; in sich und in allen Dingen Gott begegnen. Dabei ist der Mensch als freier Partner Gottes zum Mittun und Mitleben und Mitschöpferisch-Sein befähigt und gefordert. Mit Franziskus wird versucht, die Gottebenbildlichkeit des Menschen, in den Kräften des Herzens und des

Geistes zu sehen. Dabei bleibt immer der ganze Mensch im Blickpunkt, d.h. der Mensch soll nicht «verkopft», sondern in all seinen Dimensionen angesprochen werden.

Hilfen dabei sind Texte, Lieder und Bilder. Dazu haben viele beigetragen. Ihnen sei herzlich gedankt. Besonderer Dank gilt Männern wie van Breemen, S. Clasen, K. Esser, L. Hardik, E. Heufelder, H. Mühlen und C. Pohlmann. Die Fotos entstanden anläßlich eines Franziskus-Seminars in Assisi und stammen von Maria Mauser, Nürnberg. Die Dillinger Franziskanerin, Sr. Leonore Heinzl, textete und komponierte die Lieder. Auch sie entstanden im Rahmen eines Franziskus-Seminars. Die Lieder können auch als Kassette bezogen werden im Kloster Maria Medingen, 8886 Mödingen und im Bildungshaus Kloster Schwarzenberg, 8533 Scheinfeld.

ANSELM KRAUS

Kloster Schwarzenberg, Mai 1983

Assisi

Text und Melodie: Sr. Leonore Heinzl OSF

I.
LEBEN IM VERTRAUEN AUF GOTT

1. Das Märchen von dem Menschen, der Gott sehen wollte

Es war einmal ein Mensch – man könnte auch sagen: der Mensch – der seine Glaubensprobleme hatte. Und er redete mit seinem Freund über die Frage, ob es Gott überhaupt gebe und, wenn ja, ob man mit ihm – Gott – sprechen könne. Das Gespräch mit seinem Freund lief nicht so gut, weil dieser Freund dem andern eigentlich nicht zuhörte. Alsdann ging der Mensch hinaus zu einem Spaziergang. Er wanderte in die Natur und als er so ruhig dahinging, sah er die Wiese mit den schönen, blühenden Blumen, Sträucher, Bäume, einen See und am Horizont die Berge. Das hat ihm so gutgetan, daß er wieder ruhiger wurde. Es überfiel ihn sogar ein religiöses Gefühl und er bekam Sehnsucht nach Gott.

Er blieb mitten in einer Wiese stehen und rief in die Luft: «Gott, alles, was ich hier sehe, ist wunderschön und beeindruckt mich sehr. Man sagt mir, du habest dies alles geschaffen. Darum möchte ich dich bitten, daß du dich einmal sehen läßt, das heißt, falls du überhaupt existierst: Also, ich möchte dich gern sehen und, wenn möglich, mit dir reden.» Das Unglaubliche geschah: Gott antwortete ihm. Er sagte zu dem Menschen: «Ich höre, daß du mich rufst und ich möchte auch recht gern auf deine Bitte eingehen, aber das geht leider nicht. Ich bin zu groß für dich. Deshalb kannst du mich nicht sehen!»

Da sagte der Mensch: «Das kann ich verstehen; einen hohen Turm kann ich ja auch nicht sehen, wenn ich mit meiner Nase vor der Mauer dieses Turms stehe. Also, lieber Gott, dann trete ich etwas weiter zurück, dann kann ich dich doch sehen, wenn du auch groß bist.»

«Das wird dir nicht viel nützen», sagte Gott.

«Na gut, sagte der Mensch, dann trete ich eben noch weiter zurück.» Und Gott, der ein sehr geduldiger Gott ist, sagte: «Wenn du zu weit von mir weggehst, dann gibt es dich überhaupt nicht mehr; denn als Mensch zu existieren ist nur möglich, wenn du in meiner Nähe bleibst.»

Da begann der Mensch starrköpfig zu werden und wiederholte: «Und trotzdem möchte ich dich gern sehen.»

Und Gott sagte zu ihm: «Gut, ich will versuchen, mich von dir sehen zu lassen. Aber ich warne dich: Schließe deine Augen und sichere sie ab mit deinen Armen, denn wenn du mich so direkt ansehen würdest, würdest du erblinden!»

«Lieber Gott, ich werde tun, was du willst, wenn ich dich nur sehen darf!» sagte der Mensch. «Also gut», sagte Gott, «tu, was ich dir gesagt habe.»

Der Mensch schloß seine Augen und bedeckte sie mit seinem Arm. Und dann wurde es plötzlich sehr hell und er sah nicht nur das, was er immer schon gesehen hatte, sondern auch die innere Struktur von allem, was es auf der Erde gibt: Die Struktur, die ungeheure Kraft des Atoms, den Zusammenhang, kurz, alles, was im Tiefsten der Natur und des Lebens zu entdecken ist. Und darin sah er, wie in einem Spiegel, Gott selbst.

Das alles beeindruckte den Menschen tief und es dauerte sehr lange, bis er wieder zu sich kam. Und als er seine Augen öffnete, sah er die Wiese mit den schönen, blühenden Blumen, Sträucher, Bäume, einen See und am Horizont die Berge. Er sagte: «Lieber Gott, ich danke dir, daß ich das alles sehen durfte. Aber weißt du: dich habe ich immer noch nicht gesehen! Ich sah dich ja nur wie im Spiegel. Aber gerade weil das so unglaublich schön war, verlange ich noch viel mehr, dich selbst zu sehen. Bitte!»

Und Gott, der – wie ich schon sagte – ein sehr geduldiger Gott ist, antwortete: «Ich möchte dir ja gern diesen Gefallen tun, aber das geht nicht. Vielleicht könnte ich etwas anderes für dich tun. Wenn ich zu dir spreche, bist du dann zufrieden?»

«Na gut», sagte der Mensch, das ist zwar nicht das, was ich gemeint habe, aber das könnte ich annehmen.»

Da sagte Gott zu ihm: «Dann halte deine Ohren fest zu und schütze sie mit deinen Händen, dann werde ich zu dir sprechen.»

Und der Mensch hielt seine Ohren zu und nahm den Kopf zwischen die Knie. Und dann kam Gottes Stimme wie ein furchtbarer Donnerschlag von den Bergen. Aber weil der Mensch die Ohren zugehalten hatte, hörte er nur ein Geflüster. Und in diesem Geflüster hörte er, daß Gott ihm sagte: «Ich habe dich lieb.»

Diese Aussage traf den Menschen so tief ins Herz, daß er außer sich geriet und hingerissen wurde von der inneren Kraft der Liebe. Er lernte in einem einzigen Augenblick die Liebe kennen und erfuhr, daß seine Liebe so stark zu sein vermochte, daß sie nicht nur glücklich machte, sondern auch neues Leben hervorrufen konnte.

Weil er von diesem Erlebnis so ergriffen wurde, dauerte es sehr lange, bis er wieder zu sich kam. Als er seine Augen und Ohren wieder geöffnet hatte, sah er die Wiese und die blühenden Blumen, Sträucher, Bäume, den See und die Berge am Horizont. Und er hörte das sanfte Rauschen des Frühlingswindes. Da sagte er zu Gott: «Mein Gott, das war großartig von dir, daß du mir gesagt hast, du liebst mich, und besonders, daß du mir die Erfahrung der Liebe geschenkt hast, durch die ich so total ich selbst wurde. Aber, lieber Gott, wenn du alles ganz ehrlich betrachtest, dann wirst du mir doch zugestehen müssen, daß es schließlich mein Verstand war, der die innere Struktur der Dinge durchschaute, und daß es mein Herz war, das liebte und geliebt wurde. Und deshalb möchte ich dich doch darum bitten, daß ich dich sehen darf.»

Und Gott, der – wie ich schon sagte – ein außerordentlich geduldiger Gott ist, atwortete: «Weil du doch nicht aufhören wirst, zu fragen, ob du mich sehen darfst, werde ich es noch einmal mit dir versuchen. Aber jetzt mußt du deine Augen, deine Ohren und dein Herz weit öffnen und aufrichtig zusehen, zuhören und fühlen!»

Der Mensch sagte: «Ich danke dir, lieber Gott, daß du so freundlich zu mir bist» und dann wartete er darauf, was geschehen würde.

Und siehe, da kam ein Mensch, der hieß Jesus von Nazareth. Dieser Jesus sagte: «Ich bin Gottes Sohn; wer mich sieht und hört, sieht und hört Gott, meinen Vater, von dem ich gesandt wurde,» Und auch: «Ich bin der Menschensohn, einer von euch, und lebe euch die Liebe vor.»

Der Mensch hat sich dann einmal genau angesehen, was dieser Jesus so alles tat, und sagte erstaunt: «Ja, was der sagt, das stimmt. Er ist Gott. Ich sehe das jetzt. Und ich höre Gott, der zu mir spricht.» Im nächsten Moment aber dachte er: «Ich bin ja wohl verrückt, das kann nicht wahr sein! Er ist eben ein Mensch, so wie ich und die anderen.»

Und er zuckte die Achseln, ging zu seinem Freund und sagte zu ihm: «Hör mal, mit dir war schon nicht zu reden, aber mit Gott, das ist noch viel schlimmer. Mit dem kann man ja überhaupt nicht reden, denn der tut ja nie, worum man ihn bittet!» (Nach Paul Sporken)

2. Leben im Vertrauen auf Gott
Wer ist Gott und wie ist Gott?

Vorbemerkungen

«Wer ist Gott und wie ist Gott?» Diese Frage ist wichtig, ja entscheidend, denn es gilt, daß unsere Gottesbilder uns prägen, jedenfalls auf Dauer gesehen. Auf die Dauer werden wir so, wie der Gott, den wir uns vorstellen. Man könnte also vereinfacht sagen: Sage mir etwas von deinem Gottesbild oder von deinen Gottesbildern, sage mir, welche Vorstellung du von Gott hast und ich sage dir, wer und wie du bist. Ein Mensch, der sich Gott z.B. als eine despotische Supermacht denkt, die ihrem Volk alle möglichen Härten aufbürdet, wird furchtsam, sklavisch und stellt selbst ziemlich hohe Ansprüche und Forderungen an seine Mitmenschen. Hat ein Mensch ein sehr unpersönliches Bild von Gott, wird seine Frömmigkeit auch leicht unverbindlich und verschwommen. Der Glaube an Gott als Abba, als lieben Vater, erzieht freie, vertrauende Menschen. Der Gott der Liebe, wie wir ihn aus dem ersten Johannesbrief kennen, prägt auf die Dauer gütige Menschen.

Eine zweite Vorbemerkung: Jeder Mensch steht in der Gefahr und in der dauernden Versuchung, sich einen handlichen Gott zu machen, einen, den er verstehen, den er in den Griff bekommen kann. Die Schrift – vor allem das Alte Testament – verbietet streng, sich von Jahwe ein Bild zu machen. Dabei geht es ohne Zweifel zunächst um Bilder aus Stein und Holz. Doch kann die Gefahr, daß wir uns intellektuelle Bilder machen, weit größer sein. Eine Gefahr ist dies deswegen, weil wir damit Gott in unsere geistigen Grenzen einschließen; weil wir dann den Allmächtigen, den Unbegreiflichen auf eine handliche Größe oder auf etwas ähnliches reduzieren. Wir sind einfach zu sehr eingenommen von unseren eigenen Ideen über Gott und übersehen ihn in der jeweils anderen Gestalt. Das kann dazu führen, daß wir ihn übersehen, wenn er anders kommt als erwartet. Und zum anderen verleiten uns unsere greifbaren und verständlichen Gottesbilder dazu, daß wir vergessen, daß Gott der ganz andere ist. Thomas von Aquin kennt auch diese Versuchung. Er warnt vor ihr mit den Worten: «Wenn du ihn verstehen kannst, ist es nicht Gott!» Anzuerkennen, daß Gott immer größer ist, das ist der Kern dieses Geheimnisses. Wie groß wir ihn auch denken; er ist immer größer.

Und eine dritte Vorbemerkung: Wer nur ein einziges Bild von Gott hat, wer einseitig fixiert und festgelegt ist, der verehrt nicht den wahren Gott, sondern im letzten einen Götzen. Deswegen bietet uns die Heilige Schrift selber viele Bilder und Namen für Gott an. Keines ist entsprechend, jedes bleibt offen und führt zu den anderen Bildern. Die Bilder wie Hirt, Vater, Leben, Liebe, das alles führt zusammengenommen zu einem Bild Gottes, das entsprechend ist, das uns ihm näher bringt. Und das Bild von Gott ist Jesus Christus von Nazareth. – Nach diesen Vorbemerkungen nun zur eigentlichen Frage: Wer ist Gott und wie ist Gott?

Aussagen des Alten Testaments

Die Heilige Schrift sagt uns an vielen Stellen – sei es als Offenbarung von seiten Gottes selber, sei es als Aussage über ihn – er sei der Herr. Und damit ist die Aussage verbunden, daß er der Unbegreifliche ist, der Unnahbare, einer, der Geheimnis ist, einer, der jenseits der Möglichkeiten des Menschen im unzugänglichen Licht ist; außerhalb aller natürlichen Erkennbarkeit. Keine Kraftanstrengung kann über die Abgründe hinwegführen, welche zwischen dem Geschöpf und dem Schöpfer bestehen. Diese Unnahbarkeit Gottes spiegelt sich auch wider in den Gebeten des hl.

Franziskus, beispielsweise im «Lobpreis Gottes». Er ist der Allerheiligste, der Allerhöchste, der allmächtige König, der Herr des Himmels und der Erde, über alles erhaben, ohne Anfang und Ende, unveränderlich, unbeirrbar, unaussprechlich, unfaßbar, unerforschlich. Gott ist und bleibt Geheimnis, auch wenn er sich offenbart und sich zu erkennen gibt.

Wenn wir die Hl. Schrift auf die Aussage hin befragen: «Er ist der Herr», dann stoßen wir auf viele Stellen. Und sehr häufig ist damit auf seiten des Menschen Angst, Furcht, Zittern verbunden, oder daß sich der Mensch einfach auf die Erde niederwirft. Von Gott kommt in diesem Zusammenhang häufig die Aufforderung: «Fürchte dich nicht!»

Es ist sinnvoll, sich einmal Gedanken zu machen, wie das eigene kindliche Gottesbild war. Vielleicht stand gerade in der Kinderzeit dieser unnahbare Gott, dieser unbegreifliche und geheimnisvolle, dieser ferne Gott besonders im Vordergrund. Für viele – und das ist dann eine negative Seite – war Gott so etwas wie ein Buchhalter, der in seinem berühmten Buch alles festhält und es einmal im Gericht vorhalten wird; oder wie ein Polizist, oder wie ein Feuerwehrmann, den man, wenn es brennt, schnell herbeiruft, damit er Hilfe leistet.

Überlegen Sie einmal: Wie war mein kindliches Gottesbild? Wir dürfen und müssen die Aussage: Er ist der Herr, der Unnahbare, der Geheimnisvolle, der Unaussprechliche, stehen lassen, weil sie gültig ist, weil sie Offenbarung Gottes ist. Aber die anderen Bilder und Vorstellungen, die in uns Angst auslösen, die uns in Furcht und Schrecken versetzen, die sind sicher ungut. Auch das «Auge Gottes» kann mißverstanden werden. «Ein Auge ist's, das alles sieht, auch was bei finsterer Nacht geschieht.»

Wenn wir nur diese Aussagen hätten, dann könnten wir Gott als kalt, als unnahbar, als alles erdrückend empfinden. Aber das wäre eine einseitige Aussage über Gott und eine einseitige Sicht Gottes. Er selber offenbart sich als einer, der sich dem Menschen zuwendet. Ich denke hier an die bekannte Stelle des Buches Exodus, wo er sich dem Mose am brennenden Dornbusch offenbart. Mose wird berufen, Führer Israels aus der Gefangenschaft Ägyptens zu werden. Er ist überwältigt und hat im Grunde Angst vor diesem Auftrag. Er fragt Gott: «Wenn ich zu den Kindern Israels komme und zu ihnen spreche, der Gott eurer Väter hat mich gesandt, und wenn sie mich dann fragen, wie heißt er?, was soll ich ihnen dann antworten?» Da entgegnet Gott dem Mose: «Ich bin, der ich bin!» Wir könnten, für uns etwas verständlicher, übersetzen: Ich bin der «Ich bin da», «Ich bin der Ich-bin-für-euch-da! Jahwe, das ist mein Name. Ich bin dein Gott!» Er offenbart sich als einer, der als Retter da sein will; er offenbart sich als einer, der persönliche Zuwendung pflegt. Er wird da sein als der treue Gott, auf dessen Treue und Wahrhaftigkeit Verlaß ist. Ihm kann sich der Mensch glaubend und hoffend anvertrauen.

Wenn wir dann die Bibel in großen Linien lesen, wird klar: Tatsächlich hat Gott die Welt von Anfang an für die Menschen bereitet und er hat sein Volk mit seinem Bundeswillen, der auch durch das menschliche Nein nicht bezwungen wurde, begleitet. Er wollte immer die Menschheit aus der Enge in die Weite führen, aus der Tiefe in die Höhe; bis es einmal einen neuen Himmel und eine neue Erde gibt.

Wer ist Gott und wie ist Gott?

Er ist Gott für mich. Hier wird deutlich, er ist nicht starr, sondern Zuwendung. Ich bin der "Ich-bin-für-dich-da". Und die Propheten bezeichnen diese Hinwendung Gottes zum Menschen als Liebe. Sie vergleichen diese Beziehung mit der Liebe zwischen Vater und Sohn, zwischen Mutter und Kind, zwischen Braut und Bräutigam; ja, sie gehen so weit, zu sagen, daß diese Beziehung aussieht wie eine Ehe, wie eine Trauung, wie ein Bund: «Ich traue dich mir an auf ewig» heißt es beim Propheten Hosea im 2. Kapitel. Ich gehe mit dir eine Trauung ein auf ewig. «Ich traue dich mir an in Recht und Gerechtigkeit, in Liebe und Erbarmen. Ich traue dich mir an in Treue. So wirst du Jahwe, deinen Gott, erkennen.» Gott ist der, der zum Menschen eine Beziehung der

Liebe hat, der mit ihm einen Bund eingeht. In der heiligen Messe (im 4. Kanon) beten wir: «Immer wieder hat er den Menschen einen Bund angeboten und sie durch die Propheten gelehrt, das Heil zu erwarten.» Er ist der, der mit den Menschen so etwas wie eine Trauung eingeht. Wir dürfen sagen: Das ist nicht menschliche Erfindung, sondern Offenbarung Gottes. Die schönsten Liebeserklärungen, die wir kennen, stehen in der Bibel und sind Worte Gottes im Hinblick auf seine Beziehung zu uns Menschen. Da heißt es zum Beispiel: Ich habe dich in mein Herz geschlossen; ich habe dich lieb. Ich habe dich an meiner Brust getragen.

Wer ist Gott und wie ist Gott?

Beim Propheten Jesaja im 46. Kapitel stehen die Verse: «Hört auf mich, ihr vom Hause Jakob, der ganze Rest vom Haus Israel, die ihr vom Mutterleib mir aufgebürdet seid, mit denen ich mich beladen habe vom Mutterschoß an, bis in euer Alter bleibe ich derselbe und bis in eure Greisenjahre will ich euch tragen. Ich habe es getan und werde weitertragen. Ich werde halten und retten.»

Wer ist Gott und wie ist Gott?

Wenn ich diese Worte auswerte, dann muß ich sagen: Er ist der, der mich trägt. «Ich will euch tragen.» Er will mich tragen vom Mutterschoß an bis ins Greisenalter. Er ist der, der sich mit mir beladen hat vom Mutterschoß an, dem ich eine Last bin, dem ich das auch sein darf. Es ist seine Wahl und er bekräftigt es mit einem Schwur, daß er mich nicht abwerfen wird. Er sagt: Ich ertrage die Unerträglichen. Ich habe mich selber mit dieser Last beladen. – Wir dürfen ihm eine Last sein. Er schleppt uns mit sich herum wie ein Kind, das am Rock der Mutter hängt. Er schleppt uns mit dem ganzen Schwergewicht: unserem Mißtrauen, unserer Unerträglichkeit.

«Ich will euch tragen. Ich habe es getan und werde weiter tragen. Ich werde tragen und retten.» Wenn ein Mensch uns das verspricht, dann schleicht sich aufgrund der Beobachtungen oder vielleicht sogar Erfahrungen, die wir gemacht haben, sehr häufig die Frage ein: Wie lange hält das? Wie lange tut er das? Wir sind mißtrauisch, denn wir haben die Erfahrung gemacht, zumindest die Beobachtung, daß Menschen sich Treue geschworen haben und einander doch eines Tages erklärten: Du bist untragbar, du bist unerträglich. Untreue heißt doch, ich traue dir nicht mehr; deine Last ist mir unerträglich. Ich kann, ich will dich nicht mehr tragen.

Gott ist anders. Er sagt: Bis in dein hohes Alter, bis in deine Greisenjahre will ich dich tragen. Gott ist also der – und damit gebe ich wieder eine Antwort auf unsere Frage – der eingewilligt hat, mit uns alt zu werden, mit uns, die wir ihm eine Last sind. Albert Camus hat einmal gesagt: Jemanden lieben heißt einwilligen, mit ihm alt zu werden. Und unter einer solchen Liebe kann man dann auch alt werden.

Gott bleibt sich treu, er bleibt uns treu. Er bleibt unter unserer Last. Und wenn ich an den Kreuzweg Jesu denke, dann kann ich sagen: Lieber fällt er selber, als daß er mich abwirft. Am Anfang dieser Zusage steht das Wörtchen «Hört», als wüßte der, der es ausspricht, wie leicht wir so etwas überhören, als wüßte er, wie mißtrauisch wir Menschen solchen Worten gegenüber sind. «Hört», das ist der Anruf an uns, umzukehren, d.h., uns auf den Boden dieser Tatsachen Gottes zu stellen, uns selber und einander neu zu sehen als solche, die getragen werden.

Aussagen des Neuen Testaments

Wer ist Gott und wie ist Gott?
Wenn Gott jeden einzelnen in dieser Art liebt und trägt, dann könnten wir an all die Worte denken, die die Hl. Schrift über die Liebe Gottes zu uns Menschen hat. Ich denke hier an den Galaterbrief, 2. Kap.: «Ich lebe im Glauben an den Sohn Gottes, der mich geliebt und sich für mich geopfert hat.» Das ist Frohe Botschaft, die Frohe Botschaft Jesu Christi im Hinblick auf uns Menschen, daß keiner eine Nummer ist, daß die Menschheit als ganze nicht

Masse ist; daß keiner ein Rädchen an einer Riesenmaschine ist, das man auswechseln und wegwerfen kann, wenn es nicht mehr brauchbar ist. Die Frohe Botschaft lautet: Jeder einzelne ist von Gott gewollt, selbst wenn er rein menschlich sagen müßte, er sei ein unerwünschtes Kind. Er ist von Gott persönlich geliebt. Jeder ist einmalige Schöpfung Gottes. Und jeder darf und soll wie Paulus sagen: Er hat mich geliebt und sich für mich geopfert.

Wer ist Gott?

Er ist der, der mich liebt und sich für mich opfert. Er ist der, für den es kein Hindernis ist, daß es mehr als 4 Milliarden Menschen gibt, mich ganz persönlich zu lieben und mir ein einmaliges Verhältnis der Liebe zu schenken. Hier wird etwas von Gott deutlich, von seiner schöpferischen Machtfülle, daß er sein Bild und Gleichnis in jedem Menschen in einer einmaligen Weise verwirklichen kann. Hier wird etwas vom Reichtum seiner Liebe deutlich, daß er jedem Menschen ein einmaliges, persönliches Verhältnis der Liebe schenken kann, das nur diesem Menschen gilt.

Wer ist Gott?

Wir könnten nun die Aussagen des Neuen Testamentes nehmen, z.B. Abba, das Wörtchen, das etwas vom Gottesbild Jesu Christi ausdrückt. Abba; das ist die Anrede, die Jesus gebraucht, wenn er sich an den Vater wendet. Diese Anrede Abba gehört zu den wenigen kleinen Kostbarkeiten, in denen uns die Urgemeinde unübersetzt das aramäische Reden Jesu festgehalten hat, weil sie besonders auffallend darin ihn, Jesus, selbst vernahm. Häufig wird es mit «Vater» übersetzt. «Abba» sagt viel mehr. Abba ist zur Zeit Jesu ein in das intime Familienleben eingebetteter Ausdruck, den kleine Kinder gebrauchen, wenn sie in einer sehr persönlichen Weise ihren leiblichen Vater ansprechen, unserem «Papa, Papi, Vati» vergleichbar.

Wenn Jesus so betete, wenn er mit diesem Wort mit Gott verkehrte und darin eine neue, nur ihn persönlich kennzeichnende Intimität mit Gott ausdrückt, dann stellt sich natürlich auch die Frage: Gilt das auch für mich? Darf auch ich Abba sagen? Der hl.

Paulus gibt uns im Römerbrief die Antwort. Er sagt: Wir alle haben den Geist empfangen, der uns zu Söhnen, zu Kindern macht. Sind wir Kinder, so sind wir auch Erben, Erben Gottes und Miterben Christi. Wir können, wir dürfen Abba sagen. Jesus will uns gleichsam in seine spezielle Beziehung zum Vater hineinnehmen durch seinen Geist, der uns gegeben ist.

Wer ist Gott und wie ist Gott? Paulus sagt im Römerbrief von ihm, daß er «seines eigenen Sohnes nicht schonte, sondern ihn für uns dahingab.» Wenn er sein Eigenstes, seinen Sohn, nicht schonte, dann gilt dieses «sich nicht schonen» auch vom Vater selbst. Der Gedanke, daß auch der Vater leidet, ist uns kaum vertraut. Und trotzdem ist er den Kirchenvätern, ist er dem Mittelalter sehr vertraut. Über dem Geheimnis der Schöpfung und Menschheit steht das Wort: Liebe. Johannes sagt im 3. Kapitel seines Evangeliums: «So sehr hat Gott die Welt geliebt, daß er seinen eingeborenen Sohn für sie dahingab.» Liebe bedeutet innerste Anteilnahme am Schicksal des Geliebten. Liebe ist das Gegenteil von Unbewegtheit, von Unberührtheit.

Wenn über der Geschichte der Menschheit das Wort von der Liebe Gottes steht, dann bedeutet das, daß Gott zutiefst berührt ist von unserem Schicksal, so wie ein wahrhaft Liebender vom Geschick des Geliebten betroffen ist.

In der Menschwerdung und Erlösung hat Gott unser Schicksal zu seinem Schicksal gemacht. In der Menschwerdung, in dem, was der menschgewordene Sohn Gottes litt, hat er das Leid der gesamten Menschheit auf sich genommen und durchlitten. Wenn unter uns Menschen eine liebende Mutter mit ihrem Kind mitleidet, wenn ein Freund die Not des Freundes mit durchträgt, dann können wir erahnen, was der menschgewordene Gottessohn durchlitten hat in den Ölbergstunden und im Karfreitagsdunkel, wo die gesamte Not der Menschheit über ihn hereinbrach. Er hat die Todesangst aller Sterbenden gelitten, er ist den Kreuzweg aller Kreuzträger gegangen, er hat die Gottverlassenheit aller Menschen durchlitten. Er ist den Tod aller Menschen gestorben. Er ist das Lamm Gottes, das die Sünde der Welt getragen hat.

Origenes schreibt z.B.: «Er stieg auf die Erde herab aus Mitleiden mit dem Menschengeschlecht. Ja, er litt unsere Leiden, bevor er das Kreuz erduldete und bevor er unser Fleisch anzunehmen sich würdigte.» «Erst litt er, dann stieg er herab und ward sichtbar. Was ist das für ein Leid, das er da am äußersten litt? Es ist die Leidenschaft der Liebe. Und der Vater selbst, der Gott des Alls, langmütig und gar sehr mitleidend, leidet nicht auch er in gewisser Weise? Oder weißt du nicht, daß er, wenn er das Menschenleben lenkt, menschliches Leid mitleidet? Auch der Vater ist nicht ohne Leidenschaft. Wenn er gebeten wird, so erbarmt er sich, d.h., er leidet mit. Er erleidet etwas von der Liebe. Liebend versetzt er sich in jene, in welchen er, ob der Größe seiner Natur, nicht sein kann.»

Wer ist Gott und wie ist Gott?

Er ist nicht nur der, der mich liebt, er ist auch der, der mit mir und für mich leidet.

Meister Eckhart drückt das so aus: «Daß Gott mit uns im Leiden ist, heißt, daß er selbst mit uns leidet. Fürwahr, wer die Wahrheit erkennt, der weiß, daß ich wahr spreche. Gott leidet mit den Menschen, ja, er leidet auf seine Weise eher und ungleich mehr, als der da leidet, der um seinetwillen leidet.»

Fragen Sie sich also: Wie habe ich mir als Kind Gott vorgestellt? Welche Bilder von Gott hatte ich? Und gehen Sie noch einen Schritt weiter und fragen Sie in diesem Zusammenhang einmal: Wer waren eigentlich die Menschen, die mir dieses Gottesbild vermittelt haben? Und danken Sie dem Herrn für diese Boten des Glaubens. Gehen Sie wieder einen Schritt weiter und fragen Sie sich: Wie ist mein Gottesbild heute? Bitte, stellen Sie nicht zusammen, was Sie alles wissen, was Sie gelesen haben, sondern wie Sie ihn erfahren haben. Gehen Sie Ihren Lebensweg durch, dann kommen Sie vielleicht zu Aussagen wie: Ich habe ihn als den treuen Gott erlebt, daß er immer da war. Ich habe ihn als eifernden Gott erlebt, als einen, der mir sogar nachging, wenn ich vor ihm weglief.

Ich habe ihn als nahen Gott erlebt, habe erlebt, daß er da war, wo ich in großer Not war. Ich habe ihn erlebt als den, der da ist, der für mich da war. Oder ich habe ihn als den Schweigenden, als den Geheimnisvollen, den Abwesenden erfahren. Ich habe ihn als den geduldigen Gott erlebt, daß er mich immer wieder beschenkt hat, vielleicht sogar verwöhnt hat, obwohl ich ihm so wenig geantwortet und mich so wenig dankbar erwiesen habe. Er macht dort weiter, wo ein Mensch längst aufgehört und gesagt hätte: Du bist ein hoffnungsloser Fall. Eine Hilfe könnte es sein, den Lobpreis Gottes des hl. Franziskus als Vergleichspunkt heranzuziehen.

Hier wurden einige Stellen der Offenbarung, in denen Gott Aussagen über sich macht oder in denen Paulus etwas über das Wesen Gottes sagt, aufgezeigt. Die Auswahl dieser Stellen ist rein subjektiv; es könnten genauso andere Stellen der Offenbarung sein. Im Grunde laufen sie immer auf zwei wesentliche Aussagen hinaus. Die erste lautet: Gott ist das mysterium tremendum, das Geheimnis, das beim Menschen Furcht und Schrecken auslöst und ihn in Angst sagen läßt: Geh weg von mir, ich bin ein sündiger Mensch!

Die zweite Aussage lautet: Gott ist das mysterium fascinosum, Gott ist das Geheimnis, das den Menschen anzieht, das dem Menschen liebenswert ist und ihn in Liebe sagen läßt: Herr, laß mich zu dir kommen!

Beide Aussagen müssen stehenbleiben, keine darf zugunsten der anderen aufgegeben werden.

3. *Fonte Colombo - Der Sinai des Franziskus*

Von Rieti aus fährt der Pilger nach Südwesten und erreicht über eine steile Bergstraße den Monte Raynerio, wo auf der waldbedeckten Höhe das Heiligtum liegt. Vom Eingang zum Heiligtum überschaut man eine wilde Waldschlucht, in deren Tiefe ein Bergbach talwärts braust. Majestätisch blicken die dunklen Kuppen der Abruzzen herab. Die Stimmung dieses Ortes, aus Wucht und Feierlichkeit geschaffen, war so recht geeignet, dem Heiligen als Zufluchtsstätte zu dienen. Hier konnte er sich stärken in seinen Sorgen und Zielen. Jahrhunderte sind seit Franziskus vergangen. Auf der Suche nach dem Ursprünglichen, nach dem, was der Heilige selbst zu seiner Zeit hier angetroffen hat, findet man noch viel Ursprüngliches.

Rundgang

Schon vor Franziskus stand hier eine Einsiedelei, die der Heilige von einem gewissen Raynerius geschenkt bekam. Daneben war ein Kirchlein, darunter eine Felsenhöhle, und am Berghang eine Quelle.
Einen wesentlichen Teil ihrer Atmosphäre hat diese hl. Stätte wohl vor allem dadurch, daß der Wald nahezu unberührt geblieben ist. In ihm findet man uralte, knorrige, weitästige Bäume, besonders Eichen. Die Überlieferung erzählt, seit der Zeit des hl. Franziskus sei noch kein einziger Baum gefällt worden. Es ist überhaupt ein Merkmal franziskanischer Heiligtümer, daß sie fast alle noch von schönem Wald umgeben sind, während sonst in Italien im Laufe der Jahrhunderte die Wälder vielfach verschwunden sind.
Der Platz des Heiligtums ist beherrscht von der heutigen Klosterkirche, die 1450 vom deutschen Kardinal Nikolaus Cusanus eingeweiht wurde. Im Innern zeigt sie sich als schlichte, arme, aber geschmackvoll erneuerte Kirche. Rechts von der Kirche ist der Eingang zum Kloster, links das Tor zum eigentlichen Heiligtum.
Am Eingang stehen die Worte aus dem Buch Exodus: «Ziehe die Schuhe aus, denn der Boden, den du betrittst, ist heilig.»
Man stößt zuerst auf den Kern des heutigen Klostergebäudes. Es ist die alte Einsiedelei des hl. Franziskus und seiner Brüder. Sie besteht aus drei Zellen und einem Aufenthaltsraum. Hier hat

Franziskus 1223-24 und wieder 1225 gewohnt. An dieser Stätte unterzog sich Franziskus einer furchtbaren Augenoperation.

Nahe an der Einsiedelei steht ein kleines Kirchlein, die Magdalenenkapelle. Sie stand schon zu Lebzeiten des hl. Franziskus. Er hat bei ihrer Erneuerung mitgeholfen. Heute noch hängt auf dem Türmchen die Glocke, mit der Franziskus seine Brüder, die teilweise in der Einsiedelei, teilweise in den naheliegenden Höhlen des Waldes hausten, aus der Zurückgezogenheit zum gemeinsamen Gotteslob und Mahl rief.

Der Innenraum der gotischen Kapelle hat ein Tonnengewölbe. In der kleinen Apsis sind noch alte Fresken erhalten: der sitzende Erlöser, Maria mit dem Kinde und die hl. Kunigunde. Das Bild der hl. Magdalena schmückt die rechte Seitenwand. Ihr nackter Leib ist bedeckt mit langen Haaren.

Der kleine Altar kann aus der Zeit Franziskus sein: eine Steinplatte, die auf einer Steinsäule ruht. Hier könnte Bruder Leo, der Beichtvater und Sekretär des hl. Franziskus, die Messe gefeiert haben.

Die Fensternische auf der linken Seite birgt einen wertvollen Schatz: Das Zeichen des Tau (T), das der hl. Franziskus mit roter Farbe an diese Stelle gemalt hat. Das Tau war für ihn Siegel der Buße und des in Christus erneuerten Lebens. Es war Kreuzbild für ihn, seine Brüder und alle, die auf sein Wort hören werden. T war das Zeichen, das gerade für die der Armut Getreuen bestimmt war. Franziskus war diesem Zeichen beim IV. Laterankonzil 1215 in Rom begegnet. Damals predigte Papst Innozenz III. zum Thema: «Gott will nicht den Tod des Sünders.» Der Papst erklärte in diesem Zusammenhang: «Tau ist der letzte Buchstabe des hebräischen Alphabets und gibt das Kreuz wieder in der Form, die es hatte, bevor Pontius Pilatus seine Inschrift darauf anbrachte. Dieses Zeichen trägt jeder an der Stirne, der die Kraft des Kreuzes in seinen Werken zeigt nach dem Apostelwort: "Sie haben ihr Fleisch mit seinen Leidenschaften und Gelüsten ans Kreuz geschlagen" und: "Mir sei es ferne, mich zu rühmen als nur des Kreuzes unseres

Herrn Jesus Christus. Durch ihn ist mir die Welt gekreuzigt und ich der Welt." (Gal 6,14)»

Jedes dieser Worte des Papstes traf Franziskus. Er erfuhr mit neuer Dringlichkeit seine Aufgabe, schlummernde Kräfte wurden geweckt. Von da an wählte Franziskus das Tau als Sinnzeichen seiner Bruderschaft und als Siegel; er setzte es wie einen Segen auf Wände seiner Einsiedeleien und siegelte damit seine Sendschreiben.

Auf einem gepflasterten Weg und später auf einer engen Treppe kommt man zur Michaelskapelle; dann geht es weiter zur «Heiligen Höhle» hinunter. Sie ist einen Meter breit und sieben Meter lang und auf beiden Seiten offen. Hierhin zog sich Franziskus

gerne zurück. Hier verbrachte er 1223 eine vierzigtägige Fastenzeit, während der er auch die Ordensregel verfaßte.

Rückhaltloses Vertrauen

Wenngleich der Ort Fonte Colombo seine Bedeutung in erster Linie durch die Abfassung der Regel gewonnen hat, so bedeutet das nicht, daß Franziskus keinen Bezug zu dieser Stätte gehabt hätte. Im Gegenteil: Die Tatsache, daß er in den Jahren 1223/25, also in seinen letzten Lebensjahren, lange Zeit dort verbracht hat, deutet darauf hin, daß er diesen Ort der Stille besonders liebgewonnen hatte. Die Bedeutung und franziskanisch-geistige Ursprünglichkeit seiner dort verfaßten Regel wird dadurch noch verstärkt, daß er in der dortigen Umgebung sein Ideal, die vollendete Nachfolge Christi im rückhaltlosen Verlassen auf Gottes Geist, sehr gut verwirklichen konnte.

Zwei Legenden aus «speculum perfectionis» geben uns Zeugnis für diesen ganz gottergebenen Geist.

Franziskus war in die Einsiedelei von Fonte Colombo gekommen, weil der Kardinal von Ostia und Bruder Elias ihn gezwungen hatten, sich von seiner Augenkrankheit heilen zu lassen.

Der Arzt hatte beschlossen, Ätzungen mit glühenden Eisen an beiden Schläfen vorzunehmen. Als der Arzt und seine Gehilfen Franz mit dem Feuerbecken nahten, worin das glühende Eisen lag, machte Franz das Kreuzzeichen darüber und sagte: «Bruder Feuer, der du edler und nützlicher bist als die meisten anderen Geschöpfe. Ich bin dir immer gut gewesen und werde es stets bleiben aus Liebe zu dem, der dich erschaffen hat. Bezeuge du dich nun auch sanft und höflich gegen mich und brenne mich nicht mehr, als ich ertragen kann.»

Der Arzt nahm darauf die Ätzung vor, und alle Brüder entflohen, als sie das lebendige Fleisch unter dem Eisen sieden hörten. Franz sagte nur, als es überstanden war: «Wenn es nicht genug gebrannt worden ist, dann brennt nur noch einmal, denn ich habe keinen Schmerz gefühlt.»

Der Besucher steht an der Stelle der Einsiedelei, an der diese Tortur an Franziskus vollzogen worden ist. Geheimnisvoll fühlt er sich hineingezogen in den Bannkreis des Wunders. Der Geist des Sonnengesangs wird wach: Bruder Feuer.

Die zweite Legende zeigt, wie weit Franziskus in seinem Vertrauen auf Gott ging: Einmal, als sich der Arztbesuch etwas lang ausgedehnt hatte, wünschte Franziskus, den Arzt zu Mittag einzuladen. Die Brüder wandten indessen ein, sie hätten schwerlich genug Essen für sich selbst und jedenfalls nichts, um Gäste dazu einzuladen. «Geht und richtet an, was wir haben, gebot Franziskus, «und laßt es mich nicht zweimal sagen». Und kaum hatten sie sich zu Tisch gesetzt, als es an die Tür klopfte und eine Frau draußen stand mit einem Korb voll der herrlichsten Speisen; feines Brot, Fisch, Pastete, Honig und Trauben.

Das Ringen um die Regel

«Zufluchtsstätte der Stille, die Franz aufsuchte in all den inneren Kämpfen um die geistlichen Fundamente seines Ordens.»

So charakterisiert Sr. Basilea Schlink die Einsiedelei Fonte Colombo. Man müßte ergänzen: Ort des Ringens um den rechten Weg und Auseinandersetzung mit den Provinzialen.

Nicht das öffentliche Wirken in der Welt, nicht der Aktivismus brachte die klaren Wegweisungen in das Leben der Minderbrüder, sondern die Zurückgezogenheit, die Stille vor Gott, das Suchen nach Gott, das Gebet. Was in vielen anderen Fällen gleichermaßen gilt, lehrt uns insbesondere Fonte Colombo.

Franziskus liebte trotz all seiner Offenheit für die Menschen die Einsamkeit. Er brauchte sie, um immer wieder neuen Rat zu holen, neue Kraft zu schöpfen bei Gott.

So ist es nicht verwunderlich, wenn der waldbedeckte Monte

Raynerio mit seiner Einsiedelei Fonte Colombo zum Sinai des hl. Franziskus wird. Dort kämpfte er im Gebet um die Festigung der geistigen Grundlagen des Ordens. Dort verfaßte er, einen Steinwurf unterhalb der heutigen franziskanischen Niederlassung in einer kleinen Höhle die zweite, nicht mehr erhaltene und auch die dritte Regel des Ordens. Er pflegte dabei die ihn begleitenden Brüder auf dem Berg zurückzulassen und sich ganz allein zum Hören auf die Stimme Gottes zurückzuziehen. Erst wenn er glaubte, das Wort Gottes erkannt zu haben, kehrte er zu den Brüdern zurück und ließ das Erfahrene von ihnen schriftlich festhalten.

Nachdem Franziskus die Regel verfaßt hatte, betete und fastete er eifrig, kehrte dann nach Portiunkula zurück und übergab die Urkunde dem Generalvikar, Bruder Elias, damit er sie den Provinzialministern bekanntgebe. Nach einigen Tagen erklärte Elias, die neue Regel sei verlorengegangen. Bruder Elias und verschiedene Provinzialminister hatten sie abgelehnt.

Wieder zog Franziskus in die Einsamkeit des Berges, bedrückt ob des fortgesetzten Widerstandes und diktierte ein zweites Mal unter Gebet und Fasten dem Bruder Leo die Regel.

Nun verloren die Provinziale jede Selbstbeherrschung, verfolgten ihn bis in seine Einsamkeit und erklärten, sie würden die neue Regel nicht beobachten.

Die neue Regel hatte nicht mehr die jubilierende Überschwenglichkeit und hochgestimmte Sehnsucht, nicht mehr die ergriffene Mahnrede der früheren Regel. Doch von den wesentlichen Grundsätzen hat er nichts geopfert. Auch die neue Regel verpflichtet zu absoluter Armut; die Brüder sollen sich mit kümmerlicher Kleidung begnügen; sollen friedfertig und demütig sein und andere nicht beurteilen; sie sollen arbeiten, dabei aber den Geist der Andacht und des Gebets nicht auslöschen; im Notfall können sie vertrauensvoll Almosen betteln; sollen weder Haus noch Acker noch sonst etwas zu eigen haben, sondern wie Pilger und Fremdlinge in dieser Welt leben. Es ist das alte Ideal, das Franz den Brüdern hiermit aufzeigt.

Die Regel wurde durch Honorius III. am 29. November 1223 feierlich bestätigt. Die widerspenstigen Brüder gaben sich nicht alle zufrieden.

Eine Legende aus dem «Spiegel der Vollkommenheit» schildert die Spannung; Franziskus und die Provinziale hörten in Fonte Colombo eine Stimme aus der Höhe: «Franziskus, nichts aus deiner Regel stammt von dir, sondern alles ist mein, was darin ist.» Hier wird etwas von der engen Verbundenheit des hl. Franziskus mit dem Willen und dem Geist Gottes sichtbar. Man spürt seine feste Entschlossenheit, auch gegen den Widerstand seiner Brüder sein Leben und das des ganzen Ordens mit dem Willen Gottes in Einklang zu bringen.

Wer Franziskus und seinen Charakter ein wenig kennt, der weiß, daß er allein von sich aus den Brüdern wohl nie verbindliche Vorschriften gemacht hätte, da er viel zu sehr aus einem augenblickbezogenen Gottvertrauen heraus gelebt hat und immer von den situationsbedingten Notwendigkeiten ausgegangen ist. Der

Geist Gottes muß es gewesen sein, der ihm die unabänderliche Notwendigkeit solcher Vorschriften eingegeben hat. Franziskus fügte sich diesem Anruf.

Sr. Basilea Schlink sieht in der Abfassung der Regel durch Franziskus einen sehr engen Zusammenhang zu der Gesetzgebung am Sinai und erklärt damit auch die Notwendigkeit der Regelabfassung. Sie schreibt:

«Die Neufassung der Regel ... waren Ordnungsgebote, wie sie ihm für den Weg der Nachfolge seiner Brüder vom Geist Gottes gegeben wurden. Vor seinem inneren Auge standen dabei die Liebesgebote des Alten und auch des Neuen Testamentes, in denen Jesus seinen Jüngern so viel klare Wegweisungen gegeben hatte. So ist dieser Ort ein kleiner Sinai.»

4. Fragen zur Besinnung:

Wie war mein kindliches Gottesbild?
Beschreibung!
Was habe ich von ihm erwartet?
Was habe ich von ihm befürchtet?

Welche Personen und Ereignisse haben mir dieses Bild vermittelt?

Wie ist mein Gottesbild heute (Gott ist treu, nahe, Schützer, schweigend, rätselhaft...?)

Welche Erlebnisse spielten dafür eine wichtige Rolle?

Schreibe einen Lobpreis Gottes (Aneinanderreihung von Eigenschaften und Namen und Titeln).

Schreibe Deinen Lebenslauf aus der Sicht des Glaubens (Der Herr gab mir... führte mich...).

Lobpreis Gottes

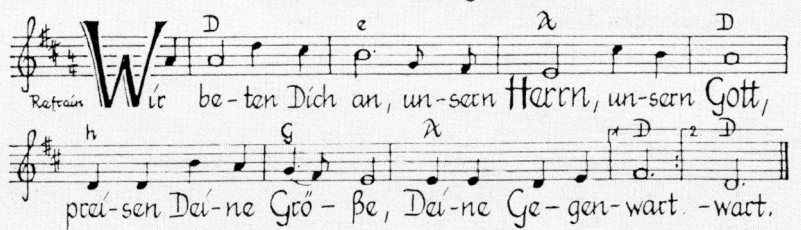

Refrain: Wir beten Dich an, unsern Herrn, unsern Gott, preisen Deine Größe, Deine Gegenwart. -wart.

Du bist der heilige Herr, Gott allein; Wunderwerke
 vollbringst Du   (Ps 76.15)
Du bist der Starke.
Du bist der Große.
Du bist der Höchste.
Du bist der allmächtige König, Du heiliger Vater,
König des Himmels und der Erde.   Refrain

Du bist der Dreifaltige und der Eine, Herr und
unser Gott, jegliches Gut.
Du bist das Gute, jegliches Gut, das höchste Gut,
Herr und Gott, lebendig und wahr.
Du bist die Liebe, du bist die Minne.   Refrain

Du bist die Weisheit.
Du bist die Demut.
Du bist die Geduld.
Du bist die Sicherheit.
Du bist die Ruhe.
Du bist die Freude und das Frohlocken.
Du bist die Gerechtigkeit und das Maßhalten. Refrain

Du bist jeglicher Reichtum zur Genüge.
Du bist die Schönheit.
Du bist die Milde.
Du bist der Beschützer.
Du bist der Wächter und der Beschirmer.
Du bist die Stärke.
Du bist die Erquickung.
Du bist unsere Hoffnung.   Refrain

Du bist unser Glaube.
Du bist unsere große Wonne.
Du bist unser ewiges Leben,
 großer und wunderbarer Herr, allmächtiger Gott,
 barmherziger Heiland. *Refrain*

Herr, segne und behüte uns.
 Zeige uns Dein Angesicht und erbarme Dich unser.
 Wende uns Dein Antlitz zu und schenke uns
 den Frieden.
                    Herr, segne uns.

Wir be-ten Dich an, un-sern Herrn, un-sern Gott,
prei-sen Dei-ne Grö-ße, Dei-ne Ge-gen-wart. -wart.

Text: hl. Franziskus von Assisi
Melodie: Sr. Leonore Heinzl OSF

II.
DER RUF ZUM LEBEN: BERUFUNG

1. Jene, die der Welt entsagen

«Der Heilige lehrte jene, die zum Orden kamen, bevor sie der Welt den Scheidebrief gaben, zuerst ihre Habe draußen, dann drinnen sich selber Gott zum Opfer zu bringen. Nur solche, die sich ihres Besitzes ganz enteignet hatten und gar nichts mehr zurückhielten, ließ er zum Orden zu, einerseits wegen der Weisung des Hl. Evangeliums, andererseits, damit nicht etwa zurückbehaltene Geldbeutel zu Ärgernis Anlaß gaben.

In der Mark Ancona geschah es, daß nach einer Predigt des Heiligen einer zu ihm kam und ihn demütig um Aufnahme in den Orden bat. Der Heilige erklärte ihm: "Wenn du den Armen Gottes beigesellt werden willst, so verteile zuerst das Deine unter die Armen der Welt! Mit dieser Weisung ging der Mann hin und, von fleischlicher Liebe getrieben, verteilte er seine Habe an die Seinen, indes er den Armen nichts gab. Da geschah es, als er zurückkehrte und dem Heiligen von seiner großzügigen Freigebigkeit berichtete, daß der Vater spöttelnd sagte: "Geh deines Weges, Bruder Mücke, denn du bist noch nicht ausgetreten aus deinem Hause und deiner Verwandtschaft! Deinen Blutsverwandten hast du das Deine gegeben und die Armen betrogen; du bist der heiligen Armen nicht würdig. Du hast im Fleische begonnen und damit einen baufälligen Grund gelegt für den geistlichen Bau". Da kehrte der sinnliche Mensch zu den Seinen zurück und forderte wieder das Seine, das er den Armen nicht überlassen wollte» (2 Celano, 80-81).

2. Der Ruf zum Leben: Berufung

Markus 10,17-27

«Als sich Jesus wieder auf den Weg machte, lief ein Mann auf ihn zu, fiel vor ihm auf die Knie und fragte ihn: Guter Meister, was muß ich tun, um das ewige Leben zu gewinnen? Jesus antwortete: Warum nennst du mich gut? Niemand ist gut außer Gott, dem Einen. Du kennst doch die Gebote: Du sollst nicht töten, du sollst nicht die Ehe brechen, du sollst nicht stehlen, du sollst nicht falsch aussagen, du sollst keinen Raub begehen; ehre deinen Vater und deine Mutter! Er erwiderte ihm: Meister, alle diese Gebote habe ich von Jugend an befolgt. Da sah ihn Jesus an, und weil er ihn liebte, sagte er: Eines fehlt dir noch: Geh, verkaufe was du hast, gib das Geld den Armen und du wirst einen bleibenden Schatz im Himmel haben; dann komm und folge mir nach! Der Mann aber war betrübt, als er das hörte, und ging traurig weg; denn er hatte ein großes Vermögen. Da sah Jesus seine Jünger an und sagte zu ihnen: Wie schwer ist es für Menschen, die viel besitzen, in das Reich Gottes zu kommen! Die Jünger waren über seine Worte bestürzt. Jesus aber sagte noch einmal zu ihnen: Meine Kinder, wie schwer ist es, in das Reich Gottes zu kommen! Eher geht ein Kamel durch ein Nadelöhr, als daß ein Reicher in das Reich Gottes gelangt. Sie aber erschraken noch mehr und sagten zueinander: Wer kann dann noch gerettet werden? Jesus sah sie an und sagte: Für Menschen ist das unmöglich, aber nicht für Gott; denn für Gott ist alles möglich».

Jesus ist auf dem Weg. Er ist unterwegs zu den Menschen. Er, der Bringer des Heiles, kommt in den Gesichtskreis eines jungen Mannes, der reich ist, sich aber mit diesem reichen Leben nicht zufrieden geben kann. Er fragt: Was kommt danach? Er möchte das ewige Leben, er möchte die Gemeinschaft mit Gott, er sucht den Himmel. Er glaubt auch nicht aufgrund gewisser Frömmigkeitsübungen und anderer Leistungen (Fasten, Beten, Almosen geben) das ewige Leben schon sicher in der Tasche zu haben. Seine

Frage bedrängt ihn so, daß er zu Jesus rennt. Er spürt, daß, wo Vorübergang des Herrn ist, alles eine drängende Eile hat. Es ist die günstige Stunde, der göttliche Augenblick im Leben dieses jungen Mannes, der ihn geradezu hin zu Jesus treibt.

Der junge Mann spricht Jesus mit «guter Meister» an. Die Reaktion Jesu überrascht. Er entgegnet: «Was nennst Du mich gut? Nur einer ist gut: Gott.» Dabei kann es keine Frage sein, daß Jesus gut ist. Trotzdem korrigiert Jesus den jungen Mann. Er hat aus seiner Frage herausgehört, man könne sich das ewige Leben erwerben, verschaffen oder erarbeiten. Jesus möchte nicht den Eindruck aufkommen lassen, als könne sich ein Mensch, unabhängig von Gott, aus eigenem Bemühen, durch Frömmigkeit, Gesetzeseifer und gute Werke das ewige Leben sichern. Vielmehr will er sagen: Gutsein ist vom Menschen her nicht machbar: «nur einer ist gut, Gott». Wenn es in dieser Welt Güte und Liebe gibt, dann nur als Teilhabe an der Güte Gottes. Der Mensch jedoch ist ohne Gott, so wie er sich vorfindet, in jedem Fall böse.

Auch der Hinweis Jesu auf die Gebote scheint vom eigentlichen Thema wegzuführen. Dieser junge Mann hat nach dem ewigen Leben, nach dem ewigen Glück, nach der Gemeinschaft mit Gott gefragt, Jesus jedoch verweist auf die Gebote. Er macht deutlich: Die Beobachtung der Gebote ist als Anerkennung Gottes des Herrn durch die Tat unerläßlich. Wer Gott bei der inneren Entscheidung nicht mehr gehorcht und seine Gebote nicht mehr beobachtet, verliert ihn aus dem Blick, ja er erklärt ihn schließlich für tot. Das Tun der Wahrheit, das Beobachten der Gebote, hat eine Schlüsselstellung für das Ergriffenwerden durch Gott. Das Johannesevangelium bestätigt dies: «Wer bereit ist, den Willen Gottes zu tun, wird erkennen, ob diese Lehre von Gott stammt» (Joh. 7,17).

Der junge Mann muß ein geradezu idealer Mensch sein, denn er kann Jesus antworten: «Meister, das alles habe ich von meiner

Jugend an beobachtet.» Jesus widerspricht ihm nicht, er läßt die Aussage stehen. Trotzdem nimmt die Geschichte für den Fragesteller eine unerwartete Wende. Das ewige Leben, der Himmel, die Gemeinschaft mit dem Herrn, wird ihm augenblicklich angeboten, denn Jesus schaut ihn an und schenkt ihm seine Liebe. Ferner ruft er ihn in die Lebensgemeinschaft mit sich. Dieses «Hier und Jetzt» ist die erste große Hürde für den jungen Mann. In der Sprache der Gleichnisse: Die kostbare Perle ist entdeckt, der Schatz im Acker gesichtet. Es gilt jetzt, alles zu verkaufen, und zwar freudig und den Erlös in Mitmenschlichkeit umzumünzen. Auf dieses «Hier und Jetzt» war der reiche junge Mann nicht gefaßt. Er hatte ein Gewohnheitsherz; er hatte seinen Plan und diesem entsprechend müßte alles nacheinander gehen. Erst noch mein Leben, dann das ewige Leben; erst noch ich, dann Gott. Erst noch Abgaben, dann Hingabe; erst noch irdischer Besitz, dann ewiger Besitz. Er ist nicht bereit, seinen persönlichen idealen, frommen Plan durch den Herrn stören zu lassen. Ihm fehlt das Überraschungsherz.

Die zweite Hürde ist das «Alles». Er soll alles verkaufen. Das heißt für ihn: das Ganze aufs Spiel setzen. Ja, die Forderung des Herrn geht noch weiter, er soll sich selber geben. Der Herr will ihn mit allen Gütern beschenken. Dafür braucht er leere Hände. Der Herr selber will sich ihm schenken. Dafür braucht er ein aufnahmebereites Herz. Bisher gab er nur etwas ab. Jetzt auf einmal soll er seine ganze Existenz auf Jesus setzen. Er soll sich riskieren. Mit einem Mal kommt ihm das so vor, als hieße dies, seine Sache auf Null, auf nichts stellen. Er fühlt keinen Boden mehr unter den Füßen. Sein Glaube ist zu schwach, er kann sich nicht in Jesus festmachen. So entscheidet er sich dafür, sich weiter auf sich selbst zu stellen. Er baut auf seine Tüchtigkeit, er läßt die kostbare Perle fahren. Er geht traurig weg.

Auch Franziskus erlebt diesen Ruf des Herrn ganz persönlich. Er erfährt, wie der Herr die Initiative ergreift und ihn immer wieder anspricht. Gott bricht in sein Leben ein. Gott müht sich um ihn. Er erweist sich als lebendiger und liebender Gott. Es ist gar nicht so, daß Franziskus aus sich heraus die Initiative ergreifen müßte. Nein, Gott tut den ersten Schritt. Er kommt in das Dunkel des Franziskus und wirft sein Licht auf dessen Leben und Wertordnung, so daß diese sich plötzlich verändert. Was vorher wichtig war, wird nebensächlich; was am Rande lag, wird in den Mittelpunkt gerückt. Das wahre Licht, das jeden Menschen erleuchtet, kam auch in sein Leben.

Stationen dieses Einbruchs Gottes und seines Lichtes sind:
– 1 Jahr Gefangenschaft in Perugia. Trotzdem träumt Franziskus noch von weltlicher Größe:

«Ich schaue den Tag, da die ganze Welt mir huldigen wird.»
– eine Begegnung mit einem Aussätzigen
– ein Wort des Gekreuzigten in dem Kirchlein San Damiano
– ein Prozeß mit dem eigenen Vater vor dem Bischof von Assisi
– und das Anhören des Tagesevangeliums am Matthiasfest 1209.
Das sind Markierungen auf seinem Weg aus dem Dunkel zum Licht. Franziskus geht ihn hellwach. So kann Gott ihn erreichen. Franziskus spürt, Gott steht hinter diesem Geschehen; er ergreift die Initiative und streckt ihm ganz persönlich die Hand entgegen.

In seinem Testament formuliert er:
«Der Herr führte mich unter die Aussätzigen»
«Der Herr gab mir Brüder»
«Der Herr hat mir geoffenbart, ich solle nach der Weise des Evangeliums leben.»

Er weiß diese Erlebnisse also vom Herrn her zu deuten. Gott hat den Franziskus angesprochen. Sein Ruf erweist sich als beständig und hartnäckig. Gott nimmt seinen Ruf nicht zurück, auch wenn Franziskus zunächst noch einmal in das alte Leben zurückfällt. Franziskus erlebt, daß Gott durch den Alltag und im Alltag spricht. Wer darum Gott hören will, muß wie Franziskus bei allen Begegnungen und in den verschiedensten Situationen fragen: «Herr, was willst Du mir mit dieser Begegnung oder mit diesem Erlebnis sagen?»

In der Stunde der Bekehrung in San Damiano betet der Heilige:
«Höchster, glorreicher Gott: Erleuchte die Finsternis meines Herzens und schenke mir rechten Glauben, gefestigte Hoffnung und vollendete Liebe. Gib mir Herr das rechte Empfinden und Erkennen, damit ich deinen heiligen und wahrhaften Auftrag erfülle. Amen» (Gebet vor dem Kreuzbild von San Damiano)

«Erleuchte die Finsternis meines Herzens.» Franziskus weiß sich noch im Dunkel, aber er ist von dieser Stunde an ein Mann, der leidenschaftlich Gott sucht, einer, der nach ihm fragt. Er geht in die Stille, er betet, er liest die Hl. Schrift und fragt: Herr, was willst Du mir sagen? Schon in Spoleto hatte er den Herrn gefragt: «Herr, was willst Du, das ich tun soll?» Damit begann er aufzuhören, seine eigenen Programme zu machen und seine eigenen Wege zu gehen. Er fragt nach dem Willen Gottes, er findet ihn in der Hl. Schrift und im Gebet und er tut ihn. Auch im täglichen Leben soll der Wille Gottes und die Weisung des Herrn sein Programm sein. Er ist Gott gegenüber gehorsam. Diesen Schritt vom Hören des Wortes Gottes zum Tun des Willens Gottes meint Franziskus, wenn er sagt: «So hat der Herr mir, dem Bruder Franziskus, gegeben, das Leben der Buße zu beginnen» (Testament). Buße heißt für Franziskus: Umdenken, sich umstellen auf das, was Gott konkret will und den erkannten Willen Gottes tun. Wer aber nicht in Buße lebt, ist blind, «weil er das wahre Licht unseres Herrn Jesus Christus nicht sieht».

Franziskus hat erfahren, daß Gott ein lebendiger und liebender Gott ist. Doch das gilt nicht nur im Hinblick auf seine Person. Allem Gerede zum Trotz ist Gott auch heute nicht tot. Jesus hat den Tod überwunden und lebt und ist unterwegs zu den Menschen, um sie anzusprechen. Er wird oft in unscheinbarem Gewand kommen, unauffällig, anders als erwartet. Er kommt nicht nur auf den uns bekannten und vertrauten Wegen, sondern auch auf neuen. Der Besuch eines Gottesdienstes, eine Schriftlesung, die Begegnung mit einem Menschen, der Anblick einer menschlichen Not, das Erlebnis einer Freude, auch eines menschlichen Rückschlags, können sein Anruf sein, mit dem er den Menschen im Alltag erreichen und ihm etwas sagen will.

Bei Franziskus war der Weg aus dem Eigenwillen in die Freundschaft mit dem Herrn ein langer Weg, der geradezu einen Entwicklungsprozeß von 5 Jahren darstellte. Auch da war dieser Weg noch nicht abgeschlossen. An seinem Beispiel läßt sich ablesen, wie beständig das Rufen des Herrn ist und wie geduldig der Herr mit den Menschen zu Werke geht. Es dauerte eine Zeit, bis Franziskus merkte, daß er durch seinen Lebensstil, der sich in Äußerlichkeiten erschöpfte und an der Oberfläche blieb, taub war für Gottes Anruf, blind für seine Zeichen, lahm für die Ausführung des Willens Gottes, schläfrig, wo Wachsamkeit gefordert ist. Gibt es nicht in jedem menschlichen Leben diese Formen des Blind – und Lahmseins, des Stumm – und Taubseins?

An Franziskus wird deutlich, daß es zwei mögliche Einstellungen des Menschen vor Gott gibt. Er kann ein Gewohnheitsherz oder ein Überraschungsherz haben. Der Mensch mit einem Gewohnheitsherzen ist jener, der schon alles im voraus weiß, plant und festlegt, einer, der festgefahren ist und sich immer in den alten,

«Hell leuchtend wie ein Gestirn und wie der Morgenstern, ja wie die aufgehende Sonne, die die Welt in Flammen setzt, reinigt und fruchtbar macht, wie ein neues Licht am Himmel, so sah man Franziskus aufsteigen. Er beleuchtete nach Art der Sonne jene Welt, die gleichsam unter dem Frost, der Finsternis und der Unfruchtbarkeit des Winters erstarrt war, durch Wort und Werk mit strahlendem Feuer...» (sogenannter «Zweiter Prolog», Kodex Vaticanus lat. 7339).

Franziskus kam ins Licht, wurde durchlässig für das Licht, ja wurde selber Licht. Das ist die Aufgabe der Christen: Sich dem Licht auszusetzen und zum Licht für andere zu werden. «Ihr seid das Licht der Welt. ...So soll euer Licht vor den Menschen leuchten» (Mt. 5, 14-16).

3. San Damiano: Ort der Berufung

Wer Assisi durch das südliche Stadttor, die Porta nuova, verläßt und südwestwärts den Bergeshang zwischen Getreide und Maisfeldern, zwischen ernsten Zypressen und uralten, knorrigen Ölbäumen hinabsteigt, der findet nach einer knappen Viertelstunde Kirche und Kloster San Damiano: Stätte des Franziskus, Stätte der Klara. Der Pilger steht vor einem kleinen Platz: links eine Bronzestatue der Klara mit der Monstranz in der Hand, zur Erinnerung an die Abwehr der Sarazenen durch den eucharistischen Herrn; vorne eine Vorhalle und die kleine, bescheidene Kirche.

Ein flüchtiger Rundgang läßt den Besucher etwas von der Würde und dem franziskanischen Reichtum dieser Stätte erahnen. Das Innere des Kirchleins ist ein schmaler Raum mit einem Tonnengewölbe. Zwischen Kirchenschiff und Apsis mit byzantinischer Malerei steht der Altar; über ihm eine Nachbildung des sogenannten San-Damiano-Kreuzes. Es ist ein altes, auf Holz gemaltes, syrisch-byzantinisches Kruzifix, das sowohl den leidenden wie triumphierenden Herrn darstellt. Dieser Kruzifixus hat zu Franziskus gesprochen.

Der Kern des Klösterchens der Klara ist noch erhalten. Armut und Einfachheit sind seine Kennzeichen. Man atmet den urfranziskanischen Geist. Da ist das Refektorium (Speiseraum), wo Klara mit ihren Schwestern die kärglichen Mahlzeiten einnahm. Wände und Gewölbe sind schwarz vom Alter. Ringsherum an den Wänden stehen die 700 Jahre alten, wurmstichigen Tische und Bänke. Hier speiste einmal Papst Innozenz IV. mit den Schwestern; auf Befehl des Papstes gab Klara den Tischsegen, da erschienen wunderbarerweise Kreuze auf den Broten. Daran erinnert ein Fresko an der Stirnseite des Speiseraumes.

Innige Atmosphäre erfüllt auch den Chor der Klara, wo sie mit ihren Schwestern das Stundengebet verrichtete. Hier steht noch ein Teil der alten Chorstühle, die der hl. Franziskus aus grobem Holz zusammengefügt haben soll. Aus der Holzwand ragen viereckige Bretter, die als Sitze dienen. Auf beiden Seiten sind primitive Pulte aufgestellt, auf denen das Psalterium lag, aus dem alle vom Platz aus lasen. Hier haben Klara und ihre Schwestern täglich Gottes Wort gehört, die Psalmen gebetet und sich dem Ruf Gottes neu gestellt.

Über eine schmale Steintreppe erreicht man auf halber Höhe ein Gärtchen, in dem Klara ihre Lieblingsblumen pflegte: Rosen, Veilchen und Lilien. Hier entstand auch der Sonnengesang des Franziskus.

Über die enge Treppe gelangt man zum Chor für die kranken Schwestern und dann zum Dormitorium (Schlafraum), das über dem Kirchenschiff liegt. Hier ruhten die Schwestern nebeneinander auf dem harten, bloßen Fußboden. Ein Kreuz an der Wand kennzeichnet die Stelle, die Nachtlager, Krankenlager und Sterbelager der Klara war. Am 11. August 1253 ist sie von hier aus heimgegangen. Kurz vor ihrem Tod hatte sie eine Vision: Eine Prozession von Jungfrauen zog zur Türe herein, allen voran Maria, die Königin der Jungfrauen. Sie beugte sich über die Sterbende und umarmte sie. Dann bedeckten die Jungfrauen Klara mit einem Tuch und bereiteten sie so vor auf den Eintritt in das Brautgemach des Himmels.

Drei Ereignisse sind es, die San Damiano besonders kennzeichnen: Der Auftrag des Gekreuzigten an Franziskus: Baue mein Haus wieder auf! Das Leben der Klara in diesem Kloster und die Niederschrift des Sonnengesanges.

San Damiano: Ort des Anrufes Gottes

Thomas von Celano berichtet aus dem Leben des hl. Franziskus: «Eines Tages ging Franziskus bei der Kirche von San Damiano vorüber, die nahezu verfallen und ganz verlassen war. Er trat vom Geiste geführt ein, um zu beten und warf sich demütig und voll

Hingabe vor dem Gekreuzigten nieder... In diesem Zustand sprach zu ihm alsbald – unerhört ist's seit ewigen Zeiten – das Bild des gekreuzigten Christus, wobei sich die Lippen auf dem Bilde bewegten. Es rief ihn beim Namen und sprach: "Franziskus, geh und stelle mein Haus wieder her, das, wie du siehst, ganz verfallen ist!" Franziskus zitterte und staunte nicht wenig und kam beinahe von Sinnen ob dieser Worte. Zum Gehorsam bereitete er sich, ganz sammelte er sich für den Auftrag» (2 Celano 10).

Franziskus stellt sich also diesem Auftrag, ganz im Vertrauen auf den Herrn und nimmt ihn so wörtlich wie ein einfältiges Kind. Es gab so viele Kirchlein in Umbrien, die vom Zerfall bedroht waren! Was half der Aufbau dieses einen? Das Verhalten zeigt die Art, in der Franziskus das Evangelium als das direkte Wort Gottes an die Welt verstand und lebte. Wie oft schlugen die Brüder später einfach das Evangelienbuch auf und entnahmen ihm ihr weiteres Schicksal und Vorhaben. Sie waren sensibel für das leise Klopfen, für das tastende Greifen, für unscheinbare Zeichen. Sie wurden erschüttert, überwältigt, begeistert und in Dienst genommen durch Gottes Wort.

Es wurden keine Einschränkungen gemacht, keine Interpretationen verlangt. Franziskus, nach dieser Begegnung in San Damiano ganz von diesem Anspruch ergriffen, verkauft zuerst Stoffballen und verschafft sich Geld, und als dieses nicht angenommen wird, schleppt er erbettelte Steine von der Stadt Assisi zu dem Kirchlein.

Er ist schon lange nicht mehr der Franziskus der Bekehrungsstunde; alle Scheu ist von ihm gewichen. Das Bild des gekreuzigten Herrn läßt ihn jede Spur der Verzagtheit den Menschen gegenüber verlieren.

Jedesmal wenn er in Hochstimmung war – so war es auch bei der anfangs erwähnten Stelle – gebrauchte er die französische Sprache. Thomas von Celano berichtet darüber: «Wenn der Geist in seinem

Innern in süßer Melodie aufwallte, gab er ihr in einem französischen Lied Ausdruck» (1 Celano 127).

So ist San Damiano der erste Ort, wo, soweit es uns geschichtlich bekannt ist, Franziskus in besonderer Weise sich im Gebet mit Gott auseinandersetzte und eine Gottes-Erfahrung machte.

San Damiano - Wiege des Klarissenordens

Klara lebte an diesem Ort über 40 Jahre in treuer Gefolgschaft des Herrn verbunden mit Franziskus und seinen Nachfolgern, den Generalministern, nachdem sie in einer Nacht des Jahres 1212 aus dem elterlichen Haus entwichen war. Das Leben der Heiligen war geprägt von der Armut Christi: «Um der Liebe jenes Herrn willen, der arm in der Krippe lag, arm in der Welt lebte und nackt am Marterholze verblich» (Testament der hl. Klara 13), war es ihr Wunsch, «dem armen Heiland gleichförmig zu werden».

Beim Betrachten der Innenräume des Klosters und beim Anhören der Beschreibungen von Celano über das Leben dieser Frauen hier in San Damiano wird deutlich, wie tief Klara Christus als armen, leidenden Gottessohn in sich getragen hat. Alles ist einfach, ja arm; aus den Beschreibungen ist zu entnehmen, daß das Essen so stark eingeschränkt war, daß sie sehr oft Fasttage einlegten. Klara selbst hat sich auch als Kranke wie eine Gesunde im Verzehr von Speisen verhalten. Sie gönnte sich keine Freuden dieser Welt: ein hartes Nachtlager, grobe Sitzplätze für das tägliche Offizium sind die jetzt noch sichtbaren Zeichen ihrer Absage an jede Bequemlichkeit. So konnte sie ihrem Ideal Christus immer gleichförmiger werden und gerade in ihrer Krankheit, die sie jahrelang erduldete bis zu ihrem Tod, mit diesem Christus leiden. Der große persönliche Gewinn, der hiervon ausging, ist die Freude der Heiligen über jede Gabe, die sie näher zum leidenden Christus hinführte. Sie gab diese Freude aus der Stille ihres Klosters weiter. Es war ein Stückchen aus der Fülle ihres inständigen Gebetes, welches schon zu ihren Lebzeiten so vielen Menschen ihrer Umwelt geholfen hat. Vielleicht liegt die Bedeutung dieses Ortes gerade darin, daß er Klara die gebührende Atmosphäre gab.

Freude aus der Verbundenheit mit dem gekreuzigten Christus

Die letzten Jahre des Franziskus bis zu seinem Tod, die Jahre von 1224 bis 1226, sind gekennzeichnet von seinem schweren Leidensweg, der wesentlich auch mit dieser Stätte verbunden ist. Hier hatte Klara ihm, den neben einem schweren Augenleiden auch starke Schmerzen an Leber und Milz befallen hatten, für die Erholung ein Binsenhüttchen erbauen lassen. Unterhalb des Klosters lebte nun Franziskus in wunderschöner Natur; jedoch die Schmerzen ließen nicht nach; zu allem Übel überfiel ihn auch noch eine Mäuseplage. «Als er eines Nachts» – so berichtet Thomas von Celano (2 Celano 213) – «ob der drückenden, verschiedenartigen Beschwerden seiner Krankheit mehr als gewöhnlich ermattet war, begann er, aus tiefstem Herzensgrund Mitleid mit sich zu empfinden.» Trotz dieser Bedrängnis hielt er geduldig im Gebete aus. Und der Herr gab ihm, dem geduldig Lauschenden folgendes Gleichnis zu hören: «Stelle dir vor, die ganze Erdmasse und das Weltall wären aus kostbarem, unbezahlbarem Gold. Es wird dir nun für die harten Beschwerden, die du erdulden mußt, nachdem jeder Schmerz von dir genommen ist, ein Schatz von solcher Herrlichkeit als Belohnung zuteil, neben dem alles vorhergenannte Gold nichts wäre, ja nicht einmal des Redens wert; würdest du nicht frohlocken und gerne alles ertragen, was du für einen Augenblick ertragen mußt?»

Für ihn gibt es nur noch eine Antwort – «Ja» zu sagen zu allem Leid, das dieses «Jetzt» ihm bringt – ein freudiges «Ja» wird geboren – der Sonnengesang. Ein beinahe Erblindeter hat die Sonne besungen, die er nicht mehr sehen kann. Er hat gedankt, daß Gott die Sonne geschaffen hat und er sang: «Erhabenster, allmächtiger, guter Herr, dein sind der Lobpreis, die Herrlichkeit, und die Ehre und jegliche Benedeiung ... Gepriesen seist du, mein Herr, mit allen deinen Geschöpfen, zumal der Herrin, Schwester Sonne, denn sie ist der Tag, und spendet das Licht uns durch sich.» Unter diesem Danken und Anbeten wurde sein Herz von großem Trost und inniger Freude erfaßt. Die Seele klomm aus tiefsten Tälern des Schmerzes zu den lichten Höhen der Freude über die sicheren Verheißungen. Die ganze Schöpfung wird aufgefordert, mit ihm einzustimmen, den Herrn zu preisen und ihm zu dienen. In dieser erfüllten Freude, die vorausschauend das ewige Leben erblickt, erlebt Franziskus die letzten Monate des Diesseits.

Als die Brüder den Leichnam auf dem Weg nach Assisi an San Damiano vorbeitragen, bahren sie ihn im Innenraum der Kirche auf. Celano beschreibt den Ort wie folgt: «Dort, wo er Gemeinschaft und den Orden der gottgeweihten Jungfrauen und armen Frauen zuerst gegründet hatte!» (1 Celano 110).

Den Schwestern wurde das Gitter (hinter dem Chor des Hauptschiffes) geöffnet für den letzten Anblick ihres geistigen Vaters, mit dem sie nie mehr sprechen konnten, dessen hier gelebtes Beispiel sie nie mehr sehen würden. Um so mehr mischte sich in den Schmerz die Freude auf das Wiedersehen in jener Welt, wo es eine Trennung nicht mehr geben wird.

4. *Fragen zur Besinnung*

Rechne ich damit, daß Gott mich durch Begegnungen und Erfahrungen im Alltag (Krankheit, Messe, Erfolge, Mißerfolge...) ansprechen will?

Stationen meiner Berufung: Wann, wo, durch wen, hat Gott mich schon angesprochen?

Was hindert mich an einer ganzen Antwort? Wo hänge ich fest? Wo habe ich mein: «Hier bin ich Herr» eingeschränkt?

Bin ich noch immer Suchender, Fragender, Gehorchender? Lasse ich mich stören?

Wozu sendet Gott mich?

Ruf zum Leben!

Refrain

Er geht vor-ü-ber und Er schaut mich an!
Sein Blick ist Lie-be, der ich ver-trau-en kann.

1. Komm und fol-ge mir, geh mit mir den Weg!
2. Chri-stus hat Fran-zis-kus an-ge-schaut vom Kreuz,
3. Je-der ist ge-ru-fen, je-der ist ge-sandt.

1. Du wirst er-fah-ren, daß ich mit Dir — geh!
2. er ließ sich for-men, war für Gott ganz be-reit.
3. Du wirst er-le-ben, Got-tes füh-ren-de Hand.

Text und Melodie: Sr. Leonore Hanzl OSF

III.
BERUFUNG ZU EINEM LEBEN NACH DEM EVANGELIUM - DIE HEILIGE SCHRIFT

1. Wie er der armen Mutter zweier Brüder das erste Neue Testament, das im Orden vorhanden war, geben ließ

«Einst kam die Mutter zweier Brüder zum Heiligen und bat ihn vertrauensvoll um ein Almosen. Der heilige Vater hatte Mitleid mit ihr und sprach zu seinem Vikar, Bruder Petrus Cathanii: «Können wir unserer Mutter ein Almosen geben?» Die Mutter eines Bruders nannte er nämlich seine und aller Brüder Mutter. Bruder Petrus gab ihm zur Antwort: «Im Hause ist nichts übrig, was man ihr geben könnte. Doch», fügte er hinzu, «haben wir ein Neues Testment, aus dem wir, weil wir kein Brevier haben, zur Matutin die Lektionen lesen». Da forderte ihn der selige Franziskus auf: «Gib das Neue Testament unserer Mutter! Sie soll es verkaufen um ihrer Not willen; denn eben dieses Buch mahnt uns, den Armen zu Hilfe zu kommen! Ich glaube, daß es Gott mehr gefallen wird, wir verschenken es als wir lesen daraus.» Man gab also der Frau das Buch und so wurde das erste Neue Testament, das im Orden vorhanden war, aus solcher heiligen Liebe verschenkt (2 Celano 91).

2. Berufung zu einem Leben nach dem Evangelium - Die Heilige Schrift

Franziskus berichtet über seine Berufung in seinem Testament: «Der Höchste selbst hat mir geoffenbart, daß ich nach der Vorschrift des heiligen Evangeliums leben sollte.» Daneben gibt es eine Reihe von Berufungsgeschichten, die erzählen, wie die Brüder durch das Wort der Schrift die entscheidende Orientierung für ihr Leben gefunden haben.

Das Wort Gottes hat also eine zentrale Bedeutung bei der Bekehrung und Berufung der ersten Gefährten. Als Beispiel soll ein Bericht dienen, wie ihn uns die Drei-Gefährten-Legende gibt (28, 29): «Am festgesetzten Abend kam also der selige Franziskus in großer Freude des Herzens in sein Haus und blieb mit ihm die ganze Nacht zusammen. Unter anderem sprach der selige Bernhard zu ihm: "Wenn jemand von seinem Herrn viel oder wenig hätte, das er viele Jahre besessen und nun nicht länger behalten wolle, was würde er am besten damit anfangen?" Der selige Franziskus antwortete, er müsse es seinem Herrn zurückgeben, von dem er alles empfangen. Darauf sprach Bernhard: "Bruder, ich will alle meine zeitlichen Güter um der Liebe meines Herrn willen, der sie mir gegeben hat, verteilen, so wie es dir gut und zuträglich scheint." Ihm erwiderte der Heilige: "In aller Frühe wollen wir zur Kirche gehen und durch das Evangelienbuch erfahren, wie Christus seine Jünger gelehrt hat."

Sie machten sich also des Morgens auf zusammen mit einem anderen Mann namens Petrus, der ebenfalls Bruder werden wollte, und kamen zur Kirche S. Nicolò am Marktplatz in der Stadt Assisi. Dort traten sie ein, um zu beten; denn sie waren einfältig und wußten nicht, wie sie das Wort des Evangeliums vom Verzicht auf die Welt finden sollten. Deshalb beteten sie voll Hingabe zum Herrn, er möge ihnen beim ersten Öffnen des Buches seinen Willen kundtun.

Nach dem Gebet ergriff der selige Franziskus das geschlossene Buch und öffnete es, kniend vor dem Altar. Beim ersten Öffnen stieß er auf jenen Rat des Herrn: "Willst du vollkommen sein, so gehe hin, verkaufe alles, was du hast, und gib es den Armen, und du wirst einen Schatz im Himmel haben!" Als der selige Franziskus dies erfahren, freute er sich sehr und sagte Gott Dank. Weil er aber ein wahrer Verehrer der Dreifaltigkeit war, wollte er eine dreimalige Bestätigung erfahren und öffnete ein zweites und drittes Mal das Buch. Beim zweiten Öffnen fand er: "Nehmt nichts mit auf den Weg ..." Beim dritten Mal aber: "Wer mir nachfolgen will, verleugne sich selbst..." Der selige Franziskus sagte jedesmal beim Öffnen des Buches Gott Dank, daß er ihm seinen schon lange ersehnten Plan dreimal bekräftigt und bestätigt hatte. Er sprach zu den genannten Männern, Bernhard und Petrus: "Brüder, das ist das Leben und die Regel für uns und für alle, die sich unserer Gemeinschaft anschließen wollen. Geht also hin und erfüllt, wie ihr gehört habt!" So ging nun Herr Bernhard hin, der sehr reich war, und verkaufte seine ganze Habe. Als er das Geld beisammen hatte, verteilte er alles an die Armen der Stadt. Auch Petrus erfüllte nach bestem Können Gottes Rat. Nachdem sie alles weggegeben hatten, nahmen beide in gleicher Weise das Kleid, das kurz vorher der Heilige selbst genommen, als er das Eremitengewand abgelegt hatte. Von jener Stunde an lebten sie mit ihm zusammen nach der ihnen vom Herrn gezeigten Form des Hl. Evangeliums. Darum sagte der selige Franziskus in seinem Testament: "Der Herr selbst hat mir geoffenbart, daß ich nach der Form des Hl. Evangeliums leben solle".»

Franziskus sieht die Hl. Schrift nicht wie ein magisches Buch, das auf jede Frage eine Antwort enthält. Ihn erfüllt der Glaube: In der Schrift ist der Herr gegenwärtig und durch sie spricht er zum einzelnen Menschen. Einige Stellen aus dem Johannesevangelium können dies verdeutlichen: «Amen, amen, ich sage euch: Wer auf mein Wort hört und dem glaubt, der mich gesandt hat, hat das ewige Leben» (Joh. 5, 24). «Amen, amen, ich sage euch: Wenn jemand an meinem Wort festhält, wird er auf ewig den Tod nicht schauen» (Joh. 8, 51). «Wenn jemand mich liebt, wird er an meinem Wort festhalten; mein Vater wird ihn lieben und wir werden zu ihm kommen und bei ihm wohnen» (Joh. 14, 23).

«Leben nach dem Evangelium» bedeutet für Franziskus nicht

ein Leben nach einem abstrakten Katalog von Vorschriften und Normen, sondern Übernahme der konkreten Lebensweise des irdischen Jesus. Daher formuliert Franziskus immer als eigenes Lebensprogramm: Den Fußspuren unseres Herrn Jesus Christus folgen. Der Heilige übernimmt also nicht das Leben der Urgemeinde in Jerusalem, wie es uns in der Apostelgeschichte 2, 44 ff. geschildert wird und wie es damals vielfach als Modell des Ordenslebens galt, sondern das Leben Jesu selbst.

Aufgrund der Entwicklung des Ordens in den Jahren nach 1217 sieht Franziskus die Lebensweise des Evangeliums bedroht durch Gefahren, die mit dem Studium und der Gelehrsamkeit verbunden sind. Die Ordenschronik erklärt anhand eines Gesprächs zwischen dem seligen Bruder Ägidius, einem ungebildeten Bruder und dem berühmten Wissenschaftler Bonaventura, der Ordensgeneral war, worauf es ankommt: Das Wort Gottes soll die Liebe fördern.

Eines Tages sagte Ägidius zum Leiter des Ordens Bonaventura: «Dir hat Gott viele Gnaden verliehen. Was aber können wir Ungelehrten und Einfältigen für unser Heil tun?» Bonaventura gab ihm zur Antwort: «Hätte Gott einem Menschen nur die eine Gnade verliehen, ihn zu lieben - das genügte». Darauf Ägidius: «Kann denn ein Nichtstudierter Gott genau so lieben wie ein Studierter?» Bonaventura erwiderte: «Ein altes Mütterchen kann ihn mehr lieben, als ein Magister der Theologie». Da sprang Ägidius ganz begeistert auf, lief zur Stadtseite des Gartens und rief: «Armes Mütterchen, ungelehrt und einfältig, liebe Gott den Herrn und du kannst größer sein als der gelehrte Bruder Bonaventura».

Franziskus selber besaß eine relativ gute Schriftkenntnis. Er hatte sie an der Pfarrschule von San Giorgio in Assisi und durch die aufmerksame Beteiligung an der kirchlichen Liturgie erworben. Thomas von Celano sagt: «Sein Gedächtnis ersetzte ihm Bücher» und «was der Schulweisheit verschlossen ist, zu dem fand sein liebendes Herz den Weg.» «Es konnte nicht vergebens sein, was er einmal mit Ohren vernommen hatte, weil es dann die Liebe fortwährend mit voller Hingebung immer wieder überdachte.» Für Franziskus bedeutet Schriftlesung also nicht Auseinandersetzung mit irgendwelchen abstrakten Aussagen, sondern Begegnung zwischen zwei liebenden Herzen, dem eigenen und dem Herzen Jesu.

Sein neuer Grundsatz für den Umgang mit der Hl. Schrift lautete: «Sine glossa - ohne Glosse». Er will es ohne den Zaun der Erklärungen, die es abmildern, ungefährlich und harmlos machen. Er hört es ohne die akademischen Spitzfindigkeiten, die es zu einem Streitpunkt und Diskussionsstoff der Gelehrten abwerten.

Er hört es und nimmt es so, wie es gesagt ist, als Anrede, mit der der Herr ohne «wenn» und «aber» ihn ganz persönlich meint. Und da zeigt sich das Wunderbare: Gerade das wörtlich genommene Wort wird zum ganz geistigen.

3. Die Grabeskirche San Francesco -
Franziskus als Verkörperung des Evangeliums

Die Unterkirche

Die Erklärung der Fresken in der Grabeskirche des hl. Franziskus übernimmt P. Gerhard Ruf, der seit mehr als 20 Jahren in diesem Heiligtum wirkt und sich auch wissenschaftlich mit der Ober- und Unterkirche befaßt hat. Frucht dieser Arbeit sind die beiden Bände:
Gerhard Ruf, *Franziskus und Bonaventura*, Assisi 1974
Gerhard Ruf, *Das Grab des hl. Franziskus*, Freiburg 1981.

Der heutige Mensch bedarf einer kurzen Aufklärung, welche Aufgabe das Bild im Kirchenraum zu erfüllen hatte: Nilus von

Ancyra, gestorben 430, ermunterte einen Kirchenstifter aus Konstantinopel, der ihn um Rat gefragt hatte, wie der Innenraum einer Kirche zu schmücken sei, dies mit den Szenen aus dem Alten und dem Neuen Testament zu tun. Er sagte zur Begründung seines Vorschlags: «All dies ist sinnvoll, damit die des Schreibens Unkundigen, die auch die Hl. Schriften nicht lesen können, durch die Betrachtung des Bildes an die Rechtschaffenheit der echten Diener des wahren Gottes erinnert und zur Nachahmung der herrlichen und großartigen Tugenden angespornt werden» (Sauser S. 51). Gregor II., gestorben 751, bemerkt knapp, daß das Evangelium «per litteras et per picturas», durch Buchstaben und durch Bilder, verkündet werde.

Und noch etwas muß dem Betrachten dieser herrlichen Bilder vorausgeschickt werden, nämlich die Frage: Was ist ein Heiliger? Erst so wird die Bildzusammengehörigkeit verständlicher. Der Heilige ist aus unserer Mitte genommen, ist kein sonderlicher Mensch, sondern nur einer, der energisch Ernst macht mit dem Evangelium. Christus sagte: «Wer nicht sein Kreuz nimmt und mir nachfolgt, ist meiner nicht wert» (Mt 16). In der konsequenten Nachfolge wird der Mensch Christus ähnlich. Er übt sich in der *Imitatio* Christi. Daher finden wir in der mittelalterlichen Kunst stets die Aussage, was der Heilige in Beziehung zum Evangelium getan hat.

Nun betrachten Sie einmal die rechte Langhauswand der Unterkirche. Die noch gut erhaltenen Fresken eines frühsienensischen anonymen Malers, etwa um 1270, zeigen 5 Szenen aus der «Passion Christi». Sie sind leider wegen der angebauten Seitenkapellen nicht vollständig auf uns gekommen. Ihnen gegenüber befinden sich 5 Szenen aus dem «Leben des hl. Franziskus». Dieser Franziskuszyklus ist der älteste uns erhaltene Freskenzyklus des Heiligen. Er diente in gewisser Hinsicht dem großen Maler Giotto als Vorbild für seine einmalige Schilderung des Franziskuslebens in der Oberkirche. Die Gegenüberstellung des hl. Franziskus mit Christus in der Malerei entspricht der historischen Aussage, daß Franziskus wie kein anderer Christus nachfolgte. Sicher spielte es eine große Rolle, daß der Heilige die Wundmale getragen hat. Sein ganzes Leben war dahin ausgerichtet, mit Christus dem Gekreuzigten konform zu werden. So ist er auch hier überzeugend seinem Meister gegenübergestellt. Der Passio entspricht die Compassio, dem Leiden das Mitleiden.

Anschließend an das Zwickelbild des «Gehorsams» folgen hier die Bilder der «Passion Christi»; Bilder, die zeigen, daß Christus gehorsam war, ja bis zum Tod am Kreuze.

Die schönen, ungewöhnlich gut erhaltenen Fresken werden Pietro Lorenzetti aus Siena zugeschrieben.

«Mit echt sienensischer Erzählerfreude, wortreich und märchenbunt, beginnt der Bericht. Freudig erregt strömt das Volk aus der Stadt, um den Herrn beim Einzug in Jerusalem zu begrüßen. Aber inmitten der Menge, für alle hörbar, ereifern sich schon die Pharisäer, und unmittelbar hinter der Eselin, auf der Christus reitet, geht Judas – als einziger ohne Nimbus – mit bösem Blick und verkniffenem Munde» (Oertel S. 153). Es folgen die Szenen der «Fußwaschung» und des «Abendmahles». Interessant ist die Raumgestaltung in diesem Fresko und das genrehafte Erzählen. Das Bild der «Kreuzigung» ist um das vierfache größer als die anderen. In einer monumentalen Darstellung sind zum ersten Male auch die Schächer dargestellt. Die 3 Kreuze erheben sich deutlich aus der brodelnden Menge. Die alles überragende Christusgestalt trägt edle Züge. «Mit geschlossenen Augen, das edle, von Schmerz gezeichnete Antlitz tief gesenkt, ist der Heiland verschieden. Der Leidende ist zum Überwinder, zum machtvoll herausgehobenen Sinnbild der Erlösung geworden.» Der Künstler setzt sein Werk nicht nur in den größten Rahmen und an den hellsten Platz – im Gegensatz zu Judas im Dunkel links neben dem Fenster – sondern orientiert es auch gegen Osten, um so das Sinnbild der Erlösung in die Richtung der Wiederkunft des Herrn (Parusie) zu stellen. Seit dem 2. Jahrhundert bevorzugen die Christen beim Gebet die Stellung in Richtung Osten (Sauser S. 237).

«Gegenüber der Kreuzigung, in tiefer, innerer Beziehung zu ihr, ist dem Passionszyklus die Stigmatisation des hl. Franziskus hinzugefügt, in derselben schmerzlich geschärften leidenschaftlichen Liniensprache» (Oertel S. 155). Josef Lortz, der bekannte Kirchenhistoriker unserer Tage, nennt Franziskus «Spiegelbild der gekreuzigten Liebe» (Der unvergleichliche Heilige S. 72).

Sehen Sie sich bitte noch das schöne Madonnenbild mit dem Evangelisten Johannes und Franziskus unterhalb der Kreuzigung an! Die drei Halbfiguren vor vergoldetem Grunde waren einstmals ein Altarbild.
An diesem Fresko ist die *Invocatio*, die Anrufung, gut erklärbar.

Der bittende Blick des hl. Franziskus wird durch die Züge der Gottesmutter bittend zu dem Jesuskind auf ihrem Arm weitergeleitet. Doch nicht nur die Blicke der Heiligen wie der Madonna, sondern auch die Handbewegungen drücken die Bitte aus. Nach südländischer Art weist die Madonna mit dem Daumen in die Richtung des bittstellenden Franziskus. Die Bewegung setzt sich bei Franziskus in seinem nicht ganz erhaltenen rechten Arm fort abwärts in die Richtung, wo einstens ebenfalls ein Stifterbild gewesen sein muß, wie wir es noch rechts unter dem Fresko sehen.

Maria ist die Mutter der Sterbenden. In der Bildersprache sehen wir hier die Wiedergabe: «Heilige Maria, Mutter Gottes bitte für uns Sünder jetzt und in der Stunde unseres Todes.»

Nun gehen Sie in den anderen Querarm der Unterkirche! Dem Vierungsbild der Keuschheit folgen im anschließenden Tonnengewölbe Bilder aus der Jugendgeschichte Christi. Es gibt Kunsthistoriker, die diese Fresken und die 4 Wunderbilder des hl. Franziskus wegen der besonders guten Wiedergabe menschlicher Empfindungen ebenfalls Giotto zuschreiben. Wenn man mit den Giottofresken von Padua vertraut ist, wird es spannend, Vergleiche mit diesen Fresken hier anzustellen.

Wir wenden uns nun der thronenden Madonna Cimabues zu. Maria ist zu einer machtvollen jenseitigen Erscheinung außerhalb von Zeit und Raum erhöht. «Und doch ist sie zugleich mit uns verbunden durch den bezwingenden, ernsten und innigen Blick, der aus ihren groß geöffneten Augen zu uns dringt» (Oertel S. 48). Nur die Kalkzeichnung ist heute noch sichtbar. Rechts von ihr steht der hl. Franziskus mit auffallenden, porträthaften Zügen. Das ist im 13. Jahrhundert bei profanen Bildern sehr selten und noch seltener in der sakralen Kunst. Diese Tatsache erklärt man sich auf zwei verschiedene Weisen: entweder nahm der um 1240, also nach dem Tode des Heiligen, geborene Maler die Vita des hl. Franziskus als Ausgangspunkt seiner Franziskusdarstellung oder aber er ließ sich den Heiligen von Augenzeugen beschreiben. Die gelium zu beobachten durch ein Leben in Gehorsam, ohne Eigentum und in Keuschheit» (Quellenschr. S. 80). Die «Forma Minorum», wie der heilige Franziskus von seinen Söhnen geheißen wird, bekam hier in der Sprache des Bildes ein einzigartiges Denkmal gesetzt.

Die Oberkirche

Dem Besucher bietet dieser Raum einen unvergeßlichen Eindruck. Die Oberkirche von San Francesco sucht tatsächlich unter den erhaltenen Kirchen des Mittelalters ihresgleichen. Architek-

Nähe seines Grabes wird wohl den Maler veranlaßt haben, ihn zu malen, wie er ausgesehen hat.

Welche Aussage die Unterkirche von San Francesco macht, will ich nochmals kurz zusammenfassen:
Rein architektonisch ist die frühgotische Unterkirche die Erinnerungsstätte an den verstorbenen hl. Franziskus. Die beiden Zyklen im Langhaus «Passion Christi» und «Franziskus» mit den 3 Allegorien in der Vierung sind eine großartige Bilderumschrift für das Grab des hl. Franziskus unter dem Altar. Die Ordensregel des hl. Franziskus beginnt mit den Worten: «Regel und Leben der Minderen Brüder ist dieses: Unseres Herrn Jesu Christi Hl. Evan-

tur, Malerei wie auch die Farbglasfenster bilden eine Wirkungseinheit von unübertreffbarem Einklang. «Die gotischen Formen, die der Oberkirche ihr Gepräge geben, stehen im Dienste eines echt italienischen, ausgeglichenen Raumgefühls» (Oertel S. 53).
«Von Cimabue und seiner Werkstatt stammt die gesamte malerische Ausstattung des Chores, der Vierung, des südlichen und zum Teil auch des nördlichen Querschiffs» (Oertel S. 54). Vermutlich ist aber auch das Dekorationssystem oberhalb des Laufganges von ihm. Aus der überwältigenden Fülle greife ich nur die Bildkombination und einige Bildaufbauten heraus. Von römischen Malern stammen die Fresken von der Fensterzone an aufwärts. Über ihnen in die Mitte des Langhauses sind Christus, Maria und Johannes gemalt. Die Deesis, die klassische Fürbittszene der byzantinischen Ikonografie, ist um einen Fürbitter erweitert. Genau Christus in der Hauptachse gegenüber befindet sich «das Christussymbol seiner Zeit», Franziskus. Man denkt an Vorbilder wie etwa San Apollinare in Classe bei Ravenna. Wie dort der Bischof Apollinare für seine Gemeinde zum großen Fürbitter in der Apsis geworden ist, so hier Franziskus.

Vorne über dem Hochaltar in der Vierung wurden die 4 Evangelisten gemalt. Sie haben die Worte Christi aufgeschrieben und sind die Verkünder der Heilsbotschaft. «Es sind gewaltige sitzende Gestalten in der Haltung des Schreibens und des Nachsinnens, wie sie die byzantinische Kunst geprägt hatte. Einem jeden ist das Bild einer ummauerten Stadt gegenübergestellt als Symbol eines Teiles der christlichen Welt» (Oertel S. 54). Entsprechend den 4 Evangelisten wurden im Kreuzgewölbe am Eingang der Kirche die 4 großen abendländischen Kirchenlehrer wiedergegeben. So ist Christus in der Mitte der Autor der Hl. Schrift, die Evangelisten die Schreiber der Herrenworte und die Kirchenlehrer diejenigen, welche die authentischen Kommentare zur Hl. Schrift liefern. Der Kirchenlehrer Hieronymus steht am Eingang in der Hauptachse, dann folgen der hl. Gregor, gegenüber Augustinus und Ambrosius. Diese Darstellung hatte im 13. Jahrhundert einen tiefen Sinn, wo in Oberitalien und im südlichen Frankreich große Häresien aufkamen. Es sei hier nur an die Katharer und an die «Bewegung der Armen von Lyon» erinnert.

Christus ist im mittleren Kreuzgewölbe als die «Mitte» gemalt, der das alttestamentliche Gesetz zustrebt (Röm 10, 4). In zwei Reihen mit jeweils 8 Bildern ist auf der rechten Seite das Alte Testament und auf der linken Seite das Neue Testament gemalt: die Biblia Pauperum, die «Bibel der Armen» als Lehrmittel der Volkspriester zur Erklärung der biblischen Wahrheiten. Die Konfrontierung alt- und neutestamentlicher Szenen findet sich schon bei den Kirchenvätern. Es bildete sich ein Merkvers heraus: «Novum testamentum in vetere latet, vetus testamentum in novo patet.» Das Neue Testament liegt im Alten verborgen, das Alte Testament erschließt sich im Neuen. Man kann sich diesen Satz nicht oft genug vorsprechen. Die Theologie war typologisierend. Sie arbeitete weithin durch die Gegenüberstellung. Auch die Begriffe *Velatio* und *Revelatio* bedeuten das gleiche: was im AT verborgen, wird im NT offenbar.

Die Fresken des AT und des NT im Langhaus der Oberkirche sind vorwiegend römischen oder in Rom geschulten Malern zuzuschreiben.
Unter die Szenen der Hl. Schrift malten dann Giotto und seine Werkstatt folgerichtig das Leben des hl. Franziskus. Der wie kein anderer auf «Christi Spuren» wandelte, kommt sowohl unter dem Alten Testament wie unter dem Neuen Testament zu stehen. Zum gewohnten ikonografischen Schema der Gegenüberstellung kommt hier noch die Darunterstellung als Aussage. Als Beispiel sei das mittlere Bild der Dreiergruppe im 2. Joch rechts herausgegriffen.
Franziskus steht hier vor seinem erzürnten Vater. Dieser wollte ihn durch Gerichtsentscheid zwingen, ihm zu gehorchen, andern-

falls würde er ihn enterben. Der junge Franziskus kam mit seiner totalen Verzichterklärung dem Handelnden zuvor. Was er vom Vater noch besaß, gab er ihm zurück, ja, selbst die Kleider am Leibe. Dabei richtete er folgende Worte an seinen Vater: «Bis heute habe ich Dich auf Erden meinen Vater genannt, jetzt aber kann ich voll Vertrauen sprechen: Unser Vater, der du bist im Himmel; bei dem ich alle meine Schätze hinterlegt und auf den ich meine ganze Hoffnung und Zuversicht gesetzt habe.»

Der Betrachtende dieser Szene wird zur klaren Entscheidung gezwungen. Folgerichtig baut der Künstler sein Bild auf. Der Evangelist Matthäus schreibt: «Meinet nicht, ich sei gekommen, Frieden auf Erden zu bringen; nicht Frieden zu bringen bin ich gekommen, sondern das Schwert. Ja ich bin gekommen den Sohn zu entzweien mit seinem Vater, die Tochter mit ihrer Mutter...» (Mt 10, 34). Dieses «Schwert der Entscheidung» teilt auch diese Bildszene. Trotz der Angst vor der Leere in der Bildmitte – «horror vacui» – malte der Künstler diese vielsagende Leere zwischen Vater und Sohn und deutet damit den Höhepunkt der Entscheidung des jungen Franziskus an. Die «Brücke mit der Vergangenheit» wird abgebrochen. Franziskus hat der Welt den Rücken gekehrt, um «nackt dem nackten Christus am Kreuze zu folgen» (Schrade S. 35). Franziskus handelt nicht selbstsüchtig. Christus, der Herr, hat gesprochen. Die Hand, Symbol des sprechenden Gottes, wie wir sie von den Bildern der Welterschaffung her kennen – «Gott sprach und es ward» – steht senkrecht über dem Haupte des leiblichen Vaters. Dadurch wird sichtbar, wer die größere Autorität ist. Der Vater des hl. Franziskus, dazu noch gekleidet in Gelb, der Farbe der Eifersucht, muß sich fügen.

In der Szene voraus hörte Franziskus die Worte vor dem San Damianokreuz: «Franz, gehe und stelle mein Haus wieder her, das ganz zerfällt, wie du siehst!» (Bonaventura S. 262) Der Glaube an Christus trieb diesen jungen Franziskus zur Tat. Über diesem Franziskusbild sehen wir, wie Abraham seinen Sohn Isaak opfern will. Die Bilder haben einen typologischen Zusammenhang. Der Völkerapostel Paulus schrieb an die Galater: «Daran erkennt ihr, daß nur die, die glauben, Abrahams Söhne sind. Und da die Schrift vorhersah, daß Gott die Heiden aufgrund des Glaubens gerecht macht, hat sie dem Abraham im voraus verkündet: "Durch dich sollen alle Völker Segen erlangen". Also gehören alle, die glauben zu dem glaubenden Abraham und werden wie er gesegnet» (Gal 3, 7 ff.).

Tatsächlich ist in diesen Bildern das Wesentliche, daß Franziskus glaubte. Und so kommt er folgerichtig in diesen Szenen unter Abraham, den «Vater des Glaubens» – «pater fidei» – wie er auch noch genannt wird.

Franziskus, der Sohn des Kaufmanns Bernardone, verkaufte wirklich alles, was er hatte. Dem Bild des Aufgebens, Verlierens, steht das Bild des Gewinnens gegenüber. Franziskus tauschte nur um des Himmelreiches willen. Er ist der wahre Kaufmann, der wegen der «edlen Perle» alles aufgeben kann. In der – leider stark zerstörten - Szene der Heiligsprechung des Franziskus läßt der Künstler uns die Richtigkeit seines Handelns erfassen.

Von größter Bedeutung ist im Franziskuszyklus auf der rechten Seite die Aussage des Bildes, auf dem Franziskus die Kirche stützt, während der Papst schläft. Der unmittelbare Eindruck ist doch dieser: Stünde niemand auf der linken Seite, um die Kirche zu stützen, müßte diese unweigerlich auf den träumenden Papst stürzen. Nicht der Papst erfüllt hier die Aufgabe, die ihm zukommt, nämlich die Kirche zu erhalten und zu regieren, sondern der Arme aus Assisi, der außerhalb der hierarchischen Ordnung steht.

Diese Darstellung beweist die große Bedeutung des hl. Franziskus für die Kirche.

Der Bildaufbau ist dem Kunsthistoriker nicht fremd. Er erinnert an Samsonbilder. Samsons Aufgabe war es, den Philistertempel zum Einsturz zu bringen; Franziskus Aufgabe aber, die wankende Kirche vor dem Einsturz zu bewahren (Richter 13-17). Auf die beiden Bilder des Glaubens folgt also eine Szene, wo etwas Unmögliches möglich gemacht wird. In der Befolgung der Lehre Christi liegt aber die samsonhafte Kraft eines Franziskus.

Die eingehende Betrachtung des 2. Joches ermutigt, die anderen ebenfalls auf ihre Kombination zu untersuchen.

Im ersten Joch rechts sehen Sie in der oberen Reihe die «Erschaffung der Welt» und die «Erschaffung Adams». In der mittleren Reihe folgen «Noahs Auftrag» und «Bauleitung der Arche» als Doppelbild und rechts vom Fenster, wie das Getier die Arche füllt. Wesentlich ist, daß oben Adam, darunter Noah und nochmals darunter Franziskus in drei Bildern stehen. Adam ist der Vater des ersten Menschengeschlechtes. Mit Noah beginnt nach der Sintflut ein neues Menschengeschlecht. Es ist hier interessant zu wissen, daß bereits der gelehrte Justin, der Märtyrer, gestorben 165, typologische Vergleiche mit Christus anstellt. Er schreibt: «Er ist zum Uranfang eines anderen Geschlechts geworden, das wiedergeboren wird durch ihn aus dem Wasser und dem Glauben und dem Holz, das in sich das Mysterium trägt, so wie einst Noah auf dem Holz gerettet wurde, fahrend auf dem Wasser zusammen mit den Seinigen.» Wir erfassen, was die Übereinanderstellung aussagen will: Franziskus gehört zu den elementaren Kräften des 13. Jahrhunderts, zu den Erscheinungen, die geschichtlich Epoche machen, ja mehr noch: «Wie der Mensch eines neuen Zeitalters erschien Franziskus den Menschen seiner Zeit» (Lortz S. 26).

Aber nicht nur im ersten, nicht nur im 2. Joch stehen die Bilder in einem typologischen Zusammenhang. Auch in den beiden folgenden Jochen ist es so. Wenn es im 1. Joch Noah war, im 2. Abraham, dann ist im 3. Joch Jakob zu sehen, der von Isaak gesegnet wird. Darunter ist das Bild, wie Franziskus die Regel bestätigt und den Segen des Papstes erhält.

Im Bilde Jakob dürfen wir nicht so sehr den Betrug ins Auge fassen, den Jakob an seinem Vater und an seinem Bruder begangen hat. Es war schon die Absicht des Schreibers der Hl. Schrift des

Alten Bundes, die menschliche Wirklichkeit zu zeigen, mit all ihren Möglichkeiten im Guten wie im Bösen, über der aber als letzte, ihr Schicksal bestimmende Macht, die göttliche Berufung und der damit verbundene Segen ist. So ist auch hier sinnvoller Zusammenhang der Bilder oben mit den Bildern unten gegeben.

Ähnlich sind auch die Bilder im letzten Joch zu sehen.
In der oberen Reihe war links vom Fenster das «Opfer Kains und Abels», rechts davon der «Brudermord». In der mittleren Reihe sehen Sie noch den «Verkauf Josefs durch seine Brüder» und «Josef gibt sich seinen Brüdern zu erkennen.» Es sind Bilder, die «Streit» und «Friedenswillen» zeigen. Vor allen Dingen ist das im letztgenannten Fresko der Fall. Der als Sklave verkaufte Josef ist bis zum Stellvertreter des Pharao aufgerückt. Seinen Brüdern, die ihn an die Ägypter verkauft haben, gibt er sich als der Friedfertige, nicht als der Nachtragende zu erkennen.

An drei Bildern des hl. Franziskus in der untersten Reihe erkennen wir unschwer den typologischen Zusammenhang mit den darüberstehenden Bildern. Das Schlüsselwort heißt hier «Frieden». Wo Franziskus auftauchte, kehrte Frieden in den Städten ein. So auch hier im ersten Bild in der Stadt Arezzo. Bruder Silvester mußte im Auftrag des Bruder Franziskus vor das Stadttor von Arezzo ziehen. Dort rief er in die Stadt hinein: «Kraft des allmächtigen Gottes und auf Befehl seines Dieners Franziskus: macht euch fort von hier, all ihr bösen Geister!» Der Chronist bemerkt: «Sogleich kehrte wieder Friede in die Stadt ein und mit großer Besonnenheit reformierten alle Bürger ihre Verfassung» (Bonaventura S. 306).

Eine ähnliche Friedensaufgabe ergreift Franziskus auch im folgenden Fresko, wo er dem Sultan von Ägypten das «Evangelium pacis» (Eph 6, 15), die frohe Botschaft des Friedens verkündet.

Bei der anschließenden Darstellung der Ekstase des Heiligen ließe sich auch noch eine Beziehung zum Frieden denken. Der Chronist Bonaventura verweist in seiner Chronik gleich zu Beginn auf das eifrige und machtvolle Beten des Franziskus um seinen inneren Frieden.

Die Krippenfeier im Walde von Greccio ist das letzte Bild auf der rechten Langhauswand. Es ist die Feier der Geburt des Friedensfürsten. «Ehre sei Gott in der Höhe und Frieden den Menschen auf Erden, die guten Willens sind!».
Wenden Sie nun Ihre Aufmerksamkeit den Fresken auf der gegenüberliegenden Wandseite zu.
Die folgenden Franziskusbilder stehen alle unter den Darstellungen aus dem Neuen Testament.
Hier ist es ganz besonders leicht, die Bildverwandtschaft von dem Neuen Testament mit der Franziskus-Legende zu erfassen. Schon der Bildaufbau des l. Freskos erinnert an das «Abendmahl

Christi». Im nächsten Bild sind wir überrascht, wie ähnlich es mit der Szene Christi vor dem Hohenpriester ist. Eine wahrhaftig gewagte Bilderfindung – und das noch in einer päpstlichen Basilika! Es läßt sich bei dem Fresko nachweisen, daß der Künstler sorgfältiger und langsamer sein Werk ausführte als bei den anderen Fresken. Fühlte er, wie leicht dieses Bild zur Karikatur des Papsttums hätte werden können? (M. Meiss, «Giotto and Assisi», N.Y. University Press 1962).

Es folgt das Bild «Franziskus erscheint seinen Mitbrüdern in Arles». Bei dieser Ordensversammlung predigte der hl. Antonius von Padua: Auch hier ist der Bildaufbau verwandt mit der Szene «Christus erscheint den Jüngern im Abendmahlssaal».

Die «Stigmatisation des hl. Franziskus auf dem Berge La Verna» ist der Inhalt des nächsten Bildes. Sie ist dargestellt durch einen hohen Berg, betende Männer, Hütten und den verklärten Christus am Himmel. Der Bildaufbau erinnert auch hier an die «Verklärung Christi auf dem Berg Tabor». La Verna wurde für den hl. Franziskus, der dort die Stigmatisation erhält – übrigens die erste uns geschichtlich bekannte – sein «Tabor» und sein «Golgotha».

Im nächsten Joch ist das erste Bild der «Tod des Heiligen». Er starb am 4. Oktober abends im Jahre 1226.

Nach all dem Gesehenen überrascht es nicht mehr, daß das «Christussymbol seiner Zeit» – unter dem Kreuzestod des Herrn gemalt worden ist. Auch das überrascht nicht mehr, daß man keine Hütte sieht – Franziskus starb in einer Hütte – sondern die Darstellung des Todes ähnlich der «Beweinung Christi». Die «Beweinung Christi» befindet sich zum Vergleichen links neben dem Kreuzestod des Herrn.

Mit diesem ganzen Zyklus versuchten die Künstler überdeutlich, uns die «Conformitas» mit dem Evangelium, das «in gleicher

Form leben» des hl. Franziskus in der Bildersprache klar zu machen. Blicken Sie noch einmal nach rechts auf die Bilderfolge unter dem Alten Testament, wo wir das gleiche feststellten. Von Ihrem Standort aus sehen Sie die Darstellung, wie der Heilige im roten Wagen zum Himmel fährt. Er war für seine Mitbrüder wie ein Elias.

Das Thema des Bildprogramms in der Oberkirche könnte man mit 4 Worten auf einen Nenner bringen: Vita mea evangelium Domini! «Mein Leben, das Evangelium!» «Die Lebensgeschichte des Poverello ist hineingestellt in den Zusammenhang christlicher Weltgeschichte, denn nichts anderes ist ja der Inhalt des ganzen riesigen Bildprogramms im Langhaus der Oberkirche» (Oertel S. 68).

4. Fragen zur Besinnung

Welche Haltungen gegenüber dem Wort Gottes sind für Franziskus besonders wichtig?
Franziskanische Grundsätze für eine fruchtbare Schriftlesung:...
Welche Hinweise, Tips könnte ich aus eigener Erfahrung geben?

Was bedeutet für mich «Leben nach dem Evangelium»?
Welche Haltungen Jesu faszinieren mich?
Welche Schriftworte sind für mich richtungweisend?

Wie kann meine Schriftlesung noch mehr zum Gebet und zur Tat führen?

Nimmt Gottes Wort in mir und durch mich Fleisch an?
Welche Haltung oder welches Wort des Evangeliums wird durch mich verkörpert?

Welche Stelle der Schrift ist mein Lieblingswort?
Wie beeinflußt dieses Wort mein Leben?

Berufung zu einem Leben nach dem Evangelium

Mein Leben hat Sinn aus der Kraft des Evangeliums, aus der Botschaft, die uns froh und frei macht! Ströme von lebendigem Wasser brechen aus dem Innersten hervor! Jesus ist der Weg, die Wahrheit und das Leben, sein Wort macht unser Leben immer neu, ja neu! Jesus ist der Weg, die Wahrheit und das Leben, sein Wort macht unser Leben immer neu —!

Text und Melodie: Sr. Leonore Heinzl OSF

IV.
LEBEN ALS GEHEILTER - BEWÄLTIGUNG DER SCHULD

1. Die kleinen Leute von Wippidu
(ein amerikanisches Märchen)

Vor langer Zeit lebten kleine Leute auf der Erde. Die wohnten in einem kleinen Dorf Wippidu und nannten sich Wippiduler. Sie waren sehr glücklich und liefen herum mit einem Lächeln bis hinter die Ohren und grüßten jedermann. Was die Wippiduler am meisten liebten war, warme, weiche Pelzchen zu schenken. Ein jeder trug über seiner Schulter einen Beutel. Und der Beutel war gefüllt mit warmen, weichen Pelzchen. Nun ist es besonders schön, jedermann ein warmes, weiches Pelzchen zu geben. Es sagt dem anderen, er sei etwas Besonderes; es ist eine Art zu sagen: «Ich mag dich». Und selbstverständlich ist es sehr erfreulich, ein solches Pelzchen zu bekommen. Wenn du jemandem ein Pelzchen anbietest, wenn du es nimmst und fühlst, wie warm und flauschig es an deiner Wange ist, und du es sanft und leicht in deinen Pelzbeutel zu den anderen legst, dann ist das wunderbar. Du fühlst dich anerkannt und geschätzt, wenn jemand dir ein weiches Pelzchen gibt und du möchtest ihm ebenfalls etwas Schönes schenken. Die kleinen Leute von Wippidu gaben gerne weiche Pelzchen und ihr Leben war ohne Zweifel glücklich und froh.

Außerhalb des Dorfes, in einer kalten Höhle, wohnte ein großer, grüner Kobold. Er wollte eigentlich nicht alleine wohnen und manchmal war er einsam. Aber er schien mit niemandem auszukommen. Und irgendwie mochte er es nicht, warme weiche Pelzchen auszutauschen. Er hielt es für einen großen Unsinn.
Eines Abends ging der Kobold in das Dorf und traf einen

kleinen Wippiduler. «War heute nicht ein schöner Wippidulettag?» fragte der kleine Mann lächelnd. «Hier, nimm ein warmes, weiches Pelzchen. Dieses ist ein Besonderes. Ich habe es eigens für dich aufgehoben, weil ich dich so selten sehe.» Der Kobold schaute sich um, ob niemand anderes ihnen zuhörte. Dann legte er den Arm um den kleinen Wippiduler und flüsterte ihm ins Ohr: «Hör mal, weißt du denn nicht, daß, wenn du alle Pelzchen weggibst, sie dir eines schönen Tages ausgehen?» Er merkte plötzlich einen erstaunten Blick und Furcht im Gesicht des kleinen Mannes. Und während der Kobold in den Pelzbeutel hineinschaute, fügte er hinzu: «Jetzt würde ich sagen, hast du kaum mehr als 217 weiche Pelzchen übrig. Sei lieber vorsichtig mit dem Verschenken.»

Damit tappte der Kobold auf seinen großen Füßen davon und ließ einen verwirrten und unglücklichen Wippiduler zurück. Der Kobold wußte, daß ein jeder der kleinen Wippiduler einen unerschöpflichen Vorrat an Pelzchen besaß. Gibt man nämlich jemanden ein Pelzchen, so wird es sofort durch ein anderes ersetzt, so daß einem die Pelzchen das Leben lang nicht ausgehen können.

Doch der Kobold verließ sich auf die gutgläubige Natur der kleinen Leute und sah auf etwas anderes, das er bei sich entdeckt hatte. Er wollte herausfinden, ob es auch in den kleinen Wippidulern war. Auf diese Weise belog er den kleinen Mann, kehrte in seine Höhle zurück und wartete. Es dauerte nicht lange: der erste, der vorüberkam, war ein guter Freund des Wippidulers, mit dem er schon viele, weiche Pelzchen ausgetauscht hatte. Dieser stellte mit Überraschung fest, daß er nur einen befremdeten Blick erhielt, als er seinem Freund ein Pelzchen gab. Dann wurde ihm empfohlen, auf seinen Pelzvorrat acht zu geben. Und sein Freund verschwand ganz schnell. «Es tut mir leid, aber ich habe kein warmes, weiches Pelzchen für dich. Ich muß aufpassen, daß sie mir nicht ausgehen.» Am nächsten Tag hatte sich die Neuigkeit im Dorf verbreitet. Ein jeder hatte Angst, seine Pelzchen zu verschenken. Man schenkte zwar immer noch welche, aber sehr vorsichtig.

«Unterscheide», sagte man. Die kleinen Wippiduler begannen, einander mißtrauisch zu beobachten und verbargen ihre Pelzbeutel während der Nacht unter ihrem Bett. Streitigkeiten brachen darüber aus, wer die meisten Pelzchen hatte. Und bald schon begann man, weiche Pelzchen für Sachen einzutauschen, anstatt sie zu verschenken. Der Bürgermeister von Wippidu stellte fest, daß die Zahl der Pelzchen begrenzt sei und rief die Pelzchen als Tauschmittel aus. Bald schon zankten sich die Leute darüber, wieviel ein Mahl oder eine Übernachtung im Hause eines jeden kosten sollte.

Es gab sogar einige Fälle von Raub wegen der Pelzchen. An

manchen dämmerigen Abenden war man draußen nicht mehr sicher; an Abenden, an denen die Wippiduler früher gern in den Park und auf den Straßen spazieren gingen und einander grüßten, um eines der warmen, weichen Pelzchen zu verschenken.

Aber das Schlimmste von allem war, an der Gesundheit der Wippiduler begann sich etwas zu ändern. Viele klagten über Schmerzen in den Schultern und in dem Rücken. Und mit der Zeit befiel mehr und mehr Wippiduler die Krankheit, bekannt als Rückgraterweichung. Sie liefen gebückt umher, und (in den schlimmsten Fällen) bis zum Boden gebeugt. Viele Leute im Dorf fingen an zu glauben, daß das Gewicht des Beutels die Ursache der Krankheit war, und daß es besser wäre, den Beutel daheim einzuschließen. Binnen kurzem konnte man kaum noch jemand mit einem Pelzchenbeutel antreffen. Zuerst war der Kobold mit dem Ergebnis seiner Lüge zufrieden. Er hatte herausfinden wollen, ob die kleinen Wippiduler auch so fühlen und handeln würden wie er, wenn er selbstsüchtige Gedanken pflegte. Und er fühlte sich erfolgreich, so wie die Dinge liefen. Wenn er nun ins Dorf kam, grüßten ihn die Leute nicht mehr mit einem Lächeln und man bot ihm keine Pelzchen mehr an. Ihm war es aber lieber so. Für ihn bedeutete es, der Wirklichkeit ins Auge schaun: «So ist die Welt», pflegte er zu sagen.

Mit der Zeit ereigneten sich aber schlimme Dinge. Vielleicht wegen der Rückgraterweichungen, vielleicht aber auch deshalb, weil ihnen niemand mehr ein weiches Pelzchen schenkte, starben einige der kleinen Leute. Nun war alles Glück aus dem Dorf Wippidu verschwunden. Und es bedauerte das Dahinscheiden seiner kleinen Bewohner. Als der Kobold davon hörte, sagte er zu sich selbst: «Mein Gott, ich habe nicht gewußt wie es wirklich ist, ich habe ihnen nicht den Tod gewünscht!» Er überlegte, was er jetzt machen könnte, und er erdachte einen Plan. Tief in seiner Höhle hatte der Kobold eine geheime Mine von kaltem, stacheligem Gestein versteckt. Er hatte viele Jahre damit verbracht, die stacheligen Steine aus dem Meer zu graben, denn er liebte deren kaltes prickeliges Gefühl – er blickte gern auf die stacheligen Steine in dem Bewußtsein, daß sie alle ihm gehörten. Er entschloß sich, sie mit den Wippidulern zu teilen, so füllte er Hunderte von Säcken mit den kalten, stacheligen Steinen und nahm sie mit in das Dorf.

Als die Leute die Säcke sahen, waren sie froh und nahmen sie dankbar an. Nun hatten sie wieder etwas, was sie sich schenken konnten. Das einzig unangenehme war, daß es nicht soviel Spaß machte, kalte stachelige Steine zu geben. Es war gleichsam eine Art, dem anderen die Hand zu geben, aber nicht so sehr in Freundschaft und Liebe. Auch einen stacheligen Stein zu bekommen, war ein eigenartiges Gefühl. Man war nicht ganz sicher, was der Geber meinte, denn schließlich waren die Steine kalt und stachelig. Es war nett, etwas vom anderen zu bekommen, aber man blieb verwirrt und oft mit zerstochenen Fingern zurück. Wenn ein Wippiduler ein warmes weichen Pelzchen bekam, so sagte er gewöhnlich «wau», wenn ihm jemand einen kalten stacheligen Stein reichte, gab es gewöhnlich nichts anderes als «uh».

Einige der kleinen Leute begannen wieder, warme weiche Pelzchen zu geben und jedesmal, wenn ein Pelzchen geschenkt wurde, machte es dem Beschenkten wirklich sehr viel Freude. Doch das Schenken von Pelzchen wurde nie mehr Mode in Wippidu. Nur wenige Leute entdeckten, daß sie fortfahren konnten, sich warme weiche Pelzchen zu schenken, ohne daß ihre Vorräte ausgingen. Die Kunst, Pelzchen zu schenken, wurde nicht von vielen gepflegt. Das Mißtrauen steckte tief in den Leuten von Wippidu. Man konnte es aus ihren Bemerkungen hören:
– Weiche Pelzchen? Was steckt wohl dahinter?
– Ich weiß niemals, ob meine Pelzchen auch geschätzt werden!
– Ich habe ein weiches Pelzchen gegeben und bekam einen stacheligen Stein dafür. So dumm bin ich nie wieder!
– Man weiß nie, woran man ist: Jetzt ein weiches Pelzchen und im nächsten Augenblick ein stacheliger Stein.

– Gibst du mir einen stacheligen Stein, dann gebe ich dir auch einen.
– Ich möchte meinem Jungen ein weiches Pelzchen geben, aber er verdient es nicht.
– Manchmal frage ich mich, ob Großvater noch ein Pelzchen auf der Bank hat.

Wahrscheinlich wäre jeder Bürger von Wippidu gern zurückgekehrt zu jenen früheren Tagen, als das Schenken und Beschenktwerden mit warmen, weichen Pelzchen noch üblich war. Manchmal dachte so ein kleiner Mann bei sich, daß es doch schön wäre, von jemandem ein warmes weiches Pelzchen geschenkt zu erhalten, und in diesem Gedanken ging er hinaus und begann, jedem ein weiches Pelzchen zu schenken, wie in alten Tagen.

Aber etwas hielt ihn davon ab. Gewöhnlich war es einfach dies: er sah «WIE DIE WELT WIRKLICH WAR».

Fragen zur Auswertung des Märchens

Vergleichen Sie die Situation der Menschen zu Beginn mit der Situation am Ende des Märchens.
Was hat sich gewandelt?

Wie ist diese Veränderung gekommen? Methode, Inhalt, Folgen?

Wer ist der Kobold? Was steckt hinter ihm?

Warum ist in der Geschichte von Krankheit und Tod die Rede?

Was bedeuten die Pelzchen? Was ist damit gemeint?

Was hat die Geschichte mit meinem Leben zu tun?
Welchen Einfluß übt der Kobold auf mich aus?

Verteile ich Pelzchen oder Steine?

Was hat die Geschichte mit der heutigen Gesellschaft zu tun?

Gehöre ich zu denen, die wieder damit anfangen, warme weiche Pelzchen auszutauschen?

Ist dies eine christliche Geschichte?
Wenn «ja», warum?

An welche Geschichte aus der Bibel werden Sie durch dieses Märchen erinnert?

Welche Überschrift würden Sie über das Märchen setzen?

2. Leben als Geheilter - Bewältigung der Schuld

Der Evangelist Markus beginnt seinen Bericht über das öffentliche Wirken Jesu mit den Worten: «Nachdem man Johannes ins Gefängnis geworfen hatte, ging Jesus wieder nach Galiläa; er verkündete das Evangelium Gottes und sprach: "Die Zeit ist erfüllt, das Reich Gottes ist nahe. Kehrt um, und glaubt an das Evangelium!"» (Mk 1, 14 f.).

J. Imbach bemerkt dazu: «Wer glaubt, ändert seinen Sinn und wer umkehrt, der glaubt. Weil der Glaube als personales Geschehen nie abgeschlossen ist, sondern einen lebendigen Prozeß darstellt, deshalb kommt auch die Umkehr, wie die Schrift sie versteht, trotz ihrer "Einmaligkeit" nie zu einem Abschluß. Umkehr ist ja die Ausrichtung der Menschen auf Gott hin, die lebenslang der Korrektur bedarf. Von daher gesehen ist es eigentlich nicht so erstaunlich, daß im Johannesevangelium das Wort Umkehr fehlt; die damit bezeichnete Wirklichkeit wird dort ganz einfach unter den Begriff des Glaubens gefaßt» (vgl. u.a. Joh. 6, 47).

Glauben an Jesus ist also eine ganz persönliche Bewegung auf ihn hin. Das ganze Denken und Wollen des Menschen soll dabei auf Jesus ausgerichtet werden. Glauben wird somit zu einem umfassenden und personalen Sich-ausliefern an Jesus. Es ist eine vertrauensvolle Hingabe an ihn, verbunden mit dem Abtun alles Gottwidrigen, so daß wir ganz in Christus sind und Christus in uns.

Hilfreich und weiterführend ist es, die Frage nach dem Glauben vom Sprachlichen her anzugehen. Im Hebräischen heißt glauben: sich stützen auf Gott, seinen Halt in Gott haben, sich festmachen in Gott.

Im Griechischen bedeutet glauben: Vertrauen; ich vertraue Dir. Hier tritt die personale Beziehung in den Vordergrund. Neben dem inhaltlichen Glauben, den wir auch den Was-Glauben nennen und dem vertrauenden Glauben, den wir den Du-Glauben nennen, darf der erwartende Glaube nicht übersehen werden. Das ist jene Haltung, die die Möglichkeiten Gottes als unbeschränkt betrachtet, die Gott wirklich groß sein läßt, und vertraut, daß er in seiner Macht und Liebe auch im Hinblick auf die eigene Person und die eigene Not helfen kann und will. Der erwartende Glaube traut es z. B. dem Herrn zu, einen Schwerkranken gesund zu machen oder eine gefährdete Ehe zu retten.

Ein Bild kann verdeutlichen, worum es beim Glauben letzlich geht:

«In einer Stadt führte ein Seiltänzer in schwindelnder Höhe seine Kunststücke vor. Zum Schluß die Hauptattraktion: Er schiebt eine Schubkarre über das schwankende Seil. Als er sicher auf der anderen Seite angekommen ist, fragt er die Zuschauer, ob sie es ihm zutrauen, die Karre auch wieder zurückzuschieben. Die Menge klatscht begeistert Beifall. Er fragt aber noch ein zweites Mal, und wieder erhält er zustimmenden Beifall. Dann fragt er einen einzelnen, der unten am Mast steht: "Sie, trauen Sie es mir auch zu, daß ich die Karre wieder zurückschiebe"? "Aber sicher!" ruft er zurück und klatscht. "Dann", sagt der Akrobat, "dann kommen Sie doch herauf und steigen Sie ein, dann schiebe ich Sie hinüber!" – Nein, so hatte er es nicht gemeint, er wollte doch Zuschauer bleiben.» (W. Hoffsümmer, 255 Kurzgeschichten, 60).

Gerade dieses Bild vom Seiltänzer macht deutlich, daß es ein großer Unterschied ist, vom sicheren Sessel aus zu sagen: «Ich glaube» und sich aus der Sache herauszuhalten oder aber seine Existenz auf den anderen zu setzen und in die Karre einzusteigen. «Ich glaube» heißt somit: Ich steige in die Karre des Herrn ein, ich setze meine Existenz auf den Herrn.

Hier spürt jeder eine gewisse innere Sperre, ein Zögern, Vorsicht, ja Mißtrauen. Jeder Mensch ist in einem gewissen Maß mißtrauisch.

Ich möchte vier Quellen nennen, aus denen wir verwundet wurden und in der Folge mißtrauisch und ängstlich sind. Ich darf Sie bitten, mutig auch die Quellen Ihrer eigenen Verletzungen aufzudecken, nichts zu verdrängen. Lassen Sie Erinnerungen kommen, die vielleicht bisher verdrängt wurden, einfach um bestehen, um weiterleben zu können.

Eine erste Quelle ist unsere Geburt. Wir sind unheile Wesen von der Geburt an. Die Hl. Schrift sagt uns: Vor der ersten Sünde der Stammeltern gab es ein ungetrübtes Freundschafts-, Vertrauens- und Liebesverhältnis zwischen Mensch und Gott. Hier setzt der Versucher an: er sät Mißtrauen. «Hat er euch das wirklich gesagt?» «Euch entgeht etwas, wenn ihr euch Gott ausliefert und euch so von ihm abhängig macht.» «Er wird euch etwas vorenthalten, wenn ihr alles von ihm erwartet. Zieht die Konsequenzen und schafft selber euer Glück. Nehmt es selber in die Hand.» Und der Mensch greift nach seinem eigenen Glück. Er versorgt sich selber aus Mißtrauen gegen die Liebe Gottes. Wir sind Kinder Adams, geboren aus einer Ahnenreihe, deren Verhältnis zu Gott gestört ist. Der moderne Mensch versucht zwar, sich als gut und heil auszugeben und er sucht «Sündenböcke»: Da hat der Staat versagt, der Pfarrer, die Kirche, die Oberin. Aber die Schrift sagt: Das Herz des Menschen ist zum Bösen geneigt von Jugend auf. Wir sprechen in diesem Sinne von der Sünde der Welt, von der Erbsünde, die wie ein Strom durch die Geschichte der Menschheit zieht. Sie macht Unheilsgeschichte. Wir sind diesem Strom ausgesetzt, erliegen ihm und geben ihn damit weiter. So wird er zum Strom der Sünde für unsere Nachwelt.

Die zweite Quelle für dieses Mißtrauen ist unsere Umwelt, sind unsere Mitmenschen. Die Menschen, die uns von Anfang an begleiteten, waren auch unheile Wesen; auch sie standen in dieser Ahnenreihe. Auch sie waren Kinder Adams. Was unsere Mutter während der Schwangerschaft erlebt hat, ist nicht ohne Einfluß auf unser Seelenleben geblieben. Die Ängste der Mutter, die Konflikte der Eltern, die Schicksalsschläge haben Spuren hinterlassen. Sicher gibt es auch in unserem Leben Menschen, die uns enttäuscht haben, vielleicht sehr enttäuscht. Ich denke nicht nur an die Zeit, in der wir noch im Mutterschoß oder kleine Kinder waren; ich denke auch an die spätere Zeit: Daß unsere Erwartungen an Zeit, an Liebe, an Geborgenheit, an Verständnis, an Anerkennung nicht erfüllt wurden. Von daher sollte sich jeder fragen: Gibt es in mir vielleicht sehr tiefen Groll, Vorwürfe, geheime Vorwürfe, die ich noch nie zugelassen habe? Es ist sicher sinnvoll, wenn wir einmal unseren Weg von Anfang an nachgehen. Wie war das in der Familie, in der Beziehung zwischen den Eltern, zu Vater und Mutter? Wir waren die Beziehungen zu den Geschwistern, zu den Klassenkameraden, den Lehrern? Wurde ich richtig beurteilt? Wie war meine Jugendzeit? Welche Freundschaften hatte ich? Wurde ich im Stich gelassen, «verwundet»? Wie war meine Ausbildungszeit? Wie habe ich Versetzungen verkraftet, die mir zugemutet wurden? Wie kann ich meinen Arbeitsplatz, meinen Beruf annehmen? Wie bin ich mit meiner Berufung umgegangen? Menschen, die am engsten zusammenleben, verwunden sich häufig am meisten: Ehepartner, Eltern-Kinder, Kinder-Eltern, Konventsmitglieder, Berufskollegen. Ich sollte also fragen: Was hat mich verletzt? Und eine andere Frage muß ich mir stellen: Wen habe ich verletzt? Wo habe ich Wunden zugefügt? Wo und wen habe ich enttäuscht?

Wir müssen die Wunden unseres Lebens zu Jesus Christus hintragen. Aber auch mit den Menschen zu Jesus gehen, die wir verletzt haben.

Etwas anderes sollte uns aufgehen: Je tiefer die Wunden, umso größer das Mißtrauen, umso größer die Angst; umso weniger sind wir fähig, mit Gott und den Menschen in Freundschaft zu leben. Umso weniger sind wir fähig, zu sagen: Hier bin ich, Herr!

Gott verlangt nicht von uns – das ist wichtig – daß wir perfekt sind in unserem Beruf oder wo immer wir stehen. Er verlangt nicht, daß wir perfekt sind, aber er will, daß wir unsere Schwächen, unser Versagen zugeben, daß wir damit zu Jesus gehen und bekennen: Ich habe Grenzen und Schwächen, ich stoße so oft an meine Grenzen, ich versage immer wieder! Und daß wir ihn bitten: Heile, was ich verwundet habe, heile die Fehler, die ich gemacht habe. Er will, daß ich das mit einem sehr großen Vertrauen vor ihm ausspreche. Es geht darum, die Wunden offen vor Gott darzulegen und ihn zu bitten, daß er sie heile. Das ist nicht selbstverständlich. Gewöhnlich verdrängen wir die Probleme, um überhaupt leben und weiterleben zu können. Aber damit sind sie nicht gelöst. Sie äußern sich immer wieder auf anderem Wege.

Die dritte Quelle der Verletzungen: meine eigene Sünde. Auch sie steigert das Mißtrauen, den Unglauben. Wer sündigt, wer seine ganze Schwäche und Armseligkeit erlebt, immer wieder erlebt, der glaubt nur schwer an den Mitmenschen. Wer immer wieder Sünde auf sich lädt, der traut dem andern auch nicht viel zu. Aber wir sollten auch sehen: Wer sündigt, tut sich weh. Er unterminiert seine Vertrauensfähigkeit auf Gott. Vielleicht gibt es irgendeine Schwäche, mit der jemand sich sein Leben lang herumgeschlagen hat, mit der er nicht fertig wurde, bei der er immer wieder sein Versagen erlebte: Zorn, Lieblosigkeit, geschlechtliche Unordnung oder was es immer sein mag. Gerade bei diesen Dingen, die uns ein Leben lang querliegen, neigen wir dazu, uns Entschuldigungen zurechtzulegen. Wir müssen alle diese Entschuldigungen hinwegnehmen, wenn wir gesunden wollen. Wer kein gesundes Selbstbewußtsein hat, der kann auch kein Gottvertrauen haben. Oder: Wer sich selber nicht mag, kann auch nicht glauben, daß Gott ihn mag.

Die vierte Quelle, aus der wir verwundet sind, ist Gott selber. Im Buch Job, im 5. Kapitel, 17-18, lesen wir: «Selig der Mann, den Gott zurechtweist. Verschmähe nicht die Zucht des Herrn. Gott der Herr verwundet, aber er verbindet auch. Er zerbricht, aber seine Hände heilen wieder.» Oder ich denke an den Propheten, der Gott anklagt, ihm vorwirft: Du hast mich betört! Das heißt doch: Du hast mich hereingelegt. Hier klagt einer, daß er sich von Gott verkauft, verraten fühlt. Und er fängt an, zu grollen, zu hadern mit Gott. Vielleicht gibt es auch solche Erfahrungen in Ihrem Leben? Häufig machen Menschen Gott einen Vorwurf, wenn er ihnen einen lieben Menschen genommen hat. Das sind oft harte Erfahrungen und Enttäuschungen. Die Konsequenz, die dann gezogen wird: Sie distanzieren sich. Sie haben Angst. Sie werden mißtrauisch. Gott mutet dem Menschen häufig Schweres zu. Nicht, um ihn «kaputt» zu machen, sondern um ihn zu erziehen, um ihn auf den rechten Weg zu bringen. Freilich: Manches bleibt auch sein Geheimnis.

Das sind vier Quellen von Verwundungen, vier Quellen, aus denen Mißtrauen und Angst erwachsen können.

Was ist der Ursprung dieser Probleme?

Der Täufling wird gefragt: Widersagst du dem Satan? Die Frage könnte auch lauten: Widersagst du dem Mißtrauen gegen Gott? Denn aus der Tiefe unseres Herzens steigen immer wieder Warnungen auf, Gott nicht ganz zu vertrauen aufgrund bestimmter Lebenserfahrungen. Das meiste, was wir tun, denken, wollen, fühlen, kommt aus der Tiefe dessen, was das Neue Testament «Herz» nennt. Das Herz ist das Innerste des Menschen und in dieses Innerste will Gott eindringen. Aus ihm steigen nämlich die Antriebe, die Entschlüsse, auch Angst, Liebe, Begierde auf.

Die Welt ist ein ständiger Appell zum Bösen, zum Mißtrauen gegen Gott, das umso stärker ist, je mehr damit ein sozialer Druck verbunden ist. Deshalb wäre es gut, wenn wir einmal selbst in uns hineinschauen und uns ganz ehrlich fragen: Vertraue ich Gott? Vertraue ich ihm so, daß ich bereit bin, mich ihm ganz auszuliefern?

Wir glauben, daß Gott uns nicht täuscht, daß er seine Verheissungen erfüllt. Und dieser Glaube kommt als Vertrauen in dem Satz zum Ausdruck: Ich glaube dir.

Wie reagiert der Mensch auf sein Mißtrauen und seine Angst? Mit Sicherungsmaßnahmen. Er sichert sich ab. Der Mensch überläßt nicht mehr Gott sein Schicksal, sondern nimmt es selbst in die Hand. Mauern sind häufig Sicherungsmaßnahmen, mit denen der Mensch sein Leben meistern will.

Irgendwann muß jeder mit der Versuchung fertig werden, eine Mauer um sein Herz zu bauen, die das Herz schützen soll vor den Verwundungen des Lebens, vor den Enttäuschungen, vor den Bitterkeiten.

Irgendwann ist jeder einmal so enttäuscht – von einer Liebe, einer Freundschaft, von einem Vertrauen, von einem Urteil, von seinen eigenen Grenzen, von seinen Mißerfolgen, enttäuscht von sich selber – daß er sich am liebsten zurückziehen möchte. Wohin? In sich selber, hinter eine Mauer, wo er seine Ruhe hat, wo er nicht enttäuscht und betrogen wird. Er ersehnt eine Mauer um sein Herz.

Freilich, diese Sicherung verlangt einen hohen Preis – einen allzu hohen. Wir vermögen es nämlich nicht, eine Mauer um unser Herz zu bauen, die uns nur vor dem Schlimmen schützt. Es gibt nur eine Mauer, die alles von uns fernhält: mit dem Schmerz auch die Freude, mit den Abneigungen auch alle Zuneigung, mit den Enttäuschungen auch alle Hoffnung, mit den Qualen auch alle Erfüllung. Wer und was ergänzt uns dann, da wir doch unvollkommen, hälftig sind?
Auch das Streben nach Macht, Besitz, Überlegenheit ist gewöhnlich eine Sicherungsmaßnahme. Dahinter steckt zumindest unbewußt die Überzeugung: Wenn ich mächtig bin, mehr habe, überlegen bin, kann ich eher bestehen.

Die Sicherungsmaßnahmen, die wir anderen Menschen gegenüber treffen, wirken zurück auf unser Verhältnis zu Gott und verhindern eine durchgreifende Umkehr zu ihm. Je mehr wir uns gegen andere Menschen absichern, desto mehr bleiben wir auch Gott gegenüber verschlossen. Je mehr wir uns jedoch der machtvollen Anwesenheit Gottes anvertrauen, jener Kraft und Dynamik des Vaters und des Sohnes, die wir Hl. Geist nennen, umso mehr werden unbegründetes Mißtrauen und übertriebene Sicherungsmaßnahmen abgebaut, umso mehr wächst die Liebe zu unseren Mitmenschen und zu Gott.

Wir stehen hier vor einer Entscheidung: Entweder verdrängen wir unser Mißtrauen und unsere Angst, indem wir uns auf alle nur denkbare Weise gegen Verletzungen und Enttäuschungen absichern, oder wir liefern uns Gott in einem Akt des Vertrauens – das er uns schenkt – aus, übergeben ihm die Geschichte unseres Lebens und lassen die heilenden Kräfte des Geistes in unsere verschlossenen Tiefen eindringen. Ich kann hierbei all das, was ich an meinem Leben nicht verstehe, in das Geheimnis Gottes hineingeben. Jeder bedarf dieser heilenden Kraft des Geistes. Wieviele Formen der Resignation gibt es in unseren Reihen? Wieviele apostolischen Kräfte liegen brach, weil Seelsorger wie Laien angeschlagen, innerlich verwundet und krank sind?

Auch Franziskus kannte dieses Mißtrauen. Was ihn vor allem lähmte, war die Frage, ob ihm seine Jugendsünden vergeben seien.

Der Schriftsteller Jörgensen geht in seinem Franziskusbuch der Frage nach, was in Franziskus oben am Berg von Poggio Bustone vor sich gegangen sei. Der Biograph des Heiligen, Thomas von Celano, schreibt kurz und schlicht: «Als er dort lange Zeit, mit Furcht und Zittern vor dem Beherrscher des ganzen Erdkreises stehend, verharrte und in Bitterkeit der Seele die schlecht verbrachten Jahre überdachte, wiederholte er immer wieder das Wort: "Gott sei mir Sünder gnädig"» (1 Celano 26).

Jörgensen meint, vielleicht habe Franziskus schon damals das

Gebet gesprochen: «Wer bist du, mein lieber Herr und Gott und wer bin ich, dein geringer Wurm...?» Es war der doppelte Abgrund, der sich während jener einsamen Stunden des Gebetes vor Franziskus öffnete – der Abgrund des göttlichen Wesens von Güte und Licht und diesem gegenüber sein eigener Abgrund von Sünde und Finsternis. Denn wer war er, daß er es wagte, der Wegweiser von Menschen und Meister von Jüngern zu sein, er, der noch vor wenigen Jahren ein Sünder unter Sündern war? Wenn er daran dachte, was er gewesen, was er wieder werden könnte, wenn Gott ihm nicht beistände, weil er es im tiefsten Innern noch immer war – wenn er daran dachte und an das, wofür die anderen ihn ansahen, die ihn ehrten und ihm folgten, da graute ihm, da wußte er nicht, wo er sich vor Scham verbergen sollte.

Ganz am Boden zerstört, warf sich Franziskus vor Gott nieder, vor dem Gott, der ganz Heiligkeit und Wahrheit ist und vor dessen Allmacht nichts bestehen kann als vollkommene Heiligkeit und Wahrheit. In der Tiefe seiner Not stöhnte Franziskus zu Gott: «Herr sei mir armen Sünder gnädig». Da geschah in der öden Felsenhöhle das Wunder, das überall geschieht, wo ein Mensch in vollkommenem Mißtrauen vor sich selbst in Glaube, Hoffnung und Liebe auf Gott setzt. Franziskus war in den Kern des Christentums eingedrungen: Er hatte die heilende Kraft des Herrn erfahren, der er sich ganz anvertraut hatte.

«Da begann unsagbare Freude und höchste Wonne sich nach und nach in das Innerste seines Herzens zu ergießen. Auch ward er allmählich ganz verändert; der Gemütssturm legte sich, die Finsternis wich, die infolge von Sündenangst sich über sein Herz gebreitet hatte, es wurde ihm die Gewißheit zuteil, alle seine Sünden seien ihm vergeben, und die Zuversicht in ihm erweckt, wieder zu Gnaden zu kommen» (1 Celano 26).

Von dieser Stunde an war Franziskus geheilt; er war gerüstet für das Werk, das Gott mit ihm vorhatte. Er war voll einsatzbereit für den Auftrag des Herrn.

Diesem Prozeß der Heilung soll nun noch etwas nachgegangen werden. Nach dem Evangelisten Lukas schlug Jesus in der Synagoge seiner Heimatstadt Nazareth das Buch des Propheten Jesaja auf und fand die Stelle, wo es heißt: «Der Geist des Herrn ruht auf mir; denn der Herr hat mich gesalbt. Er hat mich gesandt, damit ich den Armen eine gute Nachricht bringe; damit ich den Gefangenen die Entlassung verkünde und den Blinden das Augenlicht; damit ich die Zerschlagenen in Freiheit setze und ein Gnadenjahr des Herrn ausrufe...» «Da begann er, ihnen darzulegen: Heute hat sich das Schriftwort, das ihr eben gehört habt, erfüllt» (Lukas 4, 18-21).

Jesus kündigt sich hier als Bringer des Heiles an. Er will Heiland, Befreier und Erlöser sein. Er sieht seine Sendung darin, den Menschen Heilung und Erlösung zu bringen und zwar dem ganzen Menschen. Geist und Herz, Empfindung und Gemüt, der ganze Leib und die Beziehungen zu anderen Menschen sind hier mit eingeschlossen. Das ist wieder eine Anfrage an den Glauben. Trauen wir es dem Geist des Herrn zu, daß er unsere ganz konkreten Verwundungen heilen kann? Bitten wir ihn überhaupt darum oder meinen wir, das seien Probleme, mit denen wir uns abfinden müßten? Was verbinden wir zum Beispiel mit der Bitte: Heile, was verwundet ist oder mit der Bitte: Sprich nur ein Wort und meine Seele wird gesund? Das wäre ein erster Gesichtspunkt für Heilung, daß ich Jesus als Heilbringer, als Erlöser, als Befreier für mich ganz persönlich annehme. Er, der Auferstandene, lebt auch heute unter uns und will sein Wirken an uns fortsetzen.

Eine zweite Voraussetzung wäre die Einsicht, daß auch ich der Heilung bedürftig bin, daß auch ich blind, lahm, taub, stumm bin. Das Fehlen von Früchten des Geistes, die ein lebendiger Glaube hervorbringen muß, könnte uns öffnen für diese Erkenntnis.

Eine dritte Voraussetzung ist der Wille und die Bereitschaft, denen zu verzeihen, die an mir schuldig geworden sind. Die meisten Sicherungsmaßnahmen, die der Mensch trifft, sind der Versuch, vorenthaltene Liebe, Annahme und Geborgenheit der frühen Kindheit oder aus dem späteren Leben auszugleichen. Wegen dieser Kränkungen und Verletzungen haben sich im Herzen des Menschen Gefühle des Mißtrauens gebildet bis hin zu Formen des Hasses und der Aggressionen. Hier spielt auch immer wieder die Frage nach dem guten Gott herein, der das alles zugelassen hat. Innere Heilung meint, daß die ganze eigene Lebensgeschichte geheilt wird. Dabei ist allerdings der Grundsatz zu beachten: Nur das kann geheilt werden, was vorher aufgedeckt ist. Konkrete, durchdringende Selbsterkenntnis ist nötig. In Johannes 3, 21 lesen wir: «Wer aber die Wahrheit tut, kommt zum Licht.»

Worin besteht dieses Tun der Wahrheit? Es ist das Aussprechen der Wahrheit. Und dies, wenn möglich, vor einem Priester oder vor einigen Gläubigen, im Gebet um Heilung. Dabei sollen die Kränkungen ausgesprochen werden, die der Betroffene durch andere erfahren hat; er soll seinen Schmerz nennen, auch die Bitterkeit und die Auswege, die er gesucht hat. Es ist sehr nützlich, hier Einzelheiten zu nennen, denn ein Grundsatz lautet: Was nicht ausdrücklich genannt wird, bleibt unerlöst. Es ist nötig, die Einzelheiten und die beschämenden Umstände nicht mehr länger festzuhalten, sondern sie wegzugeben. Auch die Gefühlswelt ist einzubeziehen. Der Mensch neigt dazu, Gefühle, die er nicht leicht unter Kontrolle halten kann oder die er für verwerflich hält, zu unterdrücken, zum Beispiel: Neid, übertriebenen Ehrgeiz. Diese Gefühle sind damit nicht verarbeitet, sondern nur verdrängt und äußern sich in neurotischen Störungen oder seelisch bedingten körperlichen Erkrankungen.

Wenn ich das im Gebet vor Gott ausspreche und vor ihm mein Herz ausschütte, dann öffne ich die Tür, vor der der Herr selber steht und anklopft. Er kann einkehren und Mahl mit mir halten und ich mit ihm.

Innere Heilung heißt also nicht, daß die Erinnerung an die bitteren Erfahrungen früherer Jahre einfach ausgelöscht ist, sondern daß ich an diese Erlebnisse denken kann, ohne innerlich aus dem Gleichgewicht zu geraten, ohne die innere Gelassenheit zu verlieren. Mir wird dies möglich, weil das Gift, der Groll, die Vorwürfe, die Aggressionen oder sogar der Haß, die mit diesen Erinnerungen verbunden waren, beseitigt sind.

Ein weiterer Schritt ist zu sehen: Wer geheilt ist, kann sich selber in den Dienst der Heilung stellen lassen. «Und durch die, die zum Glauben gekommen sind, werden folgende Zeichen geschehen: In meinem Namen werden sie Dämonen austreiben; sie werden in neuen Sprachen reden; wenn sie Schlangen anfassen oder tödliches Gift trinken, wird es ihnen nicht schaden; und die Kranken, denen sie die Hände auflegen, werden gesund werden» (Mk 16, 17-18).

3. Poggio Bustone: Ort der Heilung

Bald nach seiner Bekehrung im Jahre 1209 zog Franziskus mit Bruder Ägidius in das Rietital. Von Terni aus folgten sie dem Lauf des Flusses Velino, der sie zu einer Reihe von größeren und kleineren Städten führte: nach Stroncone, Cantalice, Poggio Bustone. Das Rietital ist ein hochgelegenes, fruchtbares Tal, durchflossen vom Velino, der von Süden nach Norden fließt und dann in gewaltigen Wasserfällen ins Neratal hinunterstürzt.

Überall in diesem Tal fand Franziskus – wie die Legende sagt – die Gottesfurcht und die Gottesliebe fast ausgelöscht und der Weg der Welt war stark belebt. «Den falschen und endlosen Weg der Begierde zu sperren» war deshalb überall die wesentliche Aufgabe des Franziskus. Mit Recht betrachtet man heute die Predigt des Heiligen als eine Evangelisation in der eigentlichen Bedeutung des Wortes.

«Buon giorno, buona gente - Guten Tag, ihr lieben Leute», so grüßte Franziskus nach einer örtlichen Überlieferung die Bevölkerung von Poggio Bustone, als er sich zum ersten Mal an diesem rauhen Berghang aufhielt. Zur Erinnerung an dieses Ereignis durchstreift jedes Jahr am Franziskusfest ein Bote die Straßen des Ortes, hält vor jedem Haus inne und wiederholt den Gruß des Franziskus. Der Hausvater antwortet: Guten Tag.

Franziskus klopfte damals an die Pforte der Burg von Bustone und bat den Kaplan, einen Benediktiner: «Herr Prior, gibt es ein verlassenes Kirchlein, wo ich mich mit meinen Brüdern zurückziehen kann?» Zweifellos zeigte der Mönch damals eine Einsiedelei, die nicht weit entfernt an einer Felsschlucht gut sichtbar inmitten der Bäume lag.

Vermutlich gilt für kaum einen Platz mehr, was der hl. Bonaventura über eine Vorliebe des Franziskus schreibt: «er suchte einsame Orte, die für die Sammlung und Stille besonders geeignet waren,»

Das franziskanische Poggio Bustone umfaßt zwei Heiligtümer: das untere Heiligtum, etwas über dem Ort gelegen, mit einer Kirche, einem Kloster und der Felsenzelle des Franziskus unter dem Kloster; ferner das obere Heiligtum, eine Höhle im Felsen, etwa eine halbe Stunde über dem unteren Heiligtum liegend. In dieser Höhle mit einer schlichten Kapelle hat Franziskus mit Bruder Ägidius gebetet und übernachtet.

Das untere Heiligtum

Schon das untere Heiligtum ist im Hinblick auf seine landschaftliche Lage beeindruckend. Hier kann man sich außerhalb der Welt fühlen. Der Ort liegt in den Ausläufern der Abruzzen.

Kirche und Kloster sind dem hl. Jakobus dem Älteren geweiht. Die Kirche ist mit viel Einfühlungsvermögen restauriert, so daß das Heiligtum wieder sein ursprüngliches Aussehen hat. Es ist ein einfacher, harmonischer Bau des 14. Jahrhunderts.

Neben der Kirche ist der Konvent, dessen Kreuzgang drei Epochen widerspiegelt: da ist der kleine Konvent des 13. Jahrhunderts. Er bestand aus einem kleinen Kreuzgang, einem Kirchlein, dahinter ein gemeinsamer Schlafraum und eine Küche, die gleichzeitig als Aufenthalts- und Speiseraum diente. Ferner ist noch der Konvent vom Ende des 14. Jahrhunderts und ein zusätzliches Bauwerk aus dem 17. Jahrhundert erkennbar.

Die Zelle des Franziskus ist eine rauhe Felsenhöhle unter dem

Konvent. Sie hat einen einfachen Holzaltar und ein rohes Kreuz. Dieser Ort lädt jeden Besucher zum Verweilen ein. Den Besucher erfaßt heilige Ehrfurcht.

Das obere Heiligtum

Oben in den Bergen, etwa 300 m über der Stadt Poggio Bustone und 1100 m über Meereshöhe, liegt eine Höhle, in die Franziskus sich getreu seiner Gewohnheit zurückzog, um zu beten. Der Weg hinauf in das Bergheiligtum ist recht beschwerlich. Der Ort liegt in großer Einsamkeit und tiefem Schweigen, nur einzelne Vögel zwitschern und ein ferner Bergbach läßt sein Tosen hören; der Blick in die weite Ebene des Rietitales ist frei. Hier hat Franziskus viele Stunden auf dem harten Boden des nackten Felsens verbracht. Um Franziskus besser zu verstehen, muß man ihm zu dieser einsamen Höhle in den Bergen folgen.

Bei diesem Nachgehen der Wege des Franziskus wird deutlich, daß er nicht nur Apostel und Missionar war, sondern zeit seines Lebens auch Einsiedler blieb. Überall wohin er sich begeben hatte, findet man auch diese Felsengrotten und -höhlen, in die er sich von Zeit zu Zeit zurückzog. Carceri bei Assisi, Sant'Urbano bei Narni, Fonte Colombo bei Rieti, Monte Casale bei Borgo San Sepolcro, Celle bei Cortona, le Coste bei Nottiano, Sarteano bei Chiusi, La Verna im Casentinotal zeugen von dem Geist des Einsiedlers, der in seinem Willen, apostolische Tätigkeit mit Zeiten der Einsamkeit zu durchdringen, sehr konsequent und anspruchsvoll war.

Zwei Erlebnisse des Franziskus sind mit Poggio Bustone verbunden: Der Herr schenkte ihm dort die Gewißheit, daß er ihm seine Jugendsünden vergeben habe und daß seine Gemeinschaft stark anwachsen werde. Über die Erfahrung der Vergebung seiner Schuld und die innere Heilung wurde schon im ersten Teil berichtet. Deshalb hier noch einige Ausführungen zur zweiten Erfahrung.

Weitere Ausbreitung des Ordens

In jener Stunde schaute Franziskus prophetisch, wie seine Gemeinschaft wachsen und in großen Scharen die Erde erfüllen sollte. Seine Saat sollte Segen bringen. Das Erlebnis wandelte das Wesen des Franziskus. Er kehrte von diesem Kampf und Gebet als neuer Mensch heim. Er hatte in Gottes Auge geschaut und Frieden gefunden.

Freudig verkündete Franziskus nach seiner Rückkehr seinen Brüdern: «Habt Mut, Geliebteste, und freut euch im Herrn und laßt euch nicht traurig machen, weil wir scheinbar nur wenige sind. Und es soll euch meine und eure Einfalt nicht schrecken; denn so ist es mir in Wahrheit vom Herrn gezeigt worden: Zu einer sehr großen Schar wird uns Gott anwachsen lassen und bis an die Grenzen der Erde uns mehren und ausbreiten. Zu eurem Fortschritt fühle ich mich aber auch gezwungen zu sagen ... Ich sah eine große Menge Leute zu uns kommen, die im Kleid und nach der Regel unseres heiligen Ordens mit uns zusammenleben wollten ... Es kommen Franzosen, es eilen Spanier herbei, Deutsche und Engländer schließen sich an und eine ungeheure Menge aus verschiedenen anderen Sprachen strömt herzu» (1 Celano 27).

Trotz seiner Begeisterung blieb Franziskus auch kritisch. Er sah mit der wachsenden Masse auch Kämpfe und Kummer und die Zeit der Prüfung anbrechen. «Meine Brüder», sagte er zu seinen Gefährten, «jetzt, am Anfang unserer Bekehrung werden wir ein über die Maßen süßes und wohlschmeckendes Obst finden; schließlich aber wird uns eines voller Herbe gegeben werden, das wir nicht mehr werden essen können, weil es für alle wegen seiner Bitterkeit ungenießbar sein wird, wenngleich es nach außen Wohlgeruch und Schönheit aufweist» (1 Celano 28).

4. *Fragen zur Besinnung:*

Glauben: Worin habe ich meinen Halt, worin mache ich mich fest?
Bin ich bereit, meine Existenz auf den Herrn zu setzen?
Mein Mißtrauen und meine Absicherungen:
Wo liegen die Ursachen meines Mißtrauens?
Welche Sicherungsmaßnahmen treffe ich?
Heilung:
Nehme ich Jesus als Heiland für mich an und bin ich bereit, ihm all meine Gebrechen zu übergeben?
a) Gibt es eine schmerzliche Erinnerung oder eine enttäuschende Erfahrung in deinem Leben? Bringe sie im Gebet Jesus!
b) Schreibe dir die Namen derjenigen Personen auf, die dich verletzten, vor denen du Angst hast, denen du aus dem Weg gehst oder gegen die du eine Ablehnung hast. Sage Jesus deutlich und ehrlich, was du über diese Person fühlst. Bedenke die Liebe Jesu zu dieser Person!
Gib dich und jene Person in die Hände Jesu und bitte ihn, eure gegenseitigen Beziehungen zu heilen.
c) Schreibe die Namen der Personen auf, die du in deinem Leben am meisten verletzt hast. Greife jeweils einen Namen auf und sage Jesus, wie du jetzt dazu stehst. Hast du dieser Person vergeben? Hast du dir selbst vergeben, daß du diese Person verletzt hast? Preise Gott in der Überzeugung, daß er aus allem etwas Gutes hervorbringen kann.
d) Lies Markus 3. Kap., 7. Kap., 10. Kap.

Leben als Geheilter

Siehe, ich mache alles neu, neu dein ganzes Leben! Heile dich mit Liebe, heile dich mit großer Geduld —

nach jeder Strophe wiederholen

1. Herr, ich bin taub und stumm, kann Deinen Weg nicht gehen. Herr, ich bin lahm und blind, kann Dein Licht nicht sehen!
2. Gott schau mich Armen an, Mißtrauen sitzt im Herzen. Angst nagt und schreit in mir, alles bringt mir Schmerzen!
3. Mit großer Liebe, Herr, hast Du mich neu gezogen und voll Erbarmen, Gott, hast mich angenommen!

Text und Melodie:
Sr. Leonore Heinzl OSF

V.
LEBEN IN HINGABE - MENSCHWERDUNG UND ERLÖSUNGSTAT JESU CHRISTI

1. Der Zweifler

Ein Mensch, dem es schwerfiel zu glauben, wandte sich in seiner Not an den, den er in seinen Zweifeln zu verlieren fürchtete: «Herr, man hat mich gelehrt, dich den Vater, den Sohn und den Heiligen Geist zu nennen. Doch was soll ich mit solchen Namen anfangen? Mein Vater war ein Trinker, ich hatte wohl Angst, aber nie Respekt vor ihm. Mein Sohn versteht mich nicht, wir streiten uns jeden Abend. Ja, ein Geist wirst du wohl sein, aber bitte: Wer glaubt heutzutage noch an Geister? Sage mir doch, wer du wirklich bist und wie du wirklich heißt.»

Der Frager erhielt folgende Antwort: «In der Bibel steht: Ich werde sein, der ich sein werde. Das ist mein Name.» «Herr, dies ist ein Rätselwort», erwiderte der Zweifler, «wie soll ich an ein Rätsel glauben»: «Sei nicht töricht», fuhr der Antwortende fort, «ohne Glauben hättest du mich doch gar nicht erst gefragt? Willst du mich ergründen, der ich eine Welt gemacht habe, in der du weniger als ein Stäubchen bist, und ich dich doch ganz genau kenne?» «Herr, du erschreckst mich schlimmer, als es je mein trunkener Vater tat. Wie konnte ich so vermessen sein, dich überhaupt zu fragen?»

Doch Gott, der ferne und nahe, redete weiter: «Bin ich nicht einer wie du geworden, unverstanden wie du und auch wie dein Sohn? Habe ich nicht, als Leute wie du und dein Sohn und dein Vater mich ans Kreuz schlugen, geschrien wie einer von euch?»

«Ja, ich habe es gelesen», sagte der Zweifler, «und die Nägel, die dich trafen, spüre ich in meinen Handgelenken. Wer bist du, daß du es nötig hattest, dich so erniedrigen zu lassen?» «Ich bin», antwortete Gott,«der ferne und nahe, der eine, der nicht zweifelt, sondern an dich glaubt.» Da schwieg der Zweifler, denn mehr war nicht zu sagen.

2. *Leben in Hingabe - Menschwerdung und Erlösungstat Jesu Christi*

Das Geheimnis des Lebens Jesu Christi und seine Konsequenzen für unser Leben läßt sich an zwei Wörtchen knüpfen: Sich-Loslassen und Sich-Einlassen. Gott hat sich in seinem Sohn Jesus Christus selbst entäußert, sich losgelassen und auf die Menschen eingelassen.

Das Sich-Loslassen und Sich-Einlassen ist eine Grundhaltung im Leben Jesu. Sie zieht sich wie ein roter Faden durch sein ganzes Leben. Dies soll hier näher betrachtet werden.

Menschwerdung

Im 2. Korintherbrief (8, 9) steht der Satz: «Denn ihr wißt, was Jesus Christus, unser Herr, in seiner Liebe getan hat: Er, der reich war, wurde euretwegen arm, um euch durch seine Armut reich zu machen.» Welche Armut meint hier Paulus? Auf den ersten Blick könnte es scheinen, als ginge es um materielle Armut. Doch es geht bei Paulus um mehr. Er weiß um die Umstände der Geburt Jesu. Er weiß sicher, daß sich der irdische Weg Jesu nicht in Wohlhabenheit und Sicherheit abgespielt hat. Wie hätte Jesus sonst das Wehe über die Reichen und die Warnungen vor den Gefahren des Reichtums sprechen können, wenn er selber ein Reicher gewesen wäre. Es geht um mehr. Dieses «mehr» steht im 2. Kapitel des Philipperbriefes: «Seid untereinander so gesinnt, wie es dem Leben in Christus Jesus entspricht: Er war Gott gleich, hielt aber nicht daran fest, wie Gott zu sein, sondern er entäußerte sich und wurde wie ein Sklave und den Menschen gleich» (Phil 2, 5-8). In diesem Hymnus kommt das Wort Armut nicht vor, aber eine Reihe damit verwandter Worte. Da wird der Verzicht auf das dem Sohn Gottes zukommende Sein in der Herrlichkeit Gottes gepriesen; die darin liegende Entleerung, Entbehrung, Erniedrigung ist also letztlich Armut. Und mit Entleerung, Entbehrung, Erniedrigung ist wieder etwas von dem gesagt, was wir mit dem Wörtchen Sich-Loslassen bezeichnen. Das Sich-Loslassen ist nie Ziel, Endpunkt. Dieser Schritt erfolgt immer im Hinblick auf einen anderen: auf das Sich-Einlassen. Das Sich-Einlassen Gottes äußert sich darin, daß Gott in Jesus Christus Mensch, ja Kind wird. Es ist ein Einlassen auf den Menschen in seiner extremsten Form des Angewiesenseins. Denn mit dem Kind liegt bereits der Schmerzensmann in der Krippe. Wer an die Menschwerdung – das Weihnachtsgeheimnis – glaubt, kann nicht leugnen, daß Gott unser ganzes Dasein, unser Leben mit seinen schönen, aber auch seinen Schattenseiten und gerade unser leidvolles Dasein angenommen hat; daß wir also Gott in Jesus nicht als den ganz anderen, nicht als den fernen, sondern als den ganz unsrigen erfahren dürfen.

Gott ist Mensch geworden und zwar ganz. Wo Jesus sich dann auf die Menschen im Einzelnen eingelassen hat, ist Gott sichtbar geworden, da geschah Befreiung, Ent-setzung, Erlösung. Da kam Leben, da kam Not-wendung, da taten sich neue Wege auf, da wurden Menschen zu Brüdern. Seitdem Gott in Christus Mensch wurde, steht uns Menschen nicht nur der Weg zu ihm wieder offen, sondern wir alle sind durch ihn untereinander verbunden. Aus dieser Verbundenheit ergibt sich eine Verantwortung füreinander. Hier liegt der Ausgangspunkt, die Begründung für jedes Apostolat. Vom hl. Franziskus heißt es: «Er hielt sich nur dann für einen Freund Christi, wenn er die Seelen liebte, die auch Christus liebte.» Christus hat alle Menschen geliebt, er hat sich auf alle eingelassen. Deshalb weiß auch er sich allen gegenüber verpflichtet.

Durch die Menschwerdung hat sich Gott den Menschen in die Hand gegeben. Nicht, als ob wir einfach über Gott verfügen könnten. Nein, aber jeder Mensch kann in seinem Bereich mitwirken, daß Gott erfahrbar wird. – Ich kann und soll Gott für andere erfahrbar machen und so die Menschwerdung Gottes mittragen. – In jedem liebevollen, menschlichen Sich-Einlassen ist Gott am Werk. Dadurch kann Gott erfahren werden: seine Liebe, seine Nähe, sein Wohlwollen, seine Barmherzigkeit.

Kehren wir zu unserem Ausgangspunkt zurück: «Sich-Einlassen» und umgekehrt «jemanden einlassen». Von beiden Seiten wird das gleiche gefordert: Sie müssen ihr ungeordnetes «Ich» in irgendeiner Weise aufgeben. Sie müssen sich dem andern überlassen, ihre Zeit, Energie, Liebe. Dabei ist die Reserviertheit, die Distanz aufzugeben. Ferner müssen sie den anderen so lassen, wie er ist. Jesus hat sich auch auf die Menschen eingelassen, so, wie sie waren, mit ihren Schwächen und Mängeln, mit ihren Unwahrheiten und Gehässigkeiten. Er gab einen Vertrauensvorschuß. Dadurch wurde er im Sinne der bürgerlichen Moral unpopulär und erregte Anstoß: «Dieser gibt sich mit Sündern ab und ißt mit ihnen» (Lk 15, 2).

Dieses Sich-Einlassen auf den Menschen und zwar auch in seiner niedrigsten Stufe, in Sünde, Schwachheit und Erbärmlichkeit, ist konsequente Fortsetzung der Menschwerdung. Mich einlassen auf den andern heißt dann: Ich darf nicht an meinem kleinen Ich festhalten. Darf nicht nur aus der Distanz heraus kritisieren und nörgeln, muß vielmehr versuchen, mich auf die Seite des anderen zu begeben, mit ihm zu denken, zu fühlen; muß für den andern dasein, muß ihn erlösen aus seiner Einsamkeit, Verlassenheit und Fremdheit.

Wenn ich das tief auf mich wirken lasse: Gott läßt sich auf mich ein – er, der Heilige, die Liebe – dann drängt sich als Konsequenz auf: Ich muß mich ändern. Ich muß mich bekehren. Bekehrung,

Buße, steckt in diesem «Sich-Loslassen» und «Sich-Einlassen». Ich muß mich ihm zuwenden. Er will mein Herr sein. Ich muß andere Herren aufgeben. Das wird auch der Schwache spüren, auf den ich mich einlasse.

Öffentliches Wirken Jesu

Jesus läßt sich ganz auf den Menschen ein. Er ist Mensch mit Gefühlen und Leidenschaften, empfindet mit den Menschen. «Ich habe Mitleid mit diesen Menschen» ruft er angesichts der Leute, die schon drei Tage lang bei ihm ausharren und nichts zu essen haben (Mk 8, 2). Als er auf die Frage, ob man am Sabbat heilen dürfe, keine Antwort bekam, «und er sie der Reihe nach ansah, voll Zorn und Trauer über ihr verstocktes Herz» (Mk 3, 5) – reagiert er echt menschlich auf das Verhalten seiner Umgebung.

Wir müssen die Evangelien immer wieder aufmerksam lesen und auf solche Einzelheiten achten. Welch feine menschliche Güte und Aufmerksamkeit offenbart z.B. die kleine Bemerkung am Schluß des Berichtes über die Auferweckung der Tochter des Jairus: «Er sagte, man solle dem Mädchen etwas zu essen bringen» (Mk 5, 43).

Jesus freut sich, wie ein Mensch sich freuen kann. Er freut sich an der Schönheit der Natur (Mt 6, 28-29). Er freut sich mit den Kindern, «die er in seine Arme nahm und segnete, indem er ihnen die Hände auflegte» (Mk 10, 16). Er nimmt teil an der Hochzeit zu Kana und freut sich an der Überraschung der Hochzeitsgäste über den köstlichen Wein, den er spenden darf (Joh 2, 1 ff.).
Die menschliche Natur Jesu war offen für das, was tiefste Beglückung im menschlichen Leben bedeuten kann: für Freundschaft, für echte Liebe. Wir lesen von dem «Jünger, den Jesus liebte» (Joh 13, 23). Als Lazarus erkrankt war, schickten seine

Schwestern an Jesus die Botschaft: «Herr, dein Freund ist krank.» Der Evangelist fügt hinzu: «Jesus liebte Marta, ihre Schwester und Lazarus» und «als die Juden sahen, wie Jesus (am Grab seines Freundes) weinte, sagten sie: «Seht, wie lieb er ihn hatte» (Joh 11, 36).

Es gehört zu den beglückendsten Entdeckungen in der Hl. Schrift, daß es so etwas wie eine menschliche Freundschaft, wie eine herzliche, unbeschwerte Zuneigung zu Jesus geben konnte, und daß er sie erwidert haben muß.
Jesus nennt seine Apostel Freunde: «Ihr seid meine Freunde, wenn ihr tut, was ich euch auftrage. Ich nenne euch nicht mehr Knechte; denn der Knecht weiß nicht, was sein Herr tut. Vielmehr habe ich euch Freunde genannt; denn ich habe euch alles mitgeteilt, was ich von meinem Vater gehört habe» (Joh 15, 14 f.).

Franziskus hat es sich zur Aufgabe gemacht: «Die Armut und Demut und das Hl. Evangelium unseres Herrn Jesus Christus zu beobachten» (Bestätigte Regel, Kap. 12). Zugleich führt ihn diese Haltung zur Solidarität mit den Menschen. «Und sie müssen sich freuen, wenn sie mit gewöhnlichen und verachteten Leuten verkehren, mit Armen und Schwachen und Aussätzigen und Bettlern am Wege» (Unbestätigte Regel, Kap. 9, 1-2).
Franziskus wählt also eine Lebensweise, die der Lebensweise Jesu und seiner Jünger sehr ähnlich ist. Kennzeichen der beiden Bewegungen ist ein Wanderleben unter ärmsten Bedingungen, gekennzeichnet durch den Verzicht auf Besitz und Familie und die Freiheit, sich den konkreten Nöten der Menschen zuzuwenden. In den ersten Jahren hatten Franziskus und seine Brüder kaum feste Plätze; sie übernachteten vielmehr in Kirchen, neben Backöfen und wo man ihnen Unterkunft gewährte. Damit waren sie auch unmittelbar unter dem Volk und konnten dessen Nöte teilen. Die Wahl dieser Lebensform ergibt sich für Franziskus aus seiner uneingeschränkten und persönlichen Bindung an Jesus, der sich

als Herr der Welt arm gemacht hat. Die Haltung der Armut und Demut führte Franziskus vor allem unter die Aussätzigen. In der Nähe von Assisi gab es zur Zeit des Franziskus zwei Hospitäler für Aussätzige: Santa Maddalena und San Salvatore. Die Aussätzigen mußten dort wohnen und hatten keinen Zugang zu den Siedlungen der gesunden Menschen. Meist waren sie sich selbst überlassen. Es gab zwar für sie fromme Stiftungen, aber persönliche Hilfe wurde ihnen, wegen der Angst vor Ansteckung, selten zuteil.

Ein Schlüsselerlebnis ist für Franziskus die Begegnung mit dem Aussätzigen. Er schreibt in seinem Testament: «So hat der Herr mir, dem Bruder Franziskus, gegeben, das Leben der Buße zu beginnen: Denn als ich in Sünden war, kam es mir sehr bitter vor, Aussätzige zu sehen. Und der Herr selbst hat mich unter sie geführt, und ich habe ihnen Barmherzigkeit erwiesen. Und da ich fortging von ihnen, wurde mir das, was mir bitter vorkam, in Süßigkeit der Seele und des Leibes verwandelt. Und danach hielt ich eine Weile inne und verließ die Welt.»

Franziskus beginnt also seine neue Lebensweise, indem er sich und seine bisherigen Maßstäbe losläßt und sich entschieden auf die Ausgestoßenen einläßt. Auch die Namensgebung für seine Bruderschaft «Minores»-«Mindere» soll dies verdeutlichen. Seine Brüder sollen noch unter den Kleinen und Ausgestoßenen stehen. Ermutigung für diesen Weg ist Jesus Christus selbst: «Wer einen Armen schmäht, beleidigt Christus, dessen edles Abzeichen jener trägt; denn er hat sich um unsertwillen arm gemacht in dieser Welt» (1 Celano 76).

Leiden und Sterben Jesu

Jesus hat diese Haltung des Sich-Loslassens und Sich-Einlassens konsequent sein Leben lang durchgehalten. Sie fand ihren Höhepunkt bei seinem Sterben am Kreuz. Wir können dies noch näher betrachten. Welches waren seine Ziele, seine Leitbilder? Wofür hat er gelebt?

Der hl. Paulus gibt uns im Römerbrief (15, 2-3) einen Hinweis. Er sagt dort: «Jeder von uns soll Rücksicht auf den Nächsten nehmen, um Gutes zu tun und die Gemeinde aufzubauen. Denn auch Christus hat nicht für sich selbst gelebt.»

Christus hat nicht für sich selbst gelebt. Deshalb soll jeder auch für den Nächsten leben, um Gutes zu tun. Dem griechischen Urtext entsprechend könnte man auch übersetzen: Er hat nicht sich selbst gedient. Er war nicht von sich selbst begeistert. Er war in seinem Denken und Tun nicht auf sich selbst bezogen. Er hat nicht sich selbst verkündet, sondern den Willen dessen, von dem er alles empfangen hat, sein Dasein und seinen Sinn. Er sagt selber: «Meine Speise ist es, den Willen dessen zu tun, der mich gesandt hat» (Joh 4, 34).

Jesus hat sich ganz bewußt auf die Seite derer gestellt, die von den Frommen seiner Zeit ausgestoßen und gemieden wurden. Er hielt Tischgemeinschaft mit ihnen. Fromme Menschen brachten ihn deswegen um. Sie wollten damit die Ehre Gottes retten und seine angebliche Gotteslästerung bestrafen. Aber Gott hat diesen Jesus auferweckt. Er hat seinen Weg bestätigt gegen alle, die meinten, sie würden mit seinem Tod Gott einen Dienst erweisen. Gott hat sich auf die Seite Jesu gestellt und seinen Weg und seine Art bestätigt.

Von diesem Punkt an ist auch von jedem Menschen eine Grundentscheidung verlangt. Es geht darum, ob er das Lebensgesetz und Verhalten Jesu annimmt und sich auf seine Seite stellt. Dieses Lebensgesetz lautet: Du mußt dich hergeben, mußt dich weggeben, mußt dich im Dienst an Gott und den Menschen verzehren, wenn du leben willst. Das Todesgesetz lautet: Wer sich festhält, wer sich schont, wer sich bewahren will, wer sich überall heraushalten will, wer sich keine schmutzigen Hände machen will, der stirbt.
Hier ist jeder gefragt: Nimmst du dieses Lebensgesetz an? Kannst du dich dafür entscheiden? Es geht um den höchsten Preis. Leben oder Tod hängen davon ab. Deshalb sollte jeder einmal ganz bewußt und ausdrücklich den Schritt des Los-Lassens vollziehen und ihn immer wieder einüben. Ein Gebet der Hingabe könnte dabei Hilfe sein:

Mein Herr und mein Gott! Bei meiner Taufe hast du deine Hand auf mich gelegt und gesagt: du bist mein. Damals konnte ich dazu nichts sagen. Heute bin ich hier, um mein Ja zu sprechen. Ich möchte dir mein Leben übergeben von Anfang an, mit allem, was mich ausmacht. Auch mit allem, was mich von dir trennt. Ich möchte schon heute auch meinen Tod aus deiner Hand entgegennehmen. Deshalb widersage ich dem Mißtrauen gegen dich und mache mich ganz fest in dir. Ich möchte meinen Halt in dir haben und mein Leben auf dich setzen. Deswegen übergebe ich dir meinen Verstand, meinen Willen, meine Gefühle, meinen Leib, meine Wünsche und Erwartungen. Du sollst der Herr meines Lebens sein und mich und meine Fähigkeiten an andere schenken können. Ich bitte dich, verändere mich so, wie du mich haben willst. Hilf mir, daß ich täglich meinem kleinen Ich sterben kann, damit ich mich auf dich, Herr, und die Menschen einlasse. Herr, ich bin auch bereit, alle Geistesgaben, die du mir zugedacht hast, anzunehmen und sie einzusetzen für den Aufbau der Gemeinde. Schenke mir die Fülle deines Geistes, damit du mich als dein Werkzeug gebrauchen und mich senden kannst. Mach mich zu deiner Gabe für meine Mitmenschen.

Was macht diese Entscheidung so schwer? Was steht im Weg? Es ist unser liebes, aber auch unser belangloses «Ich», das immer wieder danach verlangt, geschützt und verteidigt zu werden. Ich könnte auch sagen: Wir haben Angst, unser Gesicht zu verlieren, eine schlechte Figur zu machen. Es ist letztlich Sterbeangst. Wer aber den Sprung wagt, sich loszulassen, geht schon hinüber vom Tod zum Leben.

Auch Franziskus kannte dies. Auch er war versucht, sich zu drücken und wegzulaufen, wo er meinte, verspottet zu werden, etwas zu vertuschen, das ihn bloßstellen konnte. Aber was hat er im Letzten dann doch getan? Er ist nicht geflohen, er ist sogar nach dem Weglaufen zurückgekehrt. Er hat bekannt, daß er sich drükken wollte; er hat ausgesprochen, daß er besser scheinen wollte, als er in Wirklichkeit war; er hat aufgehört, eine Rolle spielen zu wollen (vgl. 2 Celano 13). Das war schwer, erforderte Mut. Denn gerade das, was er glaubte, verteidigen und festhalten zu müssen, sein Ich, sein Gesicht, den guten Eindruck, gab er den Menschen preis. Das wirkte befreiend. Das machte ihn frei von sich selbst und frei für andere. Er stand offen vor dem, was Gott von ihm wollte. An diesem Punkt konnte er das Kreuz lieben und den Tod Bruder nennen, denn er war schon hinübergegangen vom Tod zum Leben.

3. Greccio - Das Bethlehem des Franziskanerordens

Wer von Assisi über Spoleto ins südlichere Rietital hinüberfährt, hat sofort das Empfinden, in einem ganz anderen Landstrich zu sein.

Ein gewisses Abgekehrtsein, eine ernste Zurückhaltung kennzeichnen die Landschaft und das Volk. Dieses Hochtal dehnt sich abseits der großen Verkehrsadern wie ein weites, bebautes Amphitheater aus. Aus dem flachgedehnten Land wellt nur da und dort ein Hügelrücken auf; der Morgennebel legt sich wie ein weiches Schneefeld über die fruchtbaren Äcker und einen See. Über dem Ring der Berge mit ihren dunklen Klüften und schattigen Mulden, den verträumten Dörfchen und Weilern, an den Hängen weht es wie Stille und Abgeschiedenheit ... Ein rauher, kurvenreicher Weg führt durch Olivenhaine und Weingärten bergan zum Gebirgsdörfchen Greccio.

Vom Dorfrand sieht man die steile Wand eines Hanges der Sabinerberge und an sie geklebt das berühmte Heiligtum, das zur Zeit des hl. Bonaventura um die nach 1217 vom hl. Franziskus und einigen Gefährten bewohnte Felsen-Einsiedelei herumgebaut worden ist.

Folgende Legende wird erzählt: Die Bauern von Greccio hätten den hl. Franziskus gebeten, ihre Burg zu seiner Bleibe zu machen. Der Heilige habe jedoch verkündet, er werde seine Einsiedelei an der Stelle bauen, an der ein von einem Kind geschleudertes Holzscheit niederfallen würde. Wunderbarerweise sei das Scheit weitergeflogen als vorauszuahnen war, und zwar bis zu der Felswand gegenüber dem Ort Greccio.

Zum Felsenheiligtum führen steile Teppen empor, bis der Blick von der Loggia vor dem Kloster über das Tal von Rieti und den Monte Terminillo streifen kann. Es ist verständlich, daß Franz so oft aus der Unrast und Zerstreuung seines geschäftigen Apostolats im Rietital ein stilles Obdach suchte, daß er nach den Tagen der großen Prüfungen hierher flüchtete, um sich zur Ausdauer für den Kampf zu stärken; es ist begreiflich, warum diese weite Hochlandeinsamkeit innig mit den letzten Lebensjahren des Heiligen verwachsen ist, da er dem Tode entgegenharrte und das Treiben der Welt nicht länger seinen wiedergefundenen Herzensfrieden störte. Kein Wunder, daß Thomas von Celano schreibt: «Mit Vorliebe verweilte der Heilige in der Niederlassung der Brüder von Greccio; einererseits, weil er sah, daß sie reich an Armut war, andererseits, weil er in einer abgelegenen kleinen Zelle, die von einem überhängenden Felsen gebildet wurde, desto freier den himmlischen Übungen obliegen konnte» (2 Cel. 35).

Was Greccio groß gemacht hat, war vor allem die Krippenfeier im Jahr 1223. Darüber schreibt Thomas von Celano (1 Cel. 84-87):

«Sein höchstes Streben, sein vornehmster Wunsch und sein

oberstes Ziel war, das heilige Evangelium in allem und durch alles zu beobachten. Mit aller Wachsamkeit, allem Eifer, der ganzen Sehnsucht seines Geistes und der ganzen Glut seines Herzens suchte er vollkommen der Lehre unseres Herrn Jesus zu folgen und seinen Fußspuren nachzuwandeln. In ständiger Betrachtung rief er die Erinnerung an seine Worte wach und in scharfsinnigster Erwägung überdachte er seine Werke. Vor allem war es die Demut der Menschwerdung Jesu und die durch sein Leiden bewiesene Liebe, die seine Gedanken derart beschäftigten, daß er kaum an etwas anderes denken wollte. – Daher muß man jener Feier gedenken und sie ehrfurchtsvoll erwähnen, die er im dritten Jahr vor seinem glorreichen Hinscheiden bei einem Flecken namens Greccio am Tage der Geburt unseres Herrn Jesus Christus abgehalten hat. In jener Gegend lebte ein Mann mit Namen Johannes, von gutem Ruf, aber noch besserem Lebenswandel.

Ihm war der selige Franziskus in besonderer Liebe zugetan, weil er trotz des großen Ruhmes und des Ansehens, das er daheim genoß, den Adel des Fleisches verachtete und nach dem Adel der Seele trachtete. Diesen ließ nun der selige Franziskus, wie er oft zu tun pflegte, zu sich rufen, etwa 14 Tage vor der Geburt des Herrn, und sprach zu ihm: "Wenn du wünschest, daß wir bei Greccio das bevorstehende Fest des Herrn feiern, so gehe eilends hin und richte sorgfältig her, was ich dir sage. Ich möchte nämlich das Gedächtnis an jenes Kind begehen, das in Bethlehem geboren wurde, und ich möchte die bittere Not, die es schon als kleines Kind zu leiden hatte, wie es in eine Krippe gelegt, an der Ochs und Esel standen, und wie es auf Heu gebettet wurde, so greifbar als möglich mit leiblichen Augen schauen!" Als der gute und treuergebene Mann das hörte, lief er eilends hin und rüstete an dem genannten Ort alles zu, was der Heilige angeordnet hatte.

Es nahte aber der Tag der Freude, die Zeit des Jubels kam heran. Aus mehreren Orten wurden die Brüder gerufen. Männer und

Frauen jener Gegend bereiteten, so gut sie konnten, freudigen Herzens Kerzen und Fackeln, um damit jene Nacht zu erleuchten, die mit funkelnden Sternen alle Tage und Jahre erhellt hat. Endlich kam der Heilige Gottes, fand alles vorbereitet, sah es und freute sich. Nun wird eine Krippe zurechtgemacht, Heu herbeigebracht, Ochs und Esel herzugeführt. Zu Ehren kommt da die Einfalt, die Armut wird erhöht, die Demut gepriesen und aus Greccio wird gleichsam ein neues Bethlehem. Hell wie der Tag wird die Nacht und Menschen und Tieren wird wonnesam.

Die Leute eilen herbei und werden bei dem neuen Geheimnis mit neuer Freude erfüllt. Der Wald erschallt von den Stimmen und die Felsen hallen wider von dem Jubel. Die Brüder singen und bringen Gott gebührende Loblieder dar, und die ganze Nacht jauchzt auf in hellem Jubel. Der Heilige Gottes steht an der Krippe, er seufzt voll tiefen Wehs, von heiliger Andacht durchschauert und von wunderbarer Freude überströmt. Über der Krippe wird ein Hochamt gefeiert und ungeahnte Tröstung darf der Priester verspüren.

Da legt der Heilige Gottes die Levitengewänder an – denn er war Diakon – und singt mit wohlklingender Stimme das heilige Evangelium. Und zwar lädt seine Stimme, seine klare Stimme, seine wohlklingende Stimme alle zum höchsten Preise ein. Dann predigt er dem umstehenden Volk von der Geburt des armen Königs und bricht in lieblichen Lobpreis über die kleine Stadt Bethlehem aus. Oft wenn er Christus «Jesus» nennen wollte, nannte er ihn, von übergroßer Liebe erglühend, nur «das Kind von Bethlehem» und wenn er «Bethlehem» aussprach, klang es wie von einem blökenden Lämmlein.

Mehr noch als vom Worte floß sein Mund über von süßer Liebe. Wenn er das «Kind von Bethlehem» oder «Jesus» nannte, dann leckte er gleichsam mit der Zunge seine Lippen, indem er mit seinem glückseligen Gaumen die Süßigkeit dieses Namens verkostete und schlürfte.

Es vervielfachten sich dort die Gaben des Allmächtigen und ein frommer Mann hatte ein wunderbares Gesicht. Er sah nämlich in der Krippe ein lebloses Knäblein liegen; zu diesem sah er den Heiligen Gottes herzutreten und das Kind wie aus tiefem Schlaf erwecken. Gar nicht unzutreffend ist dieses Gesicht; denn der Jesusknabe war in vieler Herzen vergessen. Da wurde er ihnen mit seiner Gnade durch seinen heiligen Diener Franziskus wieder erweckt und zu eifrigem Gedenken eingeprägt. Endlich beschließt man die Feier und ein jeder kehrt in seliger Freude nach Hause zurück.»

Die Erinnerung an diese Feier ist heute noch in Greccio lebendig. Denn gleich am Eingang in den Konvent stößt man auf die Krippenkapelle, die gleich nach der Heiligsprechung des Franziskus im Jahre 1228 über der Grotte errichtet wurde. Der Felsbrokken, auf dem bei der Krippenfeier das Kind lag, bildet den Sockel des Altares. An der Stirnwand der Kapelle sind zwei schöne Fresken: rechts die Krippe von Bethlehem, links die Feier des Franziskus in Greccio. Sie stammen aus dem 14. Jahrhundert.

Von der Krippenkapelle geht man in das Refektor der Brüder des hl. Franziskus. Hier nahmen die Brüder ihre bescheidenen Mahlzeiten ein. Das Refektor ist ganz in den Felsen eingebaut. Die rechte Wand ist Naturfels. Die Tische bestehen aus mit der Axt behauenen rohen Brettern und einem Holzfuß. Auch die Maße des Raumes sind mehr als bescheiden. Es sind etwa 5 m in der Länge und 2 m in der Breite. Zu sehen ist auch eine Art Felsenbecken, in dem die Brüder ihr «Geschirr» spülten.

Franziskus betrachtete in diesem Heiligtum den Preis, den unser Herr Jesus Christus entrichtet hatte, um den Menschen den Himmel zu eröffnen. Der Herr der Welt entäußerte sich selbst und machte sich selbst zum Fremdling in dieser Welt. Aus brennender Liebe zu ihm wollte Franziskus immer Pilger und Fremdling sein.

Wie radikal und konsequent Franziskus seinen Brüdern die Armut durch Wort und Beispiel immer wieder vor Augen führte, schildert Thomas von Celano: «An einem Osterfeste hatten die Brüder in der Einsiedelei zu Greccio den Tisch etwas sorgfältiger als sonst mit weißem Linnen und Glasgeschirr gedeckt. Der Vater steigt herab von seiner Zelle, kommt zu Tisch und sieht, wie derselbe reichlich zugerüstet und eitel geschmückt ist. Doch er hat kein Lächeln für die lachende Tafel. Heimlich und Schritt für Schritt zieht er sich zurück, setzt sich den Hut eines Armen, der gerade da war, auf das Haupt, nimmt einen Stock in die Hand und geht hinaus. Draußen bei der Tür wartet er, bis die Brüder mit dem Essen beginnen. Sie waren ja gewöhnt, nicht auf ihn zu warten, wenn er auf das Zeichen hin nicht kam. Als sie mit dem Essen beginnen, ruft der wahre Arme an der Tür:"Um der Liebe Gottes willen gebt einem armen und schwachen Pilger ein Almosen!" "Tritt ein, Mann", antworteten die Brüder, "um der Liebe dessen willen, den du angerufen hast". Sofort tritt er ein und stellt sich den Essenden vor. Doch in welch ein Starren und Staunen versetzt da wohl der Pilger die "Weltbrüder"! Man reicht ihm auf seine Bitten ein Schüsselchen, dann läßt er sich allein auf dem Boden nieder und stellt seine Schale in die Asche. "Jetzt sitze ich zu Tisch" spricht er, "wie ein Minderbruder". Und zu den Brüdern gewandt fährt er fort: "Uns müssen die Beispiele der Armut des Gottessohnes mehr als die anderen Ordensleute verpflichten. Ich sah die zugerüstete Tafel und habe sie nicht wiedererkannt als die der Armen, die von Tür zu Tür ziehen» (2 Celano 61).

Das Dormitorium

Wer den Schlafraum der Brüder und die separate Schlafzelle des Franziskus sieht, der begreift die Liebe des Heiligen zu diesem Ort, einem «Schatzkästchen» der Armut.

Vermutlich hat Johannes Velita, Adeliger aus dem Ort Greccio, die Sehnsucht seines großen Freundes Franziskus begriffen und diese Stätte so erbaut, wie wir sie heute noch antreffen.

Der Schlafraum der Brüder ist 7 m lang und knapp 2 m breit. An die Wand sind einige Kreuze gemalt. Wenn man diese enge, harte Stätte sieht, fragt man sich spontan: Wie konnten denn die Brüder hier Ruhe finden? Eine Antwort darauf findet man bei Thomas von Celano: «In Lagern und Betten herrschte schließlich eine so überreiche Armut, daß einer, der über dem Stroh noch ein paar halbwegs ganze Tuchfetzen hatte, in einem Brautbett zu ruhen glaubte» (2 Celano 63).

Hinter dem Schlafraum der Brüder befindet sich, abgetrennt durch eine Mauer mit Tür, die Schlafzelle des Franziskus. Die Zelle ist 2 m lang und 1 m breit. Der Boden ist nicht eben, sondern hat eine Stufe. Bekanntlich schlief Franziskus sitzend und lehnte sich an die Wand.

Kostbarkeiten des Heiligtums

Über dem ältesten Teil des Klosters liegt der vom hl. Bonaventura erbaute Teil aus dem Jahre 1260. Der noch erhaltene Chor und die Zellen der Brüder aus Holz zeigen in ihrer Einfachheit und Armut den wahrhaft franziskanischen Geist, der in Greccio herrschte. – Von dieser Kapelle aus erreicht man ein modernes Oratorium, in dem eines der ältestens Franziskusbilder hängt. Es ist auf Leinwand gemalt. Vermutlich ist es kein Original, sondern eine gute Kopie.

Die Überlieferung sagt, daß dieses Bild des Heiligen von einer vornehmen Römerin, Jacoba von Settesoli, bestellt wurde. Diese Überlieferung wird bestärkt durch den Bericht des Celano, daß adelige römische Frauen in ihren Häusern versteckte Kämmerchen oder einen Winkel zu besitzen wünschten, der zum Beten geeignet war.

Darin hängten sie ein Bild jenes Heiligen, den sie besonders verehrten. Franziskus nannte Jacoba «Bruder» Jacoba. Sie kam noch kurz vor seinem Tod nach Assisi und brachte ihm seinen geliebten Mandelkuchen.

Das Franziskusbild soll portraithafte Züge haben. Thomas von Celano beschreibt Franziskus so: «Von nicht sonderlich großer Gestalt, eher klein als groß, ein etwas längliches und gedehntes Gesicht, eine ebene und niedrige Stirne, nicht sonderlich große, schwarze, unverdorbene Augen, dunkles Haar, gerade Augenbrauen, eine gleichmäßige, feine und gerade Nase, aufwärts gerichtete, aber kleine Ohren, flache Schläfen, eine gewinnende, feurige und scharfe Sprache, eine mächtige, liebliche, klare und wohlklingende Stimme, dichte, gleichmäßige und weiße Zähne, schmale und zarte Lippen, einen schwarzen, nicht vollen Bart, einen schlanken Hals, gerade Schultern, kurze Arme, zarte Hände, lange Finger, etwas vorstehende Nägel, dünne Beine, sehr kleine Füße, eine zarte Haut, war sehr mager, trug ein rauhes Gewand, gönnte sich nur sehr kurzen Schlaf, besaß eine überaus freigebige Hand» (1 Celano 83).

Am Ausgang des Konventes, gegen den Wald hin, befindet sich unter einer flachen, am Boden liegenden Tür das Verlies des Johannes von Parma. Er war 6. Nachfolger des Franziskus an der Spitze des Ordens. Wegen seiner geistigen Nähe zu Irrlehren der Joachimiten hatte er 1257 einen Prozeß. Er wurde freigesprochen und zu seiner von ihm gewünschten Einsamkeit von Greccio gesandt. In dem Felsenkerker verbrachte Johannes von Parma 32 Jahre, nachdem er als Ordensgeneral zurückgetreten war. Er hatte manche Anfeindung zu ertragen; freiwillig wollte er Buße tun. Die Kirche hat nie an seiner Rechtgläubigkeit gezweifelt. Er wurde zuletzt als Friedensbote des Heiligen Stuhles zum Kaiser von Konstantinopel gesandt. Bei seiner Mission 1289 starb er, 81 Jahre alt. Welche Liebe muß dieser Mann zum Orden und zur Kirche gehabt haben, daß er zu einer solchen Buße fähig war! Wie hoch muß er den Schaden eingeschätzt haben, den er durch manche Unklarheit angerichtet zu haben glaubte, wenn er 32 Jahre in einer engen Felsenzelle verbrachte!

Greccio - Ort einer franziskanischen Laiengemeinschaft

Aber auch das Bestehen einer franziskanischen Laiengemeinschaft zur Zeit des Poverello an diesem Ort ist erwähnenswert.

Im Kloster der Brüder von Greccio blühten Tugend und Armut. Und obwohl die Bewohner des Landes arm und einfach waren, gefielen sie dem heiligen Franz mehr als andere. Sein und der Brüder Beispiel und Predigt waren der Grund, daß viele Einwohner mit der Gnade Gottes in den Orden eintraten. Viele Frauen gelobten Keuschheit und nahmen das Ordenskleid; jede hatte eine Zelle, aber sie führten ein gemeinsames Leben; sie übten die Tugend, Abtötung, Fasten und Gebet. Man hatte den Eindruck, sie lebten nicht mehr in der Welt und bei der Verwandtschaft. Trotz ihrer Jugend und großen Einfachheit schienen sie seit langem von heiligen Ordensfrauen im Dienste Christi geformt worden zu sein. Wenn der selige Franziskus von den Männern und Frauen dieses Fleckens zu den Brüdern sprach, pflegte er oft zu sagen: «Es gibt kaum eine große Stadt, wo sich so viele Menschen zur Buße bekehrt haben: wahrhaft, Greccio ist nicht ein kleiner Flecken!»

Am Abend sangen die Brüder von Greccio oft das Lob Gottes, wie es die Brüder damals in den meisten Niederlassungen taten. Dann verließen Männer und Frauen, Groß und Klein ihre Häuser und machten sich auf den Weg aus dem Flecken heraus, und vor dem Kloster sangen sie mit den Brüdern mit lauter Stimme das Lob Gottes, indem sie den Ruf der Brüder abnahmen: «Gelobt sei Gott, unser Herr!» Selbst die kleinen Kinder lobten so Gott, kaum daß sie sprechen konnten (Legende von Perugia, 34).

Wer sich den Bericht von Celano nochmals vergegenwärtigt, erinnert sich vielleicht noch an die Stelle, an der es heißt, er wollte alles «so greifbar als möglich mit leiblichen Augen schauen».
Und wie greifbar und intensiv die Geburt Jesu nachvollzogen wurde, läßt sich aus der überschwenglichen Freude erahnen, die während der Feier herrschte.

In Greccio wurden drei wichtige franziskanische Elemente: die Einfalt, die Armut und die Demut in dem einen Geschehen zu neuem Leben erweckt, sie wurden zum Geschenk Gottes an die Brüder und erfuhren in der Geburt Christi ihre tiefere Begründung.
So waren die Brüder gerne arm. Reichtum paßte nicht in ihre Beziehung zum Herrn. Es hätte nur dieses Verhältnis gestört. Der Name Greccio ist untrennbar verbunden mit dem der Stadt Bethlehem.

Wie von der Krippe des Erlösers der Wunsch des Engels nach Frieden für die Menschen guten Willens ausging, so geht auch heute noch von diesem Ort – der in gewissem Sinn die Geburtsstätte unserer Weihnachtskrippen ist – für die haßerfüllte Welt der Wunsch aus «Friede den Menschen guten Willens!»

Greccio zeigt, wie Franziskus vom Gebet zum Apostolat und vom Apostolat immer wieder zum Gebet kam. In der Einzelzelle, von der Celano berichtet, daß Franziskus sich gerne darin aufhielt, weil er ganz der Kontemplation leben konnte, wird dem Pilger durch einen Pater des Konventes erklärt, was Franziskus hier getan haben muß. Er brachte das im Gebet vor Gott, was er im Apostolat erfahren hatte; er meditierte und lernte die Hl. Schrift, das Wort Gottes; er textete und komponierte neue Gebete, Hymnen, Lieder.

Greccio ist Beispiel gelebter Kirche. Franziskus feierte mit allen Brüdern und Laien, Männern und Frauen Weihnachten. Alle sollen einbezogen werden. Weihnachten ist ein Fest der Gemeinsamkeit. Eindrucksvoll auch das tägliche gemeinsame Lob Gottes, das Brüder und Laien verband.

4. Fragen zur Besinnung:

Was kann ich nur schwer unter den Willen und die Verfügung Gottes stellen?
Was gebe ich nur schwer aus der Hand?

Was hindert mich, ein frohes, uneingeschränktes «Hier bin ich Herr» zu sprechen?

Welche Möglichkeiten erschließen sich mir, wenn ich die äußere und innere Loslösung nach dem Beispiel Jesu vollziehe?

Werde auch ich unter dem Einsatz von Hab und Gut und mit dem Einsatz meiner Existenz für meine Mitmenschen Helfer auf dem Weg zum Herrn und in der Verwirklichung des Willens Gottes?

Ziehe ich Menschen an mich? Binde ich sie oder helfe ich ihnen, den eigenen von Gott vorgezeichneten Weg zu finden und zu gehen?

Lasse ich mir von anderen helfen?

Sehe ich meine «Verpflichtung zum Heilsdienst» allen Menschen gegenüber?

Sehe ich das Eigentumszeichen – das Kreuz – auf der Stirne meiner Mitmenschen und gehe ich entsprechend mit ihnen um?

Leben in Hingabe

Refrain:
In Freiheit nimm mich hin, Herr, ich bin Dein!
Dir gehört mein Leben, alles, Herr, ist Dein!

1. Du hast Dich für mich dahingegeben,
   Liebe drängte Dich zum Tod.
   Deine Liebe trägt mich jeden Augenblick,
   Herr, ich gebe alles Dir zurück!

2. Liebevoll sorgst Du, Herr, für mein Leben,
   darum liefre ich mich aus.
   Deine Liebe trägt mich jeden Augenblick,
   So trägst Du mich liebevoll nach Haus!

Text und Melodie: Sr. Leonore Heinzl OSF

VI.
LEBEN IN BRÜDERLICHKEIT

1. Wie er seine Brüder ermahnte, in Weisheit Buße zu tun

In jener Zeit, da der selige Franziskus begonnen hatte, Brüder zu haben, und mit ihnen zu Rivo Torto in der Nähe von Assisi weilte, geschah es einmal, daß um Mitternacht, während alle Brüder ruhten, einer von ihnen rief: «Ich sterbe! Ich sterbe!» Die Brüder wachten alle auf, wunderten sich und erschraken. Und der selige Franziskus erhob sich und sprach: «Steht auf, ihr Brüder, und zündet ein Licht an». Und als sie ein Licht angezündet hatten, sprach er: «Wer ist der, welcher sprach: "Ich sterbe"?» Und es sprach jener Bruder: «Ich bin es». – Und er sprach zu ihm: «Was hast du, Bruder? Warum stirbst du?» Und jener sprach: «Ich sterbe vor Hunger». Da ließ der selige Franziskus ein Mahl bereiten, und weil er ein Mensch voll Liebe und Weisheit war, aß er mit jenem Bruder, damit er sich nicht schäme, allein zu essen; und weil er es so wollte, aßen auch alle andern Brüder mit ihm.

Jener Bruder und alle andern waren erst seit kurzem zum Herrn bekehrt und hatten ihren Leib über alles Maß gepeinigt.

Nach dem Mahle aber sprach der selige Franziskus zu den andern Brüdern: «Meine Brüder, ich sage euch, daß jeder von euch auf seine Natur achten soll. Denn wenn auch einige von euch mit weniger Nahrung auskommen, als die andern, so will ich doch nicht, daß der, welcher mehr braucht, sich nach jenen richte, sondern jeder soll auf seine Natur achten und seinem Leibe geben, was er braucht, damit er fähig sei, dem Geiste zu dienen. Denn wie wir uns vor übermäßigem Essen hüten müssen, weil es dem Leibe und der Seele schadet, so müssen wir uns auch vor allzustrengem Fasten in acht nehmen, um so mehr, da der Herr Barmherzigkeit will und nicht das Opfer». Und er sprach: «Liebste Brüder, was ich eben tat: daß wir aus Liebe zu unserm Bruder mit ihm zusammen gegessen haben, damit er sich nicht schäme, allein zu essen, dazu hat mich die Not und die Liebe gezwungen. Aber ich sage euch, daß ich nicht will, daß ihr sonst so verfahret, denn das wäre weder fromm noch würdig; sondern ich will, daß jeder im Sinne unserer Armut seinem Leibe das gebe, was er braucht» (Spiegel der Vollkommenheit, 2. Buch, I).

2. a) Leben in Brüderlichkeit

Das Leben in Brüderlichkeit ist ein Grundpfeiler franziskanischen Lebens. Evangelische Gemeinschaft und Brüderlichkeit haben die Menschen aller Zeiten erfahren lassen, daß das Reich Gottes angebrochen ist und daß wir es erfahren in der Gestalt der Barmherzigkeit, Güte, Demut, Langmut und der brüderlichen Liebe.

Um an die Dimension der Brüderlichkeit herankommen zu können, müssen wir das Leben Jesu betrachten. Gott liebt den Menschen, er hat ihn aus Liebe erschaffen mit der Fähigkeit zu lieben, mit der Fähigkeit, seine Liebe zu beantworten. Da Liebe sich nicht selbst genügt, sondern auf das DU angelegt ist, also sich verschenkt, will Gott, daß auch wir ihn lieben, daß wir in ewigem Liebesbund mit ihm sind. Jesus sagt, daß mit seinem Kommen das Reich Gottes schon in dieser Welt erfahrbar wird; nämlich, «Wo zwei oder drei in meinem Namen versammelt sind, da bin ich mitten unter ihnen» (Mt. 18, 20). Das Reich Gottes wird also dort erfahrbar, wo der Mensch Gottes Liebe beantwortet durch seine Bruderliebe (Barmherzigkeit, Güte, Langmut, Mitleid), gemäß dem Schriftwort: «Was ihr für einen meiner geringsten Brüder getan habt, das habt ihr mir getan» (Mt 25, 40). Nach Auffassung Israels befähigt die kultische Reinheit den Menschen, mit der

Gottheit in Kontakt zu treten, am Kult und am Leben der Volksgemeinschaft teilzunehmen. Die sittliche Reinheit, nämlich die Reinheit des Herzens durch Bruderliebe, stellt Jesus vor die kultische Reinheit – ja, er macht sogar die kultische Reinheit abhängig von der sittlichen Reinheit, wenn er sagt: «Wenn du deine Opfergabe zum Altare bringst und dir dabei einfällt, daß dein Bruder etwas gegen dich hat, so laß deine Gabe dort vor dem Altar liegen, geh und versöhne dich zuerst mit deinem Bruder» (Mt 5, 23 f.) und: «Barmherzigkeit will ich, nicht Opfer» (Mt 12, 7). Das Reich Gottes bricht also mit Jesus an und wird in seiner Bruderliebe greifbar, wenn er zum Beispiel die Ehebrecherin, die nach dem Gesetz hätte gesteinigt werden müssen, nicht verurteilt, sondern ihr ihre Sünden vergibt; wenn er am Sabbat den Gelähmten heilt; Kranke gesund macht; Tote zum Leben erweckt – ja sogar mit dem Zöllner Zachäus, der durch seinen Kontakt mit dem Heidentum und seine Zusammenarbeit mit der römischen Besatzungsmacht unrein ist, Tischgemeinschaft pflegt.

Israel kennt den Begriff Bruder nur in Bezug auf den Volksgenossen. Jeder Nichtjude wird als Mensch betrachtet, dem keine Bruderliebe entgegengebracht werden muß.

Für Jesus ist das Reich Gottes die Liebesgemeinschaft Gottes mit den Menschen, und Teilhaber an diesem Reich sind alle Menschen, die Gottes Liebe beantworten, indem sie den Mitmenschen lieben, gleich, welcher Rasse er angehört, welche Sprache er spricht, ob nah oder fern; denn Jesus sagt: «Ihr habt gehört, daß gesagt worden ist: Auge für Auge und Zahn für Zahn. Ich aber sage euch: Leistet dem, der euch etwas Böses antut, keinen Widerstand, sondern wenn dich einer auf die rechte Wange schlägt, dann halte ihm auch die andere hin. Und wenn dich einer vor Gericht bringen will, um dir das Hemd wegzunehmen, dann laß ihm auch den Mantel. Und wenn dich einer zwingen will, eine Meile mit ihm zu gehen, dann geh zwei mit ihm. Wer dich bittet, dem gib, und wer von dir borgen will, den weise nicht ab.

Ihr habt gehört, daß gesagt worden ist: Du sollst deinen Nächsten lieben und deinen Feind hassen. Ich aber sage euch: Liebt eure Feinde und betet für die, die euch verfolgen, damit ihr Söhne eures Vaters im Himmel werdet; denn er läßt seine Sonne aufgehen über Böse und Gute und er läßt regnen über Gerechte und Ungerechte. Wenn ihr nämlich nur die liebt, die euch lieben, welchen Lohn könnt ihr dafür erwarten? Tun das nicht auch die Zöllner? Und wenn ihr nur eure Brüder grüßt, was tut ihr damit Besonderes? Tun das nicht auch die Heiden? Ihr sollt also vollkommen sein, wie es auch euer himmlischer Vater ist (Mt 5, 38-48)».

Jesus nimmt sich also auch der Heiden an, z.B. wenn er den Knecht des Hauptmanns heilt. Er teilt die Sorgen, Nöte und Leiden seiner Brüder, indem er mitleidet, mitempfindet und ihnen zur Seite steht, ihr Diener wird und sie tröstet, Mut macht, heilt – ihnen also sein Herz schenkt. Er teilt auch ihre Freude, ihr Glück (die Hochzeit zu Kana), er lebt im wahrsten Sinn des Wortes mit ihnen und trägt ihr Los. Seine Liebe geht so weit, daß er die Last der Sünde auf sich nimmt und sein Leben opfert für die Menschen. Im Abendmahlssaal, wo er mit seinen Jüngern und seinem Verräter innigste Gemeinschaft hält, die Gemeinschaft des Mahles, setzt er sich an den letzten Platz in dieser Runde, indem er den Sklavendienst der Fußwaschung übernimmt. Er fordert seine Jünger auf, sich ebenso gegenseitig die Füße zu waschen und zu dienen, da sie sonst keine Gemeinschaft mit ihm haben können. Das Gemeinschaftbildende der Bruderliebe ist also das Dienen. Es heißt: «... Ihr wißt, daß die Herrscher ihre Völker unterdrücken und die Mächtigen ihre Macht über die Menschen mißbrauchen. Bei euch soll es nicht so sein, sondern wer bei euch groß sein will, der soll euer Diener sein, und wer unter euch der Erste sein will, soll euer Sklave sein. Denn der Menschensohn ist nicht gekommen, um sich dienen zu lassen, sondern um zu dienen und sein Leben hinzugeben als Lösegeld für viele» (Mt 20, 25-28). Als Vorwegnahme seines Kreuzestodes gibt Jesus im Abendmahlssaal seinen Jüngern seinen Leib und sein Blut als Opfergabe für die Sünden der Welt und fordert sie auf, es im Gedenken an ihn immer zu vollziehen. Aus Liebe zum Bruder sollen wir alles loslassen, selbst unser Leben: «Das ist mein Gebot: Liebt einander, so wie ich euch geliebt habe. Es gibt keine größere Liebe, als wenn einer sein Leben für seine Freunde hingibt. Ihr seid meine Freunde, wenn ihr tut, was ich euch auftrage. Ich nenne euch nicht mehr Knechte; denn der Knecht weiß nicht, was sein Herr tut. Vielmehr habe ich euch Freunde genannt; denn ich habe euch alles mitgeteilt, was ich von meinem Vater gehört habe. Nicht ihr habt mich erwählt, sondern ich habe euch erwählt und dazu bestimmt, daß ihr euch aufmacht und Frucht bringt und daß eure Frucht bleibt. Dann wird euch der Vater alles geben, um was ihr ihn in meinem Namen bittet. Dies trage ich euch auf: Liebt einander!» (Joh. 15, 12-17).

Im Gegensatz zu Israel, wo selbst Volksgenossen isoliert und aus dem Leben des Volkes ausgeschlossen dahinleben bzw. dahinvegetieren mußten, schreibt die Apostelgeschichte über die Urgemeinde: «Die Gemeinde der Gläubigen war ein Herz und eine Seele. Keiner nannte etwas von dem, was er hatte, sein Eigentum, sondern sie hatten alles gemeinsam. Mit großer Kraft legten die Apostel Zeugnis ab von der Auferstehung Jesu, des Herrn, und reiche Gnade ruhte auf ihnen allen. Es gab auch keinen unter ihnen, der Not litt. Denn alle, die Grundstücke oder Häuser besaßen, verkauften ihren Besitz, brachten den Erlös und legten ihn den Aposteln zu Füßen. Jedem wurde davon so viel zugeteilt, wie er nötig hatte» (Apg. 4, 32-35).

Wie hat also Nachfolge Christi auszusehen gemäß der Aufforderung Jesu: «Ihr sollt euch nicht Rabbi nennen lassen, denn nur einer ist euer Meister, ihr alle aber seid Brüder» (Mt 23, 8), und «Liebt einander! Wie ich euch geliebt habe, so sollt auch ihr einander lieben» (Jo 13, 34). Franziskus, die «Christusikone des

Mittelalters», kann uns als der Mensch, der dieser Aufforderung Jesu vollkommen nachkommt, aufzeigen, wie Leben in Brüderlichkeit konkretisiert wird, was es an neuen Kräften im Menschen freizusetzen vermag und wie es den Menschen das angebrochene Reich Gottes erfahren läßt.

Franziskus erfährt in seiner Heimatstadt Assisi hautnah den Gegensatz zwischen arm und reich und spürt wie Profit- und Machtgier, Habsucht und Geiz die Menschen voneinander trennen, sie gegeneinander stellen und Familienbande zerstören. Seine Antwort darauf ist seine Liebe zu Christus, die sich auswirkt in der Bruderliebe, konkret in der Pflege der Aussätzigen, im Sammeln der Essensreste der Bürger von Assisi, im Verschenken des Eigentums seines Vaters und in seinem Aufruf zur Umkehr. Franziskus will den Lebensweg seines Bruders Jesus nachgehen, will seine Heimatlosigkeit, sein Ausgestoßensein, seine Einsamkeit, sein Leiden, seinen Hunger und Durst und seine Armut mittragen. Deshalb wird er den Ausgestoßenen ein Ausgestoßener, den Bettlern ein Bettler, den Armen ein Armer, den Heimatlosen ein Heimatloser und den Leidenden ein Leidender. Dies tut er, indem er alles hinter sich läßt, sich ganz in den Dienst Gottes stellt und die Aussätzigen pflegt.

Er schenkt ihnen seine Liebe, tröstet und pflegt sie und macht ihnen Mut, ihr Los mit Christus zusammen zu tragen. So erfahren diese Menschen, die von aller Welt verlassen leben, denen man höchstens aus gebührendem Sicherheitsabstand heraus etwas hinwirft, Christus als den, der für sie lebt und leidet und für sie stirbt – der also aus Liebe ihr Bruder wird und ihr Los mitträgt und teilt.

Nachdem der Herr dem Franziskus Brüder geschenkt hatte, übt er mit ihnen dieses neue Leben ein. Was ist das Neue, das Umwälzende, das alle Grenzen zwischen Ländern und Menschen Sprengende an dieser Form des Gemeinschaftslebens gegenüber der zu dieser Zeit schon bestehenden Form des Gemeinschaftslebens der monastischen Orden?

Während im Mönchsorden die Gemeinschaft dem Mönch dient, nach Vollkommenheit zu streben, wird bei Franziskus das Leben in Gemeinschaft für den Einzelnen zum Übungsfeld brüderlicher Liebe, weshalb Franziskus auch seinen Orden Fraternität, Brüderschaft, nennt. Während der Mönch Zeit seines Lebens in dem Kloster, in das er eingetreten ist, lebt, sendet Franziskus seine Brüder oft schon kurze Zeit nach ihrem Eintritt in die Gemeinschaft aus, um den Menschen durch Wort und Tat das Reich Gottes zu verkünden. Im Gegensatz zu den Oberen nennen sich bei den Mönchen nur die Untergebenen "Bruder". Jedem Kloster steht ein Abt (auf deutsch: Vater) vor. Dem gegenüber nennt Franziskus seine Mitbrüder von Anfang an "Mindere Brüder", da sie einander dienen sollen, und nennt die Oberen "Minister(Diener), Kustos(Hüter)". Die Oberen unterscheiden sich einzig in ihrer Aufgabe gegenüber ihren Untergebenen. Sie sollen nämlich für das seelische und leibliche Wohl ihrer Brüder sorgen, sie sollen diese aufsuchen, sie trösten und in ihrer Lebensweise bestärken. Die Mönche arbeiten in klostereigenen landwirtschaftlichen und handwerklichen Betrieben, während Franziskus und seine Brüder den Bauern auf ihren Feldern helfen, handwerkliche Dienste übernehmen, in Bürgerhäusern als Diener tätig sind und vor allem die Aussätzigen bei Assisi pflegen. Die Mönchsregel ist gemäß der Zielrichtung des Ordens, nämlich dem Einzelnen zur Vollkommenheit zu verhelfen, ein Gesetzeswerk, das den gesamten Tagesablauf regelt. Der hl. Franziskus nennt das Evangelium die Regel. Die Regel, die auf Drängen seiner Mitbrüder entstand, ist gegenüber der der Mönche mehr geistliches Dokument als Regelung eines bestimmten Lebens.

In Rivo Torto und in Portiunkula führt Franziskus seine Brüder in das Leben der Bruderliebe ein. Er ermahnt sie in seinen Regeln, im Geist der Liebe einander zu dienen und zu gehorchen, sich zu lieben, wie Christus sie liebt, in der Tat die Liebe zu zeigen, die sie sich schulden, sich überall geistigerweise und sorgfältig Ehre und Ehrfurcht zu erweisen ohne Murren, sich als Hausgenossen zu erweisen, einander zuversichtlich die eigene Not zu offenbaren – also einander mehr zu lieben und bereitwilliger zu ernähren, als eine Mutter ihr Kind liebt und ernährt. Auch ermahnt er sie, nichts Böses zu tun oder zu sagen, nicht zu zanken, nicht zu zürnen, nicht zu richten und nicht zu verurteilen, die Fehler anderer nicht zu beachten, sondern die eigenen zu überdenken, nicht mißgünstig über Gnaden und Erfolge der Brüder zu sein, den Bruder nicht zu beneiden um des Guten willen, das Gott durch ihn wirkt, und die Ehre und den Namen des Bruders nicht anzutasten, da sonst die Liebe unter den Brüdern erstickt wird (vgl. Bestätigte Regel).

Franziskus lebt diese vollkommene Hingabe an den Bruder vor.

Dies wird besonders deutlich in seiner tiefen Liebe zu den kranken, betrübten und abwesenden Brüdern, da diese seine Liebe nicht erwidern können. Den kranken Brüdern erweist er zärtliche Teilnahme, sorgt für ihre Bedürfnisse, ist aufmerksam, verbindlich, selbstlos, denkt zuletzt an sich, obwohl er oft mehr leiden muß als sie, erkennt ihre Wünsche und erfüllt sie, wobei er unbemerkt große Opfer bringen muß. Wenn er einmal nicht helfen kann, so erweist er ihnen tiefes Mitleid. Er fühlt ihre Schmerzen, als seien sie die seinen. Franziskus muntert die seelisch leidenden Brüder auf mit mitleidigem Herzen, ist betrübt mit den Betrübten, leidend mit den Leidenden, er dient ihnen Tag und Nacht und erfüllt ihre leisesten Wünsche. Franziskus umschreibt einen guten Oberen wie folgt: er tröstet Betrübte, ist letzte Zuflucht für Versuchte, versucht Hartnäckige zur Sinnesänderung zu bewegen, indem er sich ihnen zu Füßen wirft, auf sein Recht verzichtet, um die Seele der Fehlenden für Christus zu gewinnen. Er soll den verlorenen Schafen sein Herz nicht verschließen (vgl. 2 Celano 185).

So wächst die junge Brüderschar zu einer Familie zusammen, in der alle für einen leben und einer ganz für alle lebt, in der keine Sonderliebe auf Kosten der gesamten Familie aufkommt, jeder sich für den Mitbruder aufopfert, ja sogar jeder bereit ist, sein eigenes Leben aus Liebe zu Christus und aus Liebe zum Bruder hinzugeben.

Franziskus fordert auch seine Brüder auf, jeden, selbst einen Räuber, der gewillt ist, sich diesem Leben der Bruderliebe anzuschließen, in die Gemeinschaft aufzunehmen. Da echte Liebe immer nach dem Allumfassenden strebt, schickt Franziskus seine Brüder je zwei und zwei auf die Wanderschaft, um alle Menschen zu Brüdern Christi zu machen – ohne Ausnahme. Er fordert seine Brüder auf, bereit zu sein, selbst ihr Leben dafür hinzugeben. Er selbst geht ihnen darin voraus, indem er bereit ist, für die Feinde des Christentums, die Sarazenen, sein Leben zu lassen durch die Feuerprobe.

Was hat dieses Leben des hl. Franziskus und seiner Brüder, das Leben in Brüderlichkeit, in der damaligen Zeit ausgelöst? Auf Bitten der Brüder legen Städte ihren Streit nieder, Bürger und Adel beenden ihren Parteienzwist, die Menschen überdenken neu ihr Leben und versuchen, es nach dem Evangelium auszurichten.

b) Leben in geistlicher Gemeinschaft

Die Kugeln

Es war einmal ein großer weiser Mann. Der holte eines Tages einen kleinen Jungen zu sich und wollte ihm das schönste Spiel beibringen, denn er liebte den Jungen. Er sammelte Kugeln aus herrlichem buntem Glas und sagte zu ihm: «Sieh her, ich werde dir jetzt eine Kugel nach der anderen zuwerfen. Jede hat eine andere Farbe und einen anderen Namen. Diese heißt Freude, die dort Arbeit, die da drüben Friede, diese Leid. Und du sollst mir jede sofort zurückwerfen, das ist der Sinn des Spieles: Das Geben und Nehmen im Wechsel. Nur im Flug glänzen die Kugeln so hell wie sie sollen». Und das Spiel begann und zwischen Geben und Nehmen schimmerten die Farben der Kugeln. Und das Spiel war sehr gut. Aber dann wollte der Junge die schönste Kugel festhalten. Er drückte sie fest an sich, sie zerbrach. Vor Schreck vergaß er die nächste zu fangen...; sie lag in tausend Scherben am Boden. Und je mehr er versuchte, die Kugeln zu halten, desto größer wurde der Haufen Scherben um ihn herum. Dabei zerschnitten sie ihn und er blutete. Das tat dem Mann, der ihn liebte, sehr leid. Er beugte sich und trug die Scherben weg. Und jede Wunde, die er selbst dabei bekam, heilte eine Wunde des Jungen. Schließlich war er so zerschnitten, daß eine Fortsetzung des Spieles unmöglich schien. Doch er stand auf, bereit um weiterzuspielen. Diesmal hatte der Junge begriffen. Als die Freude kam, warf er sie wieder dem Mann

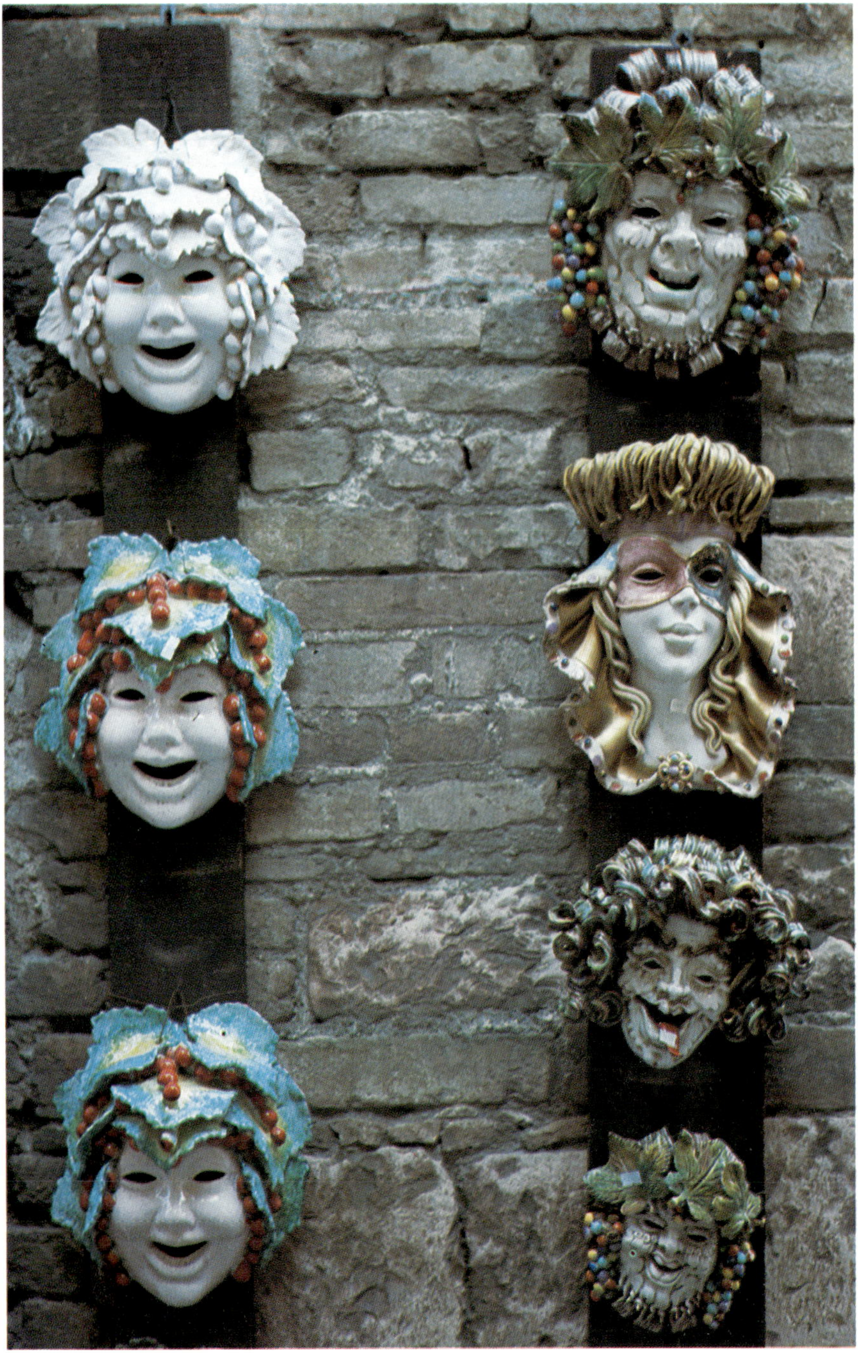

zu, und sie glitzerte herrlich im Flug. Als das Leid kam, machte er es ebenso. Jede Bewegung des Jungen war nun auf den Mann ausgerichtet. Und siehe, das Spiel war sehr gut.

Zunächst sollen hier einige Probleme aufgezeigt werden, die Leben in Gemeinschaft heute schwer machen.

Die konkreten geistlichen Gemeinschaften, so wie sie sich heute vorfinden, sind oft schwach, weil sie zu wenig geistliche Gemeinschaften sind, weil ihnen ein starker Glaube fehlt. Im Gegenteil: Es sind Formen der Resignation anzutreffen. Vieles wird nicht mehr von Gott her gesehen, sondern nur auf der natürlichen Ebene. Das wird besonders dort deutlich, wo Problemlösungen aus rein soziologischer Sicht gewünscht werden. Da wird der Ruf laut: Es sollen Gemeinschaften geformt werden, die aus möglichst gleichaltrigen Mitgliedern zusammengesetzt sind oder aus solchen, die die gleiche Ausbildung haben oder der gleichen Arbeit nachgehen. Geistliche Gemeinschaft fordert ein am Geist Gottes orientiertes Verhalten, wobei der Sprachgebrauch des hl. Paulus der des Franziskus wird: Geistlicher Wandel entspricht dem Geist Gottes; fleischlicher Wandel entspricht dem Egoismus des Menschen. Oberste Richtschnur des Lebens ist, «den Geist des Herrn zu haben und sein heiliges Wirken». Aus dieser Gabe des Geistes und der damit geschenkten Fähigkeit, die Dinge mit den Augen des Glaubens zu betrachten, erwächst die Bereitschaft geistlicher Sorge füreinander. Manche Spannung, die sich bei rein natürlicher Betrachtungsweise ergibt, z.B. zwischen alt und jung, gebildet und ungebildet, gesund und krank, wird damit gegenstandslos.

Die geistlichen Gemeinschaften sind häufig nicht das Zeichen, das sie sein sollten, weil bei den einzelnen Mitgliedern eine zu starke Tendenz zum Individualismus vorliegt. Der einzelne möchte sich entfalten, geht den eigenen Weg, losgelöst von den anderen, kapselt sich ab. Diese Haltung steht sicher nicht am Anfang des

Weges des einzelnen Ordensmitglieds. Es ist Ergebnis einer Entwicklung, bei der die heilende Hilfe der Gemeinschaft ausblieb.

Auch in der gegenteiligen Haltung steckt ein Problem, nämlich daß der einzelne in ein bestimmtes Schema gepreßt werden soll. Christliche Menschenformung wird niemals darauf abzielen, Menschen in ein Schema zu pressen. Franziskus kann hier richtungsweisend sein. Bei ihm gibt es kein Einheitsmaß, sondern nur die Vielfalt, die ein Spiegel der Vielfalt Gottes ist.

Seine Brüder waren Originale und bleiben es. Franziskus geht bei seiner Formung von Menschen von seiner persönlichen Erfahrung mit Gott aus. Er hatte Gott als den Lebendigen erlebt, von dem er in seinem Testament sagt: Der Herr zeigte mir den Weg, der Herr führte mich, der Herr offenbarte mir, der Herr gab mir Brüder ... Franziskus hatte also erlebt, daß Gott eine ganz persönliche Beziehung zu ihm hat und in seinem Leben Weichen stellt. Diese Erfahrung sah er nicht als Privileg an, vielmehr war er überzeugt: Gott hat zu jedem Menschen eine besondere Beziehung und führt ihn auch. Diese besondere Beziehung, Gott-Bruder, wollte er nicht stören. Er selbst sieht seine Aufgabe darin, dem einzelnen Bruder zu helfen, das herauszufinden, was Gott von ihm will, ihn also hellhörig und beweglich zu machen für den Geist Gottes und ihm bei der Unterscheidung der Geister behilflich zu sein.

Eine weitere Barriere echter Brüderlichkeit ist häufig die Anonymität des einzelnen und der Gefühls-Geiz in den Gemeinschaften. Zeichen der Zuneigung, der Liebe und Bejahung sind verpönt. Gefühle, ganz gleich ob der Freude oder des Leids, sollen möglichst nicht gezeigt werden. Das ist sicher auch eine der Quellen für die vielen psychischen Nöte in den geistlichen Gemeinschaften.

Thomas von Celano schildert die Gemeinschaft der Brüder um Franziskus so: «Von welcher Liebesglut waren die neuen Jünger Christi entflammt. Welche Liebe zu frommer Gemeinschaft war in ihnen lebendig. Wenn sie sich nämlich irgendwo trafen oder sich auf dem Weg begegneten, sprang ein Pfeil geistiger Liebe über, der über alle natürliche Zuneigung den Samen einer wahren und höheren Liebe streute. Was ist damit gemeint? Züchtige Umarmung, zarte Hinneigung, heiliger Kuß, traute Gespräche, frohe Mienen, unverdorbenes Auge, demütige Aufmerksamkeit, gewinnende Sprache, freundliche Antwort, dasselbe Ziel, pünktlicher Gehorsam, unermüdliche Dienstfertigkeit» (1 Celano 38).

Ein viertes Problem für die geistliche Gemeinschaft sei genannt: Der Leistungsgedanke bzw. die Bewertung des Menschen, nicht nach seinem Sein, sondern nach seinem Tun und Haben. Hier wird der Mensch nicht mehr als solcher geschätzt, sondern aufgrund dessen, was er leistet und einbringt. Es ist keine Frage, daß die heutige Industrie und Wirtschaft den Menschen allein nach dem meßbaren und zählbaren Erfolg einschätzt. Hier wird der Mensch gesehen als ein Rädchen an einer Riesenmaschine, das man austauschen und wegwerfen kann, wenn es nicht mehr den Zweck erfüllt.

Die geistlichen Gemeinschaften hätten deutlich zu machen, daß dies nicht die wahren menschlichen und christlichen Maßstäbe sind. Nehmen sie diese Aufgabe wahr? Der Mensch hat einen Eigenwert, unabhängig von der Aufgabe, die er erfüllt. Er ist einmalige, unwiederholbare Individualität. Gott hat zu jedem Menschen eine nur ihm geltende Beziehung. Deshalb hat das Gebet des kranken und alten Mitbruders zumindest den gleichen Wert wie die Arbeit dessen, der eine statistisch erfaßbare Leistung vorweisen kann. Franziskus macht auf diesen Punkt aufmerksam, wenn er sagt: Es gibt Prediger, die großen Erfolg haben und sich feiern lassen. Doch sie machen sich etwas vor, denn ihr «Erfolg» geht auf das Gebet und Opfer der Brüder zurück, die im Verborgenen wirken.

Im folgenden sollen nun einige Anregungen gegeben werden, die Franziskus im Hinblick auf die Gemeinschaft gibt.

In den Schilderungen der ursprünglichen Franziskanischen Gemeinschaft tauchen viele Haltungen auf, die für die Gemeinschaft sehr förderlich sind: Eintracht, Freude, Demut, Offenheit füreinander, gegenseitige Liebe und die Reinheit des Herzens. Auf diese letzte Haltung, nämlich Reinheit des Herzens, soll speziell verwiesen werden. Es handelt sich hier um einen Schlüsselbegriff echter brüderlicher Gemeinschaft. Thomas von Celano schreibt: «Und zwar verlangten sie, da sie alles Irdische verachteten und sich selbst niemals mit selbstischer Liebe liebten, sondern die ganze Innigkeit ihrer Liebe auf die Gemeinschaft ergossen, sich selbst als Kaufpreis zu geben, um ohne Unterschied der Not des Bruders zu Hilfe zu kommen» (1 Celano 39). «Sie liebten sich niemals mit selbstischer Liebe», «sie gaben sich selbst als Kaufpreis», damit ist schon etwas Wesentliches über die Reinheit des Herzens gesagt. Denn Reinheit des Herzens meint, sich innerlich von aller falschen Anhänglichkeit lösen, frei werden von dem, was aus dem ungeordneten Ich kommt, um sich ganz und ohne Vorbehalt auf Gott und die Menschen einlassen zu können.

Auch in diesem Zusammenhang geht neu auf, warum Franziskus am Beginn seines neuen Lebens Buße und Umkehr predigt.

Ein weiteres Element franziskanischer Brüderlichkeit ist die Demut. Je mehr sich einer für einen Minderen hält, um so mehr wächst seine Achtung und Ehrfurcht vor den Mitmenschen. Thomas von Celano schreibt (1 Celano 30): «Und wenn sie alle Aufträge erfüllt hatten, erachteten sie sich doch als unnütze Knechte. So sehr nämlich hatte der Geist der Reinheit von jener ersten Jüngerschaft des Franziskus Besitz ergriffen, daß es ihnen, wenn sie auch von ihrem nützlichen, heiligen und rechten Wirken wußten, vollkommen fern lag, sich eitel darüber zu freuen». Sie begegneten einander in «demütiger Aufmerksamkeit» und «unermüdlicher Dienstfertigkeit».

Die Offenheit der ersten Brüder ist in den Quellenschriften besonders belegt. Offenheit besagt, daß sie nichts voreinander verheimlichten, was die Beziehungen untereinander hemmen könnte. Offenheit schafft Vertrauen und ist Zeichen für Vertrauen. Die Brüder teilten sich ihre Gedanken, die Regungen des Herzens und die Wohltaten mit, «die ihnen der barmherzige Herr erwiesen hatte» (1 Celano 30). Durch diese Offenheit wurde dem Argwohn und dem Mißtrauen die Grundlage entzogen.

Franziskus sagt: Der Herr gab mir Brüder. Franziskus betrachtet jeden als Bruder und die Brüder betrachten sich gegenseitig als Geschenk Gottes. Der Bruder wird zum Geschenk Gottes, aber auch zur Aufgabe, die Gott dem einzelnen stellt.

Ein letzter Hinweis. Franziskus fordert die Brüder auf, sie sollten sich gegenseitig als Hausgenossen erweisen. Dahinter steht die Vorstellung, daß die Brüder, die ihrer ursprünglichen Familie und Heimat entwurzelt sind, sich gegenseitig lieben und in dieser Liebe eine neue Heimat finden, denn zu Hause ist der Mensch dort, wo er geliebt wird.

3. Rivo Torto: Wiege franziskanischer Gemeinschaft

Der selige Franziskus sammelte sich mit den übrigen Brüdern nahe bei Assisi an einem Ort, der Rivotorto heißt. An diesem Ort stand ein verlassener Schuppen, unter dessen Dach sie, die entschiedenen Verächter großer und schöner Häuser, lebten und sich daselbst vor den Regengüssen schützten. Denn, wie ein Heiliger sagt, «steigt man leichter von einer Hütte als von einem Palast aus in den Himmel» (1 Celano 42).

Dieser Ort Rivotorto liegt im Südosten der Stadt Assisi, etwa 3 km vom Marktplatz der Stadt entfernt. Hier fand Franziskus zusammen mit seinen Gefährten nach seiner Bekehrung sein erstes Dach über dem Kopf. Er verweilte mit ihnen dort längere Zeit. Sie bildeten zusammen die erste Konventsgemeinschaft im Orden des Franziskus.

Um 1209/1210 zog Franziskus mit seinen 12 Gefährten nach Rom; dort wurde ihnen von Papst Innozenz III. ihre erste Regel und Lebensweise mündlich bestätigt. Nicht sicher ist, ob Franziskus vor bzw. nach dieser Reise in Rivotorto zusammen mit den Brüdern gelebt hat.

«An diesem Ort lebten mit dem seligen Vater seine Söhne und Brüder alle zusammen in vieler Arbeit, in Entbehrung aller Dinge; sehr oft hatten sie kein Brot für den Hunger, waren zufrieden mit bloßen Rüben, die sie in der Ebene von Assisi da und dort in ihrer Not erbettelten. Jene Hütte war so klein und eng, daß sie kaum sitzen oder liegen konnten. "Darob aber kam kein Murren und keine Klage über ihre Lippen, sondern sanften Herzens bewahrte ihre Seele voll Freude die Geduld". Der hl. Franziskus prüfte täglich, ja immerfort sich und seine Brüder aufs gewissenhafteste, ließ an ihnen nichts haften, was ihnen Gefahr bringen konnte und vertrieb aus ihren Herzen alle Nachlässigkeit» (1 Celano 42).

So beschreibt Thomas von Celano, wie die Brüder in dieser Hütte zusammen lebten und wie sie bestrebt waren, das Evangelium zu leben und ihre Lebensweise zu finden. Und er ließ die Namen der Brüder auf die Balken in der Hütte schreiben, «damit jeder, wenn er beten oder ruhen wollte, seinen Platz kenne und der eng bemessene Raum die Stille des Geistes nicht störe» (1 Celano 44).

Franziskus hat dies alles in der Regel zusammengefaßt mit den Worten: «Und sie sollen Mindere sein». Und weiter sagt er: «Ich will, daß diese Brüderschaft Orden der Minderen Brüder genannt werde» (1 Celano 38).

Dies verwirklichten sie so, daß sie die ganze Innigkeit ihrer Liebe auf die Gemeinschaft ergossen. «Voll Sehnsucht suchten sie zusammenzukommen, um so größer war ihre Freude, zusammen zu sein, schwer dagegen war auf beiden Seiten die Trennung voneinander, bitter das Scheiden, hart das Geschiedensein» (1 Celano 39).

Geschieden waren die Brüder nämlich dann voneinander, wenn einige weggingen und den Bauern auf dem Feld halfen; so erbettelten sie für sich und die Gemeinschaft das nötige Essen.

Andere Brüder machten Krankenhausdienst. Auf halber Strekke zwischen Assisi und Rivotorto lag damals das Aussätzigenhospital S. Maria Maddalena. Dorthin ging Franziskus oft mit seinen Brüdern und half in der Pflege.

Auch erzählt Thomas von Celano von seiner damals schon klaren Haltung gegenüber Fürsten und Königen: «Zu jener Zeit zog gerade Kaiser Otto mit viel Getöse und Pomp durch jene Gegend, um sich die Krone des irdischen Reiches zu holen; doch weder der heilige Vater selbst, der mit den übrigen in der obengenannten Hütte wohnte, die nahe am Weg war, wo Otto vorbeizog, ging hin, um den Zug anzuschauen, noch ließ er einen Bruder hingehen. Nur einer mußte dem Kaiser eindringlichst ankündigen, daß sein Ruhm nur kurze Zeit dauern werde. Apostolischer Auftrag lebte in ihm und deshalb weigerte er sich entschieden, Königen und Fürsten zu schmeicheln» (1 Celano 43).

«Während die Brüder nun dort weilten, kam eines Tages ein Mann, der einen Esel vor sich hertrieb, zur Hütte, wo der hl. Franziskus mit seinen Gefährten weilte. Um nicht zurückgewiesen zu werden, trieb er seinen Esel an, hineinzugehen und sprach: «Marsch hinein, wir werden diesem Ort eine Wohltat erweisen». Da her hl. Franziskus dieses Wort hörte, wurde er betrübt; er erkannte nämlich, was dieser Mann dachte: der Bauer glaubte, die Brüder wollten hier bleiben, um den Platz zu vergrößern und Haus an Haus zu reihen. Sofort ging der hl. Franziskus aus der Hütte und verließ sie auf das Wort des Bauern hin und begab sich an einen anderen, nicht weit von jenem entfernten Ort, der Portiunkula heißt, wo er, wie oben gesagt, die Kirche S. Maria schon lange vorher wieder hergestellt hatte. Er wollte nichts zu eigen haben, um alles vollständiger in Gott besitzen zu können» (1 Celano 44).

Heute erhebt sich über dem Schuppen, der nachkonstruiert wurde, eine Kirche im neugotischen Stil. Die Kirche aus dem 16. Jahrhundert wurde 1832 durch ein gewaltiges Erdbeben völlig zerstört. Rivotorto ist heute Wallfahrtskirche und Nationalheiligtum. Außerdem ist der Kirche eine Pfarrei angegliedert.

Rivotorto ist Stätte franziskanischen Aufbruchs. Franziskus fand hier nach einer langen Zeit des inneren Suchens und der Unsicherheit mit seinen ersten Brüdern eine Stätte. Er hat sich an diesem Ort nicht festgesetzt – etabliert, wie wir heute sagen; er blieb Pilger und Fremdling; er wußte sich weiterhin unterwegs. Gott war für ihn der Herr, der führt. Franziskus hörte weiter auf ihn; er konnte wieder aufbrechen, weil er sich nichts angeeignet hatte.

In diesem Schuppen erfüllte sich an den ersten Franziskanern die Verheißung: «Selig die Armen im Geiste, denn ihrer ist das Himmelreich». Diese ersten Brüder erfuhren ein Stück Reich Gottes. Sie hatten um Jesu willen alles verlassen. Sie hatten den Weg der Armut gewählt und gingen ihn treu weiter aus Liebe zu Jesus, der arm ward um unsertwillen; arm an Gütern, Rechten und Ansprüchen. Gerade dadurch waren sie die Reichbeschenkten, die Glücklichen, weil sich ihnen Jesus schenkte, der die Herzen mit Freude erfüllt.

Rivotorto ist ein Modell brüderlicher Gemeinschaft. Hier brach etwas auf von der neuen, der besseren Welt, nach der sich die Menschen sehnen. Es war eine «Stadt der Liebe». Wie tief muß die Einheit in Christus gewesen sein, wie groß das Verständnis für einander, daß die Brüder völlig unabhängig von äußeren Gegebenheiten miteinander gut und froh sein konnten! Ihr gegenseitiges Verständnis und ihre Freude hing nicht ab von genügend Platz, Licht, Ruhe. Sie standen über all dem. Sie waren ein Licht in ihrer Umgebung, die voll war von Bitterkeit, Streitsucht, Unversöhnlichkeit und Rechthaberei.

Die ersten Brüder bildeten mit Franziskus in Rivotorto eine betende Gemeinschaft. Die Brüder beteten miteinander, d.h. sie öffneten sich für die Früchte des Geistes: Frieden, Freude, Langmut, Milde, Güte, Geduld.

Wie der erste Biograph des hl. Franziskus, Thomas von Celano, berichtet, ließen die Brüder selten oder nie ab vom Lobe Gottes und vom Gebet. Für das, was sie Gutes getan, dankten sie Gott;

für ihre Versäumnisse und Nachlässigkeiten entrichteten sie Seufzer und Tränen. Sie glauben sich von Gott verlassen, wenn sie sich nicht dauernd im Geiste der Sammlung fühlten. Wenn sie sich dem Gebet hingeben wollten, lehnten sie sich an eine kleine Stütze, um nicht vom Schlaf übermannt zu werden. Einige hielten sich aufrecht an herabhängenden Stricken, damit nicht der Schlaf sie überwältige und so das Gebet gestört werde.

4. Leben in Brüderlichkeit - Fragen zur Besinnung:

Gibt es für mich Außenseiter, die ich nicht in meine Liebe einbeziehe?

Wie trage ich dazu bei, daß das Reich Gottes erfahrbar wird?

«Und vertrauensvoll soll einer dem anderen seine Not offenbaren» (Bestätigte Regel 6). Mühe ich mich um Offenheit und bin ich bereit, in dieser Art mitzuarbeiten, damit dem Argwohn und dem Mißtrauen der Boden entzogen wird?

Sammeln Sie in einer Liste Regeln, die das Neue Testament für das Zusammenleben gibt, sowie jene Regeln, die Franziskus für das Zusammenleben gibt.

Leben in Gemeinschaft - Fragen zur Besinnung:

Sehe ich meine Gemeinschaft – ihre Freuden und Schwierigkeiten – und auch jeden Einzelnen vom Glauben her?

Versuche ich Menschen in ein Schema zu pressen, sie auf einen bestimmten Weg festzulegen?
Helfe ich ihnen, ihren Weg zu finden und zu gehen?

Wie gehe ich mit meinen Gefühlen um? Lasse ich meine Mitmenschen daran teilhaben?

Welche Maßstäbe habe ich für die Einschätzung einer Person? Welche Rolle spielt dabei das, was sie tut und hat?

Baue ich durch meine Liebe an einem «Zuhause» mit?

Leben in Brüderlichkeit

Wir gehen Hand in Hand durch ein ganz neues Land mit unserm Bruder und begegnen Jesus Christus! Was ihr dem Bruder tut, das habt ihr mir getan! Liebet einander, fanget an, fanget an!

nach jeder Strophe wiederholen

1. Du bist nicht allein —, jeder Mensch soll Dein Bruder sein! Glaube — an das Gute, das er birgt, Gott wohnt selber in ihm!
2. Greifbar wird die Liebe, dort wo Menschen sich recht verstehn. Gott braucht unsre Hände, unser Herz, Er will bei uns wohnen!
3. Augen gab uns Gott —, um einander ganz neu zu sehn. Ohren, die im Bruder Jesus hören, wenn Er zu uns spricht!

Text und Melodie
Sr. Leonore Heinzl OSF

VII.
LEBEN MIT DER KIRCHE

*1. Wie er seinen Orden
der römischen Kirche anvertraute*

Als der Mann Gottes des öfteren dies und ähnliches im Geiste erwog, schaute er eines Nachts in Schlaf gesunken folgendes Gesicht. Er erblickte eine kleine schwarze Henne, die einer Haustaube glich und deren Beine und Füße ganz mit Federn besetzt waren. Die Henne hatte zahllose Küchlein, die, emsig um sie herumhüpfend, nicht alle unter ihren Flügeln sich vereinigen konnten. Da erhob sich der Mann Gottes vom Schlafe, erwog den Traum in seinem Herzen und legte sich das Gesicht selber aus. «Die Henne», sprach er, «das bin ich, klein an Gestalt und schwarz von Natur, dem die Einfalt einer Taube zur Lauterkeit des Lebens verhelfen muß, die, so selten sie in der Welt vorkommt, so ungehindert zum Himmel emporfliegt. Die Küchlein, das sind meine an Zahl und Gnade gewachsenen Brüder, die vor den Ränken der Menschen und dem Gezänk der Zungen zu verteidigen die Kraft des Franziskus nicht ausreicht».

«Ich will mich daher aufmachen und sie der heiligen Römischen Kirche empfehlen, durch deren machtvolles Zepter die Bösewichter zerschmettert werden, die Kinder Gottes aber volle Freiheit genießen, Schätze ewigen Heiles zu häufen. Daraus werden die Söhne die zärtlichen Wohltaten ihrer Mutter erkennen und stets mit besonderer Hingabe ihren ehrwürdigen Spuren folgen. Unter ihrem Schutz wird sich nichts Böses in den Orden einschleichen und kein Sohn Belials wird ungestraft den Weinberg des Herrn durchstreifen.

Die heilige Kirche selbst wird eifersüchtig über den Ruhm unserer Armut wachen und die Verherrlichung der Demut nicht verdunkeln lassen durch eine Wolke des Hochmutes. Die Bande der Liebe und des Friedens wird sie in uns unverletzt erhalten und mit strengster Strafe die Widerspenstigen treffen. Die heilige Beobachtung des reinen Evangeliums wird unter ihren Augen stets blühen und sie wird nicht dulden, daß der Wohlgeruch des Lebens auch nur auf eine Stunde entschwinde. Das allein war die Absicht des Heiligen Gottes, als er seinen Orden der Kirche anvertraute (2 Celano 24).

2. *Leben mit der Kirche*

Wenn wir über das Verhältnis des Franziskus zur Kirche nachdenken wollen, so scheint es notwendig, zuerst einmal die Frage nach der Kirche selbst zu stellen. Was Kirche ist, ihr Wesen und ihr Auftrag, ist dem Bewußtsein des heutigen Christen nicht unbedingt gegenwärtig. Die Antwort ist vor allem den jüngeren Christen schwerer geworden. Sie trennen, was eigentlich fundamental zusammengehört: Jesus Ja! Kirche Nein! Auch denken wir bei dem Wort Kirche oft einseitig und sehen nur die Institution, die kultische und soziale Aufgaben zu verrichten hat. Kirche aber läßt sich allein weder nach ihrem äußeren Erscheinungsbild messen, noch in ein Gedankengebäude zwängen. Ihr Mysterium, daß sie von Gott gewollt ist und das umfassende Heil für alle Menschen in sich trägt, darf nicht ausgeklammert werden.

Was ist Kirche?

Kirche als Volk Gottes

Kirche entsteht zuerst aus einem Lebensverhältnis zu Gott. Kirche ist «Volk Gottes». Nach dem Alten Testament bildet sich das Volk Gottes dort, wo sich Menschen um diese gemeinsame Mitte, um Gott treffen. In dieser Versammlung wird dem Einzelnen und der Volksgemeinschaft am meisten bewußt, daß sie die vor Gott hingerufene Heilsgemeinde sind. Im Hören des Gotteswortes, im Beten und Leben, besonders aber, wenn das Volk sich als opfernde Gemeinde im Tempel versammelt, wo «Gott in ihrer Mitte ist», geschieht diese Umschmelzung von Volk allgemein, zu Volk Gottes. Welche Wandlung in diesem Hören, Beten und Opfern geschieht, beschreibt der erste Petrusbrief: «Einst wart ihr nicht sein Volk, jetzt aber seid ihr Gottes Volk» (1 Pet. 2, 10).

Die Urkirche überträgt diese Vorstellung auf die ganze Kirche als das eigentliche Volk Gottes. Paulus schreibt: «Wir sind doch der Tempel des lebendigen Gottes, von dem Gott gesprochen hat: Ich will ihr Gott sein und sie sollen mein Volk sein» (Lev 26, 12; 2 Kor 6, 16).

Deshalb nennt sich die Kirche «ecclesia», die versammelte Gemeinde, weil sie ein von Gott zu Gott hingerufenes Heilsvolk ist. So sagt auch das 2. Vatikanum: «Gott hat aus Heiden und Juden ein Volk berufen, das nicht dem Fleisch nach, sondern dem Geist nach zusammenwächst und das neue Volk Gottes bildet».

Kirche als fortlebender Christus

Aber Kirche als Volk Gottes ist nur eine, mehr äußerliche Sichtweise. Kirche ist auch und vor allem Lebensgemeinschaft mit dem menschgewordenen Sohn Gottes Jesus Christus. Die Kirche ist der fortlebende Christus, den sie der Welt in der Verkündigung des Wortes, vor allem im Spenden der Sakramente und in ihrem gesamten apostolischen Wirken mitteilt. Das heißt, ich kann Kirche in ihrem Wesen und in ihrem Auftrag nur verstehen, wenn ich Christus verstehe. Jesus weist sich als der Gott aus, der der ganz andere ist, der unendlich über allem und außerhalb aller Geschöpfe steht. Doch in Jesus ist nicht nur der über alle Welt stehende Gott anwesend, sondern auch der Gott, der «mit uns» ist. In dieser

Erkenntnis wird erst deutlich, von welchem Geheimnis das Volk Gottes getragen ist. Die Kirche, die sich um Jesus versammelt, ist durch den auferstandenen Jesus Christus bleibender Ort der Nähe Gottes, der «über allem», aber auch «mit uns» und «für uns» ist. In ihr setzt der auferstandene Herr sein Werk der Einigung, der Vergebung, der Heilung und Heiligung fort.

Kirche als Leib Christi

Damit tritt aber noch eine weitere Form des Kirchenbewußtseins in den Blickpunkt: Wie im Gottessohn Jesus Christus Gott auf unüberbietbare Weise mit uns ist, so ist auf dieselbe unüberbietbare Weise im Menschen Jesus Christus der Mensch mit Gott verbunden. Dieses Geheimnis Jesu Christi stellt die Kirche dar als Mysterium des Leibes Christi: Kirche vollzieht sich im wesentlichen dort, wo Er in uns und mit uns und wir in Ihm und mit Ihm sind.

Christus ist mit den Menschen so eng verbunden wie das Haupt des Leibes mit seinen Gliedern, aber auch wie die Glieder mit seinem Haupt. Und weil jeder einzelne ein Glied an ihm ist, sind wir zusammen der Leib Christi. Unter diesem letzteren Aspekt wird deutlich, daß Kirche zwar ihre Lebendigkeit nur von ihrem Haupt her bezieht, aber den Sinn und Auftrag ihres Daseins erst dann voll erfüllt, wenn die Glieder untereinander diese Lebenskraft weitergeben, sich begegnen und einander dienen.

Kirche als Dienerin des Herrn

Zuletzt soll noch ein vierter Aspekt des Kirchenverständnisses aufgezeigt werden, den auch Franziskus sehr betonte: die Kirche als Mutter und Dienerin Jesu Christi. Als Maria die Geburt des Sohnes verheißen wurde und sie antwortete: «Siehe, ich bin die Magd des Herrn! Mir geschehe nach deinem Wort!», wurde durch Maria unser Selbstverständnis der Kirche geboren. Sie weiß sich als Dienerin unseres Herrn Jesus Christus, den sie durch ihr Leben den Menschen schenkt. Für die Jünger Jesu bricht aber erst mit dem Tod und der Auferstehung Jesu dieses Kirchenbewußtsein auf: Jesus Christus ist unser und aller Herr und wir seine Diener. Das ist das grundlegende Thema des Neuen Testamentes und das Ziel, dem die Kirche entgegengeht. Einzigartiges Zeugnis dafür ist die gesamte Liturgie, die diese Wurzel allen rechten Kirchenverständnisses immer neu ins Bewutsein ruft: Christus ist der Herr, den die Kirche wie Maria und wie eine Mutter durch Zeugnis in Wort und Tat immer neu gebären soll.

Franziskus und die Kirche

Geschichtliche Situation der Kirche zur Zeit des hl. Franziskus

Die Kirche des 12./13. Jahrhunderts war in einem armseligen Zustand. Die Hierarchie war um ihre politische Macht mehr besorgt als um ihren apostolischen Auftrag. Dauernd lag sie in Auseinandersetzung mit den deutschen Kaisern. Wer von den Amtsträgern der Kirche machte sich das Evangelium tatsächlich zum Maß und zur Richtschnur für Lebensführung und Lebenshaltung? Die Ämter der Kirche waren verweltlicht, der Klerus schlecht ausgebildet, das Volk seelsorglich eigentlich führungslos. Die alten Orden, die Benediktiner, hatten schon wieder viel von ihrem reformatorischen Geist, der in Cluny aufgebrochen war, verloren. Alles deutete auf eine dringende Reform hin, die die Kirche zuerst in ihrem Inneren benötigte. Das Volk war eigentlich offen für einen neuen geistlichen Aufbruch. Zahlreiche geistliche Bewegungen dieser Zeit, die die Lebenskraft des Evangeliums neu entdeckten und besonders in einem Leben der Armut davon Zeugnis ablegen wollten, unterstreichen dies. Damit deuteten sie auf einen richtigen Weg zur inneren Erneuerung der Kirche, aber viele dieser Bewegungen wie die Albigenser, Waldenser und Katharer verstrickten sich in antikirchliche Haltungen, lehnten die verweltlichte Kirche sowie das Papsttum ab und trennten sich als die «wahre Kirche» von ihr. Zwischen dieser reformbedürftigen Kirche und den überschwenglichen, beinahe fanatischen, bald häretischen Reformbewegungen seiner Zeit stand Franziskus mit seinem neuen Weg. Äußerlich waren er und seine Brüder in nichts von den neuen und häretischen Reformbewegungen seiner Zeit zu unterscheiden. Wie sie, lebten seine Brüder die Armut, zogen als Wanderprediger umher und folgten den Worten des Evangeliums. Und doch gehörte Franziskus mit seinen Brüdern innerlich ganz zur Kirche und wollte auch darin bleiben. Seine Haltung zwischen diesen beiden Polen muß uns schwierig erscheinen, denn wie war es für ihn möglich, auf der einen Seite sein volles Ja zur Kirche zu sagen, auf der anderen Seite aber dennoch einen Weg zu gehen, durch den sich die Hierarchie der Kirche sehr in Frage gestellt sehen mußte.

Das franziskanische Ja zu Christus und der Kirche

Viele Zeitgenossen des Franziskus haben im Namen des Evangeliums und selbst im Namen Jesu Christi die Kirche verlassen, weil sie in ihr nicht mehr den Willen Gottes verwirklicht sehen konnten. Warum war das bei Franziskus so anders? Wie konnte es ihm gelingen, diesen geistlichen Aufbruch seiner Zeit für die Kirche fruchtbar zu machen? Warum band er sich so eng an diese Kirche?

Das dafür entscheidende Erlebnis für Franziskus war sein Berufungs- und Sendungsauftrag vor dem Kreuz in San Damiano. Dort offenbarte sich ihm der Herr auch als der Herr seiner Kirche. Zwar verstand Franziskus die Worte des Herrn zuerst ganz in ihrem wörtlichen Sinn, aber sie legten in seinem Inneren den eigentlichen Kern seiner Lebensberufung: sie gilt dem gekreuzigten Christus

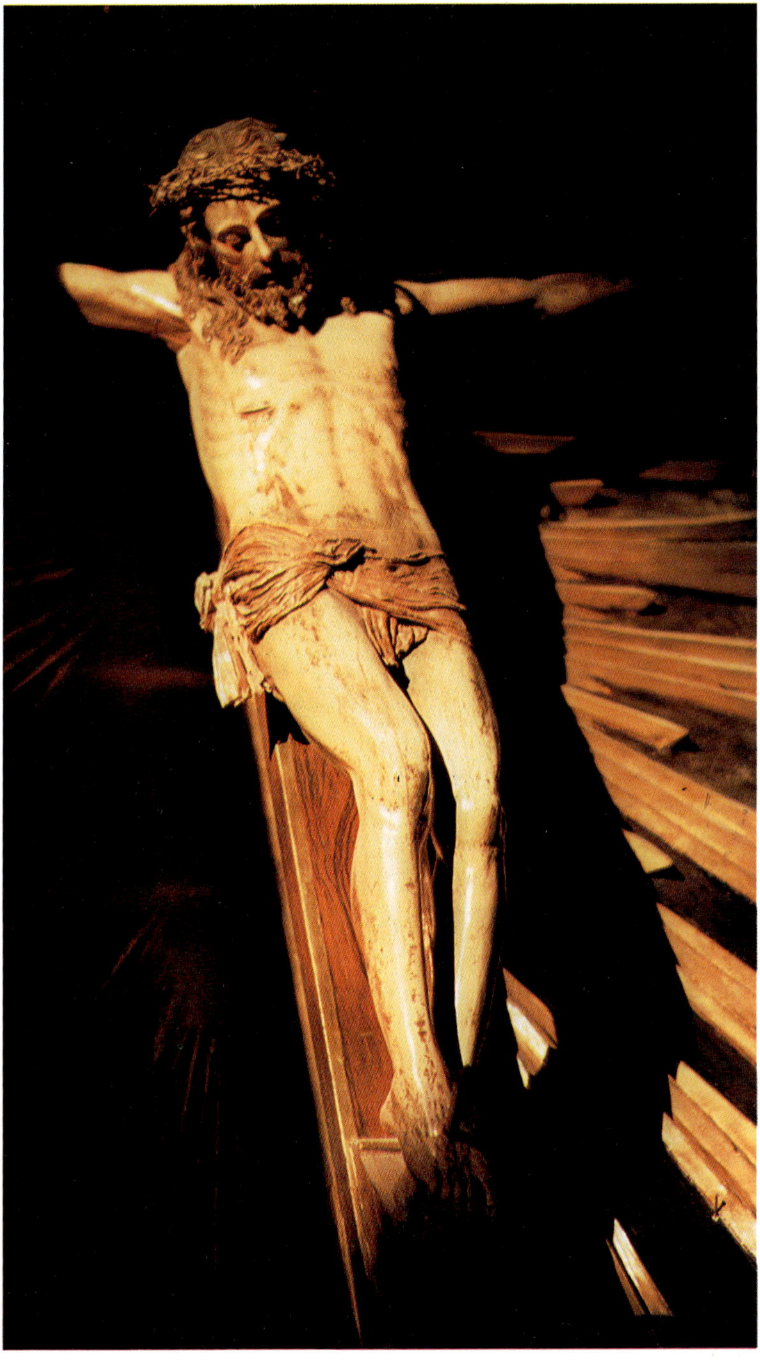

und der Kirche! «Franziskus, geh und stell mein Haus wieder her, das, wie du siehst, ganz verfallen ist!» (2 Celano 10).

«Stell mein Haus wieder her». Christus wendet sich an Franziskus als der Herr und wahre Eigentümer der Kirche. Sein Auftrag zielt auf den wirklichen gegenwärtigen Zustand seiner Kirche, die im Begriff ist, bedroht durch Häresien und innere Verweltlichung in Trümmer zu fallen, die aber unbedingt eines Mannes bedarf, der sie wieder aufrichtet. Es darf demnach dem Franziskus nicht darum gehen, bei sich selbst stehen zu bleiben und sich eine private Lebensidylle zu schaffen, um die eigene Frömmigkeit zu pflegen, sondern in Gehorsam und Verfügbarkeit selbst tatkräftig zuzugreifen und aufzubauen, wo Kirche in ihrer Lebendigkeit und in ihrem Glauben schwach, morsch, ausgehöhlt und brüchig geworden ist. Verfügbar sein für die Kirche heißt für Franziskus: offen sein, sich bereithalten für ihren Ruf, um an die Stelle treten zu können, wo sie ihn brauchen will. Von dem Kreuz in San Damiano ruft ihn Christus als der Herr der Kirche, um ihm seinen Platz und seine Aufgabe für und in der Kirche zuzuweisen. Franziskus hat einen Auftrag für die Kirche. Aber dieser Auftrag Christi an Franziskus ergeht nicht, ohne daß der Herr ihm zwei Kraftquellen aufschließt, ohne die er diesen Auftrag nicht erfüllen könnte. Zuerst ist es die Gewißheit, daß es sich nicht um eine führungslose und verlassene Kirche handelt, sondern um seine Kirche, wo er letztlich das gegenwärtige und handelnde Haupt ist. Zum anderen legt Christus ihm diesen Auftrag in sein Herz, als er ihn als Gekreuzigter vom Kreuz aus anspricht: Als Gekreuzigter, der auch jetzt die Mißstände seiner Kirche aushält, trägt und sie vergibt und als Auferstandener, der neues Leben zu schenken weiß: so bleibt dieser Christus in seiner Kirche gegenwärtig. Franziskus verwirklicht seine Sendung für die Kirche nicht, indem er sich als der bessere über sie stellt, sondern indem er sich wie der Gekreuzigte dienend und gehorchend aufmacht, in seiner Person und durch die Haltung seiner Brüder das eigentliche Leben der

Kirche neu ans Licht zu bringen. Noch nie zuvor in der Geschichte band sich ein Ordensmann mit seiner Gemeinschaft ausdrücklich so eng an die Kirche, um ihr als Diener eine neue tragfähige Säule zu werden. Sein Orden sollte dem Papst «Gehorsam und Ehrerbietung» erweisen, «allzeit den Füßen der heiligen Kirche untertan und unterworfen sein», und ihr «in heiliger Demut und Ehrfurcht» begegnen. Er erbat sich einen Kardinal als Protektor, der den Orden «lenke, in Schutz und in Zucht nehme» (vgl. Bestätigte Regel 12). Wir sehen: Franziskanische Berufung ist immer Berufung für Christus in seiner Kirche!

Franziskanisches Leben in der Kirche

Als Franziskus in Portiunkula den Auftrag des Herrn empfängt, nach der Weise des Evangeliums zu leben, ist es zuerst ein Priester, ein Vertreter der Kirche, der auf Bitten des Franziskus ihm die Worte des Evangeliums erklärt, damit er sie sicher und in Gehorsam vor Christus und der Kirche verwirkliche. Franziskus stellt sich nicht selbstsicher als alleiniger Erklärer und Deuter der Schrift über die Kirche, sondern vertraut sich ganz ihrer Weisheit an, mit der sie als Hüterin des Wortes Gottes vom Geist ausgestattet ist. Wenn Franziskus das Evangelium lebt, will er es als ein Mann der Kirche leben. Dies veranlaßt ihn auch, mit seinen Brüdern 1209 nach Rom zu ziehen, um sich vom Papst ausdrücklich bestätigen zu lassen, diesem Auftrag Christi zu einem Leben nach dem Evangelium nachfolgen zu dürfen im Gehorsam zur Kirche. Franziskus bindet den Orden in seiner Person und in seinen Nachfolgern in Gehorsam und Ehrfurcht an die Kirche. Dem Papst und der Römischen Kirche verspricht er in allem Gehorsam. Dieses gehorsame Ja zur Kirche legte er in der Überzeugung ab, daß er sein Ja zu Christus nur verwirklichen kann, wenn es teil hat an dem gehorsamen Ja der Kirche zu Christus. Franziskus wollte seinen Auftrag, das Evangelium zu leben und Christus nachzufolgen, nicht nach eigenem Ermessen erfüllen, sondern sich darin an die Weisung der Kirche halten. In diesem Punkt unterscheidet er sich im wesentlichsten von den häretischen Gruppen seiner Zeit. So folgte seiner Berufung und Sendung durch Gott die Sendung und Anerkennung durch die Kirche, durch Papst Innozenz III. Durch dieses Gehorsamsgelübde verband er das Leben in der Nachfolge Christi mit dem Leben in der Kirche. Franziskus wußte sich jetzt auch gesandt durch die Kirche und er drückte es in der Unbestätigten Regel folgendermaßen aus: «Dies ist das Leben des Evangeliums Jesu Christi, um welches Bruder Franziskus den Herrn Papst Innozenz gebeten hat; daß er es ihm gewähre und bestätige; und der Herr Papst gewährte und bestätigte es ihm und seinen Brüdern, die er hatte und haben wird».

Die Eucharistie als Herzmitte seiner Kirchlichkeit

Die innige Bindung des Franziskus an die Kirche ist getragen von seiner Überzeugung, daß Christus seine Kirche liebt und in ihr lebt. Aber Christus lebt nicht nur im Evangelium, das die Kirche verkündet, sondern in besonderer Weise in den Sakramenten, die die Kirche allein zu spenden beauftragt ist. Sie ist Verwalterin der Sakramente. In der Hand der Kirche liegt der Schlüssel zum ewigen Leben: «Dabei sollen sie fest wissen und beachten, von welchen katholischen Priestern auch immer sie Buße und Lossprechung erhalten haben, sie sind ohne Zweifel von diesen Sünden losgesprochen, wenn sie sich bemüht haben, die ihnen auferlegte Buße demütig und getreu zu verrichten». Und: «Wer mein Fleisch ißt und mein Blut trinkt, hat das ewige Leben» (Unbestätigte Regel 20). Die Sakramente, besonders die heilige Eucharistie, die Feier der Gegenwart des Herrn, fanden bei Franziskus die höchste Verehrung, denn durch sie wußte er sich am innigsten mit Christus und der Kirche vereint. In der Eucharistie sah er den Höhepunkt der brüderlichen Bande zu allen Menschen. Sie war Communio nicht nur mit dem Herrn, sondern mit den Brüdern und Schwestern der ganzen Kirche. Durch sie wurden auch alle mit dem Geist des Herrn erfüllt, wurden neu Brüder Christi und täglich neu der Familie Gottes eingegliedert.

Seine Ehrfurcht vor Papst, Bischöfen und Priestern

Die eucharistische Feier war aber auch gleichzeitig die Herzmitte seiner Ehrfurcht und Liebe zu allen Priestern, die im Auftrag und in der Vollmacht Christi standen, seinen Leib und sein Blut darzureichen. «Wir müssen auch häufig die Kirche aufsuchen und den Klerikern Hochachtung und Ehrfurcht erweisen, nicht allein um ihrer selbst willen – wenn sie Sünder wären – sondern wegen des Amtes und der Verwaltung des heiligen Leibes und Blutes Christi, den sie auf dem Altare opfern und den sie empfangen und austeilen» (Brief an die Gläubigen 11, 33). Wenn Franziskus besonders die Priester, Bischöfe und vor allem den Papst verehrt, ihnen Gehorsam und demütigen Dienst verspricht, so tut er das nicht wegen der Menschen, die dieses Amt inne haben, sondern der Weihe und des Auftrages wegen, deren Wirkkraft ihnen tatsächlich von Christus her übertragen wurde. Christus wirkt in seiner Kirche in Wort und Sakrament, auch wenn sich die Menschen, die dieses Amt bekleiden, dessen nicht immer würdig erweisen. Franziskus hält konsequent an dieser gegebenen Wirklichkeit fest und kann deshalb an dem äußeren Erscheinungsbild der Kirche nicht irre werden, im Gegenteil: durch sein radikales Vertrauen in die Gegenwart Christi und seinen Glauben an die Kirche gibt er dieser schwachen Kirche neuen Mut und neue Hoffnung, sich selbst wieder auf ihren eigentlichen Träger zu besinnen und ihm nachzueifern.

Kirchlichkeit als Maßstab und Garant seiner Brüderschaft

In diesem Vertrauen macht er das Leben und den Glauben der Kirche zum Maßstab des Lebens und Glaubens in seiner Brüderschaft. Jeder, der diesen Maßstab nicht einhalten will, «soll aus unserer Brüderschaft gänzlich ausgestoßen werden» (Nichtbestätigte Regel 19). Jeder, der sich seiner Gemeinschaft anschließen wollte, sollte «sorgfältig über den katholischen Glauben und die Sakramente der Kirche» geprüft werden (Bestätigte Regel 2). Entscheidend für Franziskus ist, daß seine Brüder katholisch sind, darüber wacht er mit aller Strenge. Dies ist nicht nur als Schutzmaßnahme zu verstehen gegenüber den vielen häretischen Strömungen seiner Zeit, die auch seinen Orden zu verunsichern drohten, sondern auch als Ausdruck seiner echten Überzeugung, daß kirchlicher Glaube und kirchliches Leben garantierte Wege zu Christus sind. Aber auch in seiner Kirchlichkeit sucht Franziskus nicht das nach außen hin besondere, sondern das allgemein gültige. So legt er seinen Brüdern auf, das Stundengebet «nach der Ordnung der heiligen Kirche von Rom» zu verrichten, er sucht auch, keine besonderen Privilegien für seinen Orden beim Papst zu erbitten. In allem will er so katholisch sein, wie es dem gesamten Gottesvolk aufgetragen ist, den Bischöfen und Priestern gehorchen und keine Anforderungen stellen.

Seine Regel und seinen gesamten Orden unterstellt und übergibt er ausdrücklich in die Hände der Kirche, wie er sagt, «katholisch» soll die Regel beobachtet werden, d.h. in völliger Übereinstimmung mit der kirchlichen Lehre und Weisung (Testament 34). Damit ist der Papst der einzige Interpret der Regel des hl. Franziskus. Das ist nicht Bevormundung oder Einschränkung der Freiheit des Minderbrüderordens, sondern im Gegenteil Garantie bleibender Lebendigkeit. Denn der Orden unterliegt jetzt auch der stetigen Reform und Weiterentwicklung kirchlichen Lebens und Glaubens, muß sich daran orientieren und wird daher immer wieder aus eigener Starre und Ermüdungserscheinungen herausgerissen, aber auch bewahrt vor eigenen willkürlichen Uminterpretierungen der Regel. So bleibt franziskanisches Leben immer kirchliches Leben.

Franziskanisches Leben für die Kirche

Der Anruf des Herrn an Franziskus in San Damiano war eine Berufung zu einem Leben und Wirken für die Kirche. Franziskus und sein Orden sollen eine Stütze für den Glauben der Kirche sein, indem sie deutlich das Geheimnis des Evangeliums vorleben. Sie sollen die mütterliche Aufgabe der Kirche, nämlich Christus den Menschen nahezubringen, in ihrem Leben erfüllen. So schreibt Franziskus: «Christi Mütter sind wir, wenn wir ihn durch die Liebe und ein reines und lauteres Gewissen in unserem Herzen und Leibe tragen und ihn gebären durch ein heiliges Wirken, das anderen als Vorbild leuchten soll» (Brief an die Gläubigen II, 53).

Franziskus gibt seinen Brüdern konkrete Anweisungen wie sie sich dem Klerus gegenüber zu verhalten hätten und nennt die Gründe hierfür: «Zur Unterstützung des Klerus sind wir gesandt für das Heil der Seelen, damit das, was ihm fehlt, von uns ersetzt werde. Jeder wird seinen Lohn empfangen, nicht nach dem Ansehen, das er besaß, sondern nach dem Maße seiner Arbeit. Wisset, Brüder, daß die Rettung der Seelen Gott überaus wohlgefällig ist und daß man dieselbe besser durch Frieden erreichen kann als durch Zwietracht mit dem Klerus. Wenn er selbst das Heil des

Volkes verhindert, dann bedenket: Gott steht die Rache zu, und er wird ihnen vergelten zu seiner Zeit. Seid daher der kirchlichen Obrigkeit untertan, damit nicht, soviel an euch liegt, Eifersucht aufkomme. Wenn ihr Söhne des Friedens seid, werdet ihr Klerus und Volk für den Herrn gewinnen, was der Herr für wohlgefälliger erachtet, als wenn ihr nur das Volk gewinnt, den Klerus jedoch ärgert. Bedecket daher ihre Fehler, ersetzet ihre vielfältigen Mängel, und habt ihr dies getan, so seid erst recht demütig!» (2 Celano 146).

Im Vertrauen und Gehorsam und durch das gute Beispiel bauten Franziskus und seine Brüder die Kirche neu auf und stellten als Brüderschaft in ihrem Wirken und Leben den mystichen Leib Christi dar. Sie wollten ihren Dienst für die Kirche in Minoritas und Fraternitas üben, um wirklich als lebendige Kirche für die Kirche Frucht zu bringen. Sie missionierten unter den islamischen Völkern und überall versuchten sie in missionarischer Weise die Menschen zu einem neuen Glauben an Christus und die Kirche zu führen. Zuerst durch ihr Beispiel, dann durch ihr Wort. Bei Celano finden wir die Worte des Papstes Innozenz, der diese franziskanische Berufung für seine Kirche deutlich erkannte: «Wahrhaftig, das ist jener Mann, der durch Tat und Lehre die Kirche Christi stützen wird» (2 Celano 17).

Schlußfolgerungen

Franziskus liebte die Kirche und band sich eng an sie. Er erblickte in ihr den fortlebenden Christus. Gerade darin können wir uns sehr schwer tun. Wir wissen eher zuviel über die Schwachheiten und Ärgernisse der Kirche, als daß wir in ihr stetig den lebendigen Christus erblicken könnten. Aber erinnern wir uns an San Damiano. Der Herr ist in seiner Kirche gegenwärtig, auch wenn sie wie ein Scherbenhaufen aussieht. Schwachheiten und Sünde sind bleibende Realitäten in der Kirche, solange sie das

Beispiel Jesu, nämlich die Tischgemeinschaft mit den Sündern, fortsetzt. Aber ebenso bleibende Realität ist, daß Christus Schuld vergibt und neue Anfänge schenkt. Auch die Kirche muß umkehren, aber dazu muß man ihr die Chance lassen und soll nicht über sie den Stab brechen. Liebe vergibt und hält auch Schwachheiten aus, weil sie tiefer schauen kann und weiß, daß hinter allem der lebendige Christus steht.

Franziskus verglich die Kirche oft mit einer Mutter, deren Auftrag es ist, Christus den Menschen darzureichen. In dieser mütterlichen Sorge um die Menschen wußte er sich ganz eins mit der Kirche. Den Menschen Christus nahebringen, darin liegt die eigentliche Existenzberechtigung der Kirche. Kirche ist nie Selbstzweck, Kirche ist immer Leben für andere. Hier wird der missionarische Auftrag der Kirche deutlich, den Franziskus überzeugend lebte. Damit wird aber auch die Frage an uns aktuell, ob unser Leben etwas von Christus darstellt und ob wir uns selbst in unserem Alltag mühen, für unseren Nächsten Hilfe, Beispiel, Hoffnung zu sein. So können wir den anderen Christus bringen und Zeugnis geben für den Auftrag der Kirche.

Die Nachfolge Christi des heiligen Franziskus war ausgerichtet am Wort und genährt von den Sakramenten, wie sie allein die Kirche zu geben berechtigt ist. Wir Menschen von heute suchen Orte der Gottesbegegnung. Sicherlich können wir im Mitmenschen Christus begegnen, auch in den Worten des Evangeliums. Aber warum nehmen wir die Einladung der Kirche so selten wahr, um in den Sakramenten, wo Schuld vergeben wird, wo er selbst unter den Zeichen von Brot und Wein zu uns kommt, Christus zu begegnen? Sakramente sind Orte der Christusbegegnung, die der Kirche geschenkt sind und die tatsächlich, was Franziskus und andere beweisen, auf die Dauer unentbehrlich sind, um die nötige Kraft und Innigkeit einer Christusnachfolge zu gewährleisten. Hier entscheidet sich auch wesentlich, welche Bedeutung wir der

Kirche für unser persönliches geistliches Leben beimessen.

Franziskus hatte große Ehrfurcht vor allem, was irgendwie in Beziehung stand mit dem gegenwärtigen Christus: vor dem Wort und den Sakramenten, vor dem Papst, den Bischöfen und Priestern, vor allen liturgischen Handlungen und Geräten, selbst vor den Kirchengebäuden, die er stets zu pflegen gebot. Im Grunde vor allem, was Christus und das Heilige veranschaulichte oder bezeugte. Diese Ehrfurcht vor allen Gegenständen, die auf das Heilige und das Heilbringende in der Kirche hinweisen, ist bei Franziskus Ausdruck einer ganz bestimmten Frömmigkeit, die die konkrete Veranschaulichung göttlicher Geheimnisse liebt, um stetig an ihre Gegenwart erinnert zu werden. Die gesamte Liturgie der Kirche hat eigentlich diese Veranschaulichung göttlicher Gegenwart in unserer Welt zum Thema und will sie uns in Sprache, Zeichen und Symbolen näherbringen. Vielleicht müssen wir diesen liturgischen Reichtum der Kirche neu entdecken, um ihren Symbolgehalt für Christus neu schätzen und ehren zu lernen. Dies wäre sicherlich im Sinne des heiligen Franziskus.

Die Verwirklichung des Evangeliums war für Franziskus dasselbe wie mit der Kirche leben, glauben und beten. Kirche lebt aus dem Geist des Evangeliums. Dieses Wort ist ihr Fundament, ihre Kraftquelle und ihr Anstoß zu dauernder Reform. Daher stellt die Kirche uns die Frage, ob dieses Wort auch tatsächlich unser Fundament ist, ob es uns trifft, ob es uns ändert? Aber Franziskus lebte das Evangelium nicht individualistisch allein in Verantwortung vor seinem Gewissen und vor Gott, sondern kirchlich, d.h. im Einklang und in Verantwortung vor den Normen und Kriterien eines evangelischen Lebens, wie die Kirche es versteht. Diese Haltung steht unserem Individualismus entgegen. Wir sehen schnell das Charisma eines neuen evangelischen Aufbruchs durch zuviel Amtskirche, durch Normen, Dekrete und Satzungen schon im Ansatz erstickt. Aber müssen Charisma und Amt immer Ge-

gensätze sein? Franziskus hat anderes gezeigt. Seine Charismen brachte er bewußt in die Kirche ein, um sie in Gehorsam an den Normen der Kirche ausrichten zu lassen. So blieb der charismatische Aufbruch, der an Franziskus sichtbar wurde, für die Kirche fruchtbar und reformierend. Auch an uns ist die Frage gestellt, inwieweit wir unsere Begabungen und Fähigkeiten, die uns geschenkt sind, der Kirche zur Verfügung stellen, um in ihr und für sie Frucht zu bringen.

Franziskus lebte seine Kirchlichkeit nicht nur im Gehorsam, sondern auch in Armut. Dadurch gibt er dem eschatologischen, endzeitlichen Blick für die gesamte Kirche wieder einen neuen Anstoß; denn die Hoffnung und Macht dieser Kirche besteht nicht in ihren weltlichen und materiellen Möglichkeiten, sondern in ihren künftigen und endzeitlichen Gütern. Das heutige Schlagwort von der «armen Kirche» hat seine Berechtigung. Aber das Charisma der Armut wird in der Kirche wohl nicht dadurch aufleuchten können, daß es durch Beschluß den Kirchenmitgliedern verordnet wird, sondern die Armut muß bei jedem einzelnen zu einem echten Anliegen und Bedürfnis werden. Hier ist die Anfrage an uns, inwieweit unser Lebensstil, unsere Verfügbarkeit Ausdruck der Haltung einer «armen Kirche» sind!

Franziskus lebte seine Kirchlichkeit in Brüderlichkeit. Seine Gemeinschaft stellte lebendige Kirche dar, denn die Brüder waren eins in brüderlicher Liebe und gemeinsamem Glauben. Kirche ist Leib Christi. Kirche ereignet sich dort, wo zwei oder drei sich in seinem Namen versammeln und eins sind mit ihm. Hier wird die Anfrage laut, inwieweit wir als Mitglieder einer Kirchengemeinde oder einer Ordensgemeinschaft die brüderliche und schwesterliche Einheit der Gemeinde fördern oder ihr entgegenstehen. Wo Zwietracht, Unversöhntheit, gar Spaltung herrschen, geht der Kirche ein wesentliches Zeugnis, nämlich das der Liebe und der Einheit um Christi willen, verloren.

3. San Rufino - Der Dom von Assisi

Für den an Franziskus interessierten Menschen ist auch der Dom von Assisi, San Rufino, eines Besuches wert. Vom Marktplatz führt die steile Straße Via San Rufino zu der schönen Kirche mit der prächtigen Fassade, in der das Taufbecken des heiligen Franziskus und auch der hl. Klara steht.

Oft begab sich Franziskus nach seiner Bekehrung an diese Stelle, um zu predigen. Bevor er die Kanzel bestieg, zog er sich zu längerem Gebet in eine Art Grotte zurück, die noch heute unter der Sakristei sichtbar ist und das «Oratorium des hl. Franziskus» genannt wird.

Seit 1140 arbeitete man am Bau der Kirche, vollendete ihn aber erst zu Lebzeiten des hl. Franziskus. Der Außenanblick beeindruckt durch die vollkommene romanische Architektur. Das Innere wurde im 16. Jahrhundert von Galeazzo Alessi umgebaut und steht in krassem Gegensatz zur herben Schönheit der Fassade. Auch ist das Verschwinden des romanischen Kirchenschiffs, das Franziskus gekannt hat, zu bedauern. Mit dieser Kirche und ihrer Umgebung verbinden sich zahlreiche Erinnerungen aus dem Leben des heiligen Franziskus.

Taufe des Heiligen

Im Innern der Kirche findet man hinten rechts ein mit Eisengittern eingefaßtes Taufbecken. Die Kirche war noch nicht vollendet, als Franziskus geboren wurde. Trotzdem kann man so gut wie sicher annehmen, daß er hier getauft wurde und zwar auf den Namen Giovanni (Johannes). Franziskus begann sein Leben mit Gott an diesem Taufbecken. Besser müßte man eigentlich sagen: Hier hat Gott sein Leben und Wirken mit Franziskus begonnen. Hier hat der Herr seine Hand auf ihn gelegt und gesagt: Mein bist du!

Thomas von Celano schreibt dazu: «Franziskus, der Knecht und Freund des Allerhöchsten, dem die göttliche Vorsehung diesen Namen beifügte, damit durch den seltenen und ungewohnten Namen der ganzen Welt der Glaube an seine Sendung umso schneller bekannt würde, wurde von der eigenen Mutter Johannes genannt, als er durch die Wiedergeburt aus dem Wasser und dem Heiligen Geist aus einem Kind des Zornes zu einem Kind der Gnade wurde. Von der Mutter wurde er zuerst Johannes genannt. Vom Vater aber, der gerade damals aus Frankreich zurückkehrte und in dessen Abwesenheit er geboren war, erhielt er den Namen Francesco.

Klaras Berufung

Im Dom von Assisi hörte auch Klara, die Tochter eines der reichsten Bürger der Stadt, unter dem Eindruck der Predigt des Bruders Franziskus den Ruf in die Nachfolge Christi und es reifte in ihr der Entschluß, sich der Armut zu vermählen.

Vom Geburtshaus der hl. Klara blieb kein Stein mehr übrig. Man weiß jedoch ganz genau, wo es gestanden hat: beim Eingang zum Platz auf der linken Seite. Denn ein notarieller Akt aus dem Jahre 1148 beglaubigt, der Großvater Klaras habe formell darauf verzichtet, sein hier liegendes Haus höher aufzubauen, um die architektonische Harmonie der Kathedrale nicht zu stören, deren Bau man eben in Angriff genommen hatte. Von hier aus also trug man Klara zum Taufbrunnen. Von hier aus nahm sie ihren Weg der radikalen Christusnachfolge, wie Franziskus sie lebte. Es war am Tag nach dem Palmsonntag des Jahres 1212. Am Vortag wurde die Kathedrale Schauplatz eines Ereignisses, das voll Anzeichen und Andeutungen war.

Thomas von Celano schreibt in seinem «Leben der hl. Klara»: «Als der Sonntag (Palmsonntag) kam, betrat Klara mit den übrigen die Kirche, strahlend in festlichem Glanze in der Schar der Frauen. Dort geschah ein bedeutsames Vorzeichen. Während die anderen Gläubigen sich zu den Palmzweigen hindrängten, blieb Klara aus Scheu unbeweglich auf ihrem Platz. Da stieg der Bischof die Stufen herab, ging zu ihr hin und legte ihr die Palme in die Hand. In der folgenden Nacht rüstete sie sich auf Geheiß des Heiligen und unternahm in guter Begleitung die ersehnte Flucht» (Celano, Leben und Schriften der hl. Klara, 7).

Auch im Leben der Brüder Silvester und Rufino spielt der Dom von Assisi eine Rolle.
Bruder Silvester war Chorherr von San Rufino, als er 1209 oder

1210 sich dem hl. Franziskus anschloß. Er ist der erste Priester im Orden. Lange Zeit verbrachte er dann in den Carceri oben am Monte Subasio. Bruder Rufino war Cousin der hl. Klara. Er schloß sich 1210 den ersten Brüdern an, als diese von Rom zurückkehrten, wo sie die Bestätigung ihrer evangelischen Lebensweise erbeten hatten. Rufino war ein Mann von tiefer Beschaulichkeit. Obwohl die Fioretti nicht genau angeben, ob folgendes Ereignis in der Nähe der Kathedrale stattgefunden hat, kann es dennoch hier in Erinnerung gerufen werden.

Von dem wunderbaren Gehorsam Bruder Rufinos, des Gefährten des heiligen Franz:

«Bruder Rufino war bei seiner beständigen Neigung zur Beschaulichkeit so in Gott versunken, daß er oft wie gefühllos einherging.

Höchst selten sprach er etwas, und die Gabe der geistlichen Rede war ihm ohnehin nicht gegeben: er hatte zum öffentlichen Auftreten nicht den Mut.

Da befahl ihm eines Tages der heilige Franz, er solle in die Stadt Assisi gehen und dem Volke predigen, was der Allerhöchste ihm eingebe. Bruder Rufino erwiderte: «Ehrwürdiger Vater, hab Erbarmen mit mir und schicke mich nicht zu so etwas! Du weißt ja, ich habe nicht die Gabe zu reden, und bin ein einfältiger und unwissender Mensch!».

Der heilige Franz aber sprach: «Weil du mir nicht sogleich gehorcht hast, befehle ich dir im heiligen Gehorsam, daß du nackt, nur mit den Hosen angetan, nach Assisi gehst, dort in die Kirche trittst und so dem Volke predigst!»

Da ging Rufino, wahrhaft gehorsam, wie er war, sofort halbnackt durch Assisi in die bezeichnete Kirche, und nachdem er sich vor dem Altar verneigt hatte, stieg er auf die Kanzel, um zu predigen.

Die Buben und das Volk begannen zu lachen und sagten: «Ei, ei, die treiben es mit der Buße so weit, daß sie närrisch werden!»

Unterdessen erwog der heilige Franz den willigen Gehorsam Bruder Rufinos und seinen harten Befehl, und er begann, sich ernstlich Vorwürfe zu machen: «Wie kommst du dazu, Sohn des Pietro Bernardone, niedriges Menschlein, dem Bruder Rufino, der zu den edelsten Bürgersleuten von Assisi gehörte, einen solchen Befehl zu geben, nackend dem Volke zu predigen! Bei Gott, ich muß das auch selber tun, um an mir selber zu verspüren, was ich einem andern zumute!»

Sprach's, und sich in heiliger Glut seines Habits entledigend, ging er in solchem Aufzug nach Assisi, mit Bruder Leo an seiner Seite, der sich krampfhaft Mühe gab, seine Gedanken beisammenzuhalten, während er die Röcke der Brüder Franz und Rufino auf seinem Arme trug.

Als die Leute von Assisi den Heiligen nackend wie einen Blöden daherkommen sahen, lachten sie über ihn und dachten, er sei wie Bruder Rufino vor lauter Buße verrückt geworden.

Der selige Franz kam zur Kirche, wo Bruder Rufino im Predigen begriffen war. «O ihr lieben Leute», rief dieser, «fliehet die Welt und lasset die Sünde fahren! Fremdes Gut sollt ihr zurückgeben, sonst kommt ihr in die Hölle; beobachtet die Gebote, indem ihr Gott und die Menschen liebet: das ist der Weg zum Himmel! Tut Buße, denn das Himmelreich hat sich genaht!» (Matth 3, 2).

Danach stieg der heilige Franz auf die Kanzel und sprach so erstaunlich über die Weltverachtung, die heilige Buße, die freiwillige Armut, das Verlangen nach dem himmlischen Reiche und von der Nacktheit und Schmach unseres gekreuzigten Herrn in seinem heiligsten Leiden, daß alle, Männer und Frauen, die da versammelt waren, in höchster Ergriffenheit Tränen über Tränen vergossen; und in unglaublicher Andacht und Zerknirschung schrien sie zum Himmel um des Höchsten Erbarmen – es war sozusagen für alle ein erstaunlicher Wandel. Und so herzergreifend war an jenem Tage die Bewegung des anwesenden Volkes über des Heilands Leiden, wie in Assisi seit Menschengedenken dergleichen nicht stattgefunden (Fioretti, XXX).

Was kann uns heutigen Menschen diese Stätte sagen?

Das Oratorium des hl. Franziskus in San Rufino ruft uns zu: Alle Macht liegt im Gebet! Durch das Gebet werden harte Menschenherzen verwandelt. Durch das Gebet werden tote Herzen in Liebe zu Jesus entzündet. Das Gebet verwandelt Menschen, bringt Verbesserung von Zuständen und Verhältnissen. Es bringt Lösung in schwierigen Situationen und sozialen Nöten, schenkt Versöhnung unter Menschen und wehrt dem Streit.

Franziskus hat dies seinen Predigerbrüdern weitergegeben: Zuerst muß der Prediger in stillem Gebet schöpfen, was er nachher in heiliger Rede aus sich herausströmen läßt, zuerst muß er innerlich warm werden, sonst wird er nach außen nur in kalten Worten sich äußern.

Es ist glaubwürdig bezeugt, daß der zu Lebzeiten des hl. Franziskus regierende Papst Innozenz III. folgendes Traumgesicht schaute: die Hauptkirche der Christenheit, die Lateranbasilika "ist dem Einsturz nahe: doch ein armer Mann, bescheiden und verachtet, stützt sie mit seiner Schulter, damit sie nicht zusammenfalle und hält sie". Aus dem Traum erwacht, erkennt der Papst: Wahrhaftig, das ist jener Mann, der durch sein Leben und seine Lehre die Kirche Christi erhalten wird».

Der Maler Giotto hat diesen Traum gemalt: Der Heilige stemmt seine Schulter unter das zusammenbrechende Gebälk der Basilika, er wird zu einer stützenden Säule, das Haupt dem Himmel zugewandt. So schließt er die Risse und gibt dem Bauwerk seine Stabilität zurück. Das war nur möglich, weil er die rechte Einstellung zur Kirche fand.

Die Kirche kann nur reformieren, wer sie liebt, wer in ihr bleibt, wer mit ihr arbeitet und leidet.

Franziskus sieht in seinem Bischof «den Vater und Herrn der Seelen». Deswegen sucht er dessen Autorität zu stärken. Das ist auch die tiefere Erklärung für viele Vorschriften, wie: Daß die Erlaubnis der Bischöfe für die Predigt, für das Beichtehören, für die Auferlegung der Buße einzuholen ist. In der Hierarchie sieht Franziskus das Bindeglied der Gläubigen mit dem Leibe Christi. Deshalb ist die brüderliche Zusammenarbeit mit dem Bischof zu fördern. Franziskus begab sich gern zu seinem Bischof. Der Dom, die Bischofskirche, ist für ihn Mittelpunkt und Zentrum der Ortskirche.

Zur Zeit des Franziskus gab es eine häretische Strömung, die behauptete, ein materieller Ort, wie zum Beispiel ein Gebäude, sei nicht Kirche. Kirche sei nur die Gemeinschaft der Gläubigen. Sie behaupteten weiter: Zum Gebet gehört keine Kirche. Gott ist überall, er kann überall angebetet werden. Das führte zur Ablehnung der Kirchengebäude. Der hl. Franziskus dagegen sagt: «Und der Herr gab mir in den Kirchen einen solchen Glauben, daß ich in Einfalt betete und sprach: Wir beten dich an, Herr Jesus Christus – und in allen deinen Kirchen, die in der ganzen Welt sind und preisen dich, weil du durch dein heiliges Kreuz die Welt erlöst hast» (Testament).

In der Taufe legte Gott seine Hand auf Franziskus. Doch fehlte ihm noch viel zum echten Christsein. Er war vermutlich ein lieber Mensch, erfüllte im großen und ganzen seine religiösen Pflichten und schwamm im großen Strom seiner Zeit mit.

Ganz Christ wurde er erst konsequent und radikal durch seine persönliche Hinwendung zu Christus und die Erfahrung seiner wirklichen Anwesenheit in seinem Leben. Es ist die zweite Bekehrung, die durch den Anruf Gottes in Spoleto, durch die Begegnung mit dem Aussätzigen und den Auftrag des Gekreuzigten in San Damiano gekennzeichnet ist: «Franziskus, bau mein Haus wieder auf!»

Der kleine schwache Mann unter dem Bau einer Kirche, unter der Last der Weltkirche! Er konnte sie meistern, weil er ganz aufrecht und frei wie eine Säule dastand, losgelöst von allem, was niederzieht und umwirft.

4. *Fragen zur Besinnung:*

Wo liegen die Gründe, die Franziskus zur Hochachtung der Kirche führten?

Kann ich aus meiner Liebe zur Kirche ihre Schwachheiten ertragen und den eigentlichen Herrn der Kirche sehen?

Bin ich bereit, den missionarischen Auftrag der Kirche mitzutragen?

Sehe ich in der Kirche, in ihrem Wort und in den Sakramenten den besonderen Ort der Christus-Begegnung?

Sind mir die heiligen Zeichen und Symbole Wege zur ganzheitlichen Erfahrung göttlicher Gegenwart?

Fördere ich als Mitglied meiner Pfarrgemeinde oder geistlichen Gemeinschaft die Einheit und bringe ich meine Charismen zu deren Aufbau ein?

Leben mit der Kirche

Bau-e mei-ne Kir-che auf!
2 Kommt und schau-et Got-tes Kraft,
3 Se - het hier ist heil'-ger Ort,
4 Quel-len sprin-gen auf, o Herr,
5 Wer Dich liebt, bleibt ganz in Dir,

1 Stel-le mein Haus wie-der her!
2 tre-tet mit Freu-de her-bei!
3 Frie-de und Heil strö-men aus.
4 Gna-de fließt im Sa-kra-ment.
5 in Dei-nem Tem-pel, o Herr.

1 So spricht der Herr vom Kreuz her-ab:
2 Gott wohnt in uns-rer Mit-te hier,
3 All uns-re Lie-be nährt sich hier,
4 Ge-bor-gen-heit wird uns zu-teil,
5 Voll-en-de Du, was uns noch fehlt,

1 Bau-e mit Lie-be auf!
2 Gießt sei-nen Se-gen aus!
3 Ge-mein-schaft wird ge-schenkt!
4 Er-neu-erst Dei-nen Bund.
5 denn Du hast uns er-wählt.

Text und Melodie: Sr. Leonore Heinzl OSF

VIII.
LEBEN MIT MARIA
DER SCHWESTER UNSERES GLAUBENS

1. Die Liebe Mariens zum Evangelium ihres Sohnes

«Als einmal der Vikar des Heiligen, Bruder Petrus Cathanii, sah, wie ganze Scharen von auswärtigen Brüdern S. Maria von Portiunkula zu besuchen kamen und kein Überfluß an Almosen da war, um sie mit dem Notwendigsten zu versorgen, sprach er zum hl. Franziskus: «Bruder, ich weiß nicht, was ich tun soll. Haufenweise strömen die Brüder von überall her zusammen und ich habe nichts, womit ich sie hinreichend versorgen könnte. Ich bitte dich, gib deine Zustimmung, daß etwas vom Vermögen der eintretenden Novizen aufbewahrt werde, damit man zur rechten Zeit darauf zurückgreifen kann, um Auslagen zu bestreiten». Der Heilige gab ihm zur Antwort: «Diese Art von Liebe sei ferne, liebster Bruder, daß wir uns um irgendeines Menschen willen gegen die Regel versündigen». Darauf erwiderte jener: «Was soll ich denn dann tun?» «Beraube», so sprach Franziskus, «den Altar der Jungfrau und entferne den mannigfachen Schmuck, wenn du auf andere Weise den Bedürftigen nicht helfen kannst! Glaube mir, sie wird es lieber haben, wenn wir das Evangelium ihres Sohnes beobachten und ihren Altar berauben, als wenn ihr Altar geschmückt bleibt, ihr Sohn aber verachtet wird. Der Herr wird jemand schikken, der der Mutter zurückerstattet, was sie uns geliehen hat» (2 Celano 67).

2. Leben mit Maria
der Schwester unseres Glaubens

Wenn man die Heilige Schrift auf das Thema Maria hin befragt, so stellt sich heraus, daß die Mutter des Herrn nur an wenigen Stellen erwähnt wird. Sie tritt zu Beginn auf, man begegnet ihr ein einziges Mal während der öffentlichen Tätigkeit Jesu und dann erst wieder unter dem Kreuz. Aus der Zeit der Urkirche erfahren wir aus der Apostelgeschichte 1, 14, daß auch Maria zur Gemeinde gehört.

Es wäre sicher unrichtig, aufgrund der spärlichen Nachrichten der Heiligen Schrift von einem Schweigen über Maria zu sprechen. Sie hat im Heilsgeschehen, das in Jesus Christus seinen unüberbietbaren Höhepunkt besitzt, eine wichtige Aufgabe inne. So wenig man die geschichtliche Gestalt Mariens aus den Texten erkennen kann, so deutlich tritt ihre Stellung im Heilsplan Gottes, wie ihn die Gemeinde sah, zutage.

Beispielhaft sei hier das Lukasevangelium herausgegriffen. Der Evangelist schildert ihr Nachdenken: «Maria aber bewahrte alles, was geschehen war, in ihrem Herzen und dachte darüber nach» (Lk 2, 19; 2, 51), ihren tiefen Glauben und ihre demütige Beobachtung des Geschehens. Auch Lukas geht es nicht um eine Marienbiographie, sondern um ihre heilsgeschichtliche Aufgabe. Erstmals erwähnt wird sie in der Verkündigungsszene (Lk 1, 26-38). Der Evangelist weist hier auf den vollendeten Gehorsam der Jungfrau hin: «Ich bin die Magd des Herrn, mir geschehe, wie du es gesagt hast» (Lk 1, 38). Dieser Gehorsam ist zugleich ein Akt tiefen, hingabebereiten Glaubens. An dieser Stelle wird Maria als Magd, als Dienerin, als letzte der begnadeten Mütter des Alten Bundes herausgestellt. Sie ist zugleich die erste einer neuen Reihe; die ganze Kirche ist wie sie im Dienst vor Gott. Maria wird zum Vorbild der Gemeinde des Herrn und aller ihrer Glieder in einem Gehorsam, der letztlich aus einem großen Glauben kommt.

Dienerin, Magd des Herrn ist Maria, Die Marienfrömmigkeit bezeichnet sie deshalb auch als Pforte oder Türe zu Jesus. Dieses Bild sagt uns, daß die Erwartung in Erfüllung gegangen ist, die durch den Propheten verkündet wurde: «Seht, die Jungfrau wird ein Kind empfangen, sie wird einen Sohn gebären und sie wird ihm den Namen Immanuel (Gott mit uns) geben (Jes. 7, 14).

Jesus wollte in allem uns gleich werden und ging deshalb auch durch die gleiche Pforte des Mutterschoßes wie jeder Mensch. Maria hat dazu in freier Bereitschaft ihr «Ja» gesprochen. Sie hat nicht aus sich selber diese Tat volbracht; es ist vielmehr «reine Gnade», «göttliche Erwählung», Gottes Tat allein. Als Pforte hat Maria eine dienende Aufgabe. Sie führt zum Herrn, ermöglicht Begegnung. Maria hat diese dienende Aufgabe auch für die Kirche.

Auf die Verkündigungsgeschichte folgt die Erzählung vom Besuch Marias bei Elisabeth (Lk 1, 39-56). Elisabeth preist Maria als gesegnet vor allen Frauen (Lk 1, 42). «Selig ist die, die geglaubt hat, daß sich erfüllt, was der Herr ihr sagen ließ» (Lk 1, 45). Maria wird hier wieder als Vorbild für den christlichen Glauben dargestellt.

Die Weihnachtsgeschichte (Lk 2, 1-10) teilt mit, daß Maria die Vermählte Josefs ist und ein Kind erwartet. Die Geburt wird nur kurz erwähnt: «Sie gebar ihren Sohn, den Erstgeborenen. Sie wickelte ihn in Windeln und legte ihn in eine Krippe» (Lk 2, 7). Als dann die Hirten kommen und über die Erscheinung des Engels berichten, staunte alles über ihren Bericht. Von Maria berichtet Lukas, daß sie das Geschehene in ihrem Gedächtnis bewahrte und darüber nachdachte (Lk 2, 19). Mit dieser Haltung Marias will der Evangelist aufzeigen, daß die richtige Aufnahme des Wortes Gottes entscheidend ist. Maria ist Vorbild des rechten Hörens. Maria ist Glaubende, Maria als die den Glauben Lernende, das ist Thema bei Lukas.

Maria sah ein neugeborenes Kind in Windeln, sie sah Heimatlosigkeit und äußerste Not, sah Verkennung und Ausgestoßensein. Auf der anderen Seite wußte sie um die großen Zusagen: «Sohn des Allerhöchsten» und «Retter seines Volkes». Zu dieser Spannung steht sie. Sie ist bereit, diese Ungereimtheiten und scheinbaren Widersprüche stehen zu lassen und auszuhalten.

S. Seiser schildert das Verhalten Mariens: «Maria aber bewahrte alles, was geschehen war in ihrem Herzen und dachte darüber nach». Sie hat also das Unverständliche nicht einfach aufgelöst oder aus dem Bewußtsein verdrängt – was bequemer gewesen wäre; sie hat die augenscheinlichen Widersprüche bestehen lassen; sie hat sie aber nicht ignoriert, sondern tief in ihr Herz hineingenommen und sich davon schmerzlich treffen lassen. Nicht nur das; es heißt weiter von ihr: «Sie dachte eingehend darüber nach». Das griechische Wort, das der Evangelist Lukas verwendet, bedeutet genauer: Sich intensiv mit einem schwer lösbaren Problem auseinandersetzen. Die Mutter Jesu hat also nicht nur Lebens- und Glaubensprobleme gehabt – wie wir – welch ein Gedanke! – sondern sie hat sich ihnen auf eine besondere Weise gestellt – wie wir oft nicht. Sie hat – gerade im Lichte der Worte und Verheißungen Gottes – die gewöhnlichen Ereignisse in ihrem und ihres Sohnes Alltagsleben bedacht, hin- und hergewendet, verglichen, gegenübergestellt.

Beides hat sie ganz ernst genommen. Die Zusagen Gottes und die wahrgenommenen Tatsachen. Und erst allmählich hat sich ihr das Problem, das ihr die Glanzlosigkeit der Nähe Gottes aufgab, im Lichte des Wortes Gottes gelöst. Maria hat den Glauben gelernt, mühsam und unter Schmerzen. Schmerzlich und immer wieder neu hat sie lernen müssen, daß Gottes Huld in ganz gewöhnlichen menschlichen Zusammenhängen wirksam wird, daß die Herrlichkeit Gottes verborgen und in Armutsgestalt unter uns ist. Zwar hat sie daran festgehalten, daß Gott unser Heil wirken will, aber nur allmählich und geduldig hat sie das Heil in der verwirrend anderen Verwirklichung glauben gelernt.

Wir sollten wie Maria die gewöhnlichen Alltäglichkeiten aushorchen und abklopfen. Vielleicht lernen wir es dann, die scheinbar undurchdringlichen Alltagsereignisse, die oft nur Schleier und Wände vor dem Heil sind, für den Durchbruch Gottes aufzuschließen. Das erfordert viel Anstrengung, Offenheit, Schweigen und Geduld im Umgang mit den Verheißungen Gottes.

Die Marienfrömmigkeit des Franziskus findet ihren wohl tiefsten Ausdruck im «Gruß an die selige Jungfrau Maria».

«Sei gegrüßt, Herrin, heilige Königin, heilige Gottesmutter Maria, die du zur Jungfrau der Kirche gemacht worden bist und erwählt wurdest vom Heiligsten Vater im Himmel, die er geweiht hat mit seinem heiligsten geliebten Sohn und dem Heiligen Geiste, dem Tröster; in ihr war und ist alle Fülle der Gnade und jegliches Gute.

Sei gegrüßt, du sein Palast.
Sei gegrüßt, du sein Gezelt.
Sei gegrüßt, du seine Wohnung.
Sei gegrüßt, du sein Gewand.
Sei gegrüßt, du seine Magd.
Sei gegrüßt, du seine Mutter.

Und seid gegrüßt ihr heiligen Tugenden alle, die durch die Gnade und die Erleuchtung des Heiligen Geistes in die Herzen der Gläubigen eingegossen werden, um sie aus Ungläubigen zu Gott getreuen Menschen zu machen».

Hier wird Maria vor allem herausgestellt als Mutter des Herrn. Sie ist Palast, Gezelt, Wohnung, Gewand, Magd und Mutter. Maria wird hier als Dienerin gesehen. Was Franziskus an Maria vor allem ins Auge fällt ist ihre Verbundenheit mit Jesus und dies vor allem in der Armut. «An die arme Jungfrau, die an diesem Tag (Weihnachtstag) bitterste Not litt, dachte er nicht ohne Tränen.

Als er eines Tages zu Tische saß, erwähnte ein Bruder die Armut der seligen Jungfrau und schilderte die Not Ihres Sohnes Christus. Sofort erhob er sich vom Tisch, schluchzte herzzerreißend und, von Tränen überströmt, aß er den Rest seines Brotes auf nacktem Boden. Daher pflegte er diese Tugend die königliche zu nennen, weil sie am König und an der Königin so glänzend erstrahlte» (2 Celano 200).

Eine besondere Rolle in der Marienfrömmigkeit des Franziskus spielt das Kirchlein Portiunkula. Thomas von Celano berichtet, daß Franziskus dort seinen Aufenthalt nahm, «weil er glühende Verehrung gegen die Mutter aller Güte hegte». Franziskus erzählte, ihm sei von Gott geoffenbart worden, daß die selige Jungfrau unter den anderen ihr zu Ehren auf der Welt erbauten Kirchen diese Kirche mit besonderer Liebe umgebe. Daher liebte sie auch der Heilige mehr als alle anderen (2 Celano 19). In Portiunkula hatte er beim Anhören des Tagesevangeliums seinen Weg gefunden. Bei Maria in Portiunkula fühlte er sich geborgen.

Franziskus pflegte seine Liebe zu Maria und empfahl seine ganze Brüderschaft der Gottesmutter an. Er war überzeugt, daß Maria auch bei den Brüdern eine ähnliche Rolle für den Weg der Christusnachfolge übernehmen werde wie bei ihm selbst, wenn die Brüder sie als Schutzherrin hätten.

Franziskus wollte ein marianischer Mensch sein. Er hatte die Tür offen für Gott wie Maria. Er ließ Gott in sein Leben ein und wollte ihm auch die Türe zu anderen Menschen, angefangen bei seinen Brüdern, öffnen.

«Die Mutter Jesu umfing er mit unsagbarer Liebe, weil sie uns den Herrn voll Majestät zum Bruder gemacht. Ihr widmete er besondere Lobpreisungen, an sie richtete er Bittgebete, ihr weihte er Herzensanmutungen, so zahlreich und so innig, wie sie eine menschliche Zunge gar nicht auszusprechen vermöchte. Aber was

unsere höchste Freude ist, er bestellte sie zur Schutzherrin des Ordens und vertraute ihrem Schutzmantel seine Söhne an, die er zurücklassen mußte, damit sie dieselben betreue und beschütze bis ans Ende» (2 Celano 198).
In diesem Zusammenhang war ihm die Armut ein besonderes Anliegen. «Ich will dem Leben und der Armut unseres Herrn Jesus Christus und seiner heiligsten Mutter nachfolgen und darin bis zum Ende verharren» (Vermächtnis für die heilige Klara). Die arme Mutter ist ihm Vorbild und auch die Brüder sollen auf sie schauen und sich in ihrer Haltung der Armut und in ihrem Pilgersein von ihr leiten und stärken lassen. «Sie sollen daran denken, daß unser Herr Jesus Christus, der Sohn des lebendigen allmächtigen Gottes, sich nicht geschämt hat, für uns arm und Fremdling zu werden, er und die selige Jungfrau» (Unbestätigte Regel, Kap. 9).

Franziskus weiß, daß Maria beim Herrn ist und daß sie eine dienende Aufgabe hat. Das ist der Grund, warum er sie als Mittlerin und Anwalt für seine Anliegen beansprucht. In der «Erklärung zum Vater unser» kommt Mariens Fürbitte ganz deutlich zum Ausdruck, wenn Franziskus sagt: «Und vergib uns unsere Schuld: durch dein unsagbares Erbarmen und durch die Kraft des Leidens deines geliebten Sohnes und durch die Verdienste und Fürsprache der allerseligsten Jungfrau Maria und aller deiner Auserwählten». Er will Gott die höchste Ehre geben, ist aber überzeugt, daß er dies allein nicht kann. Deshalb nimmt er seine Zuflucht zu den Engeln und Heiligen, besonders zu Maria. Sie, die Königin des Himmels und der Erde kann helfen, daß sein Gebet Gott wohlgefällig wird. «Und da wir Elenden und Sünder allesamt nicht würdig sind, deinen Namen zu nennen, so bitten wir in Demut, unser Herr Jesus Christus, dein geliebter Sohn, an dem du dein Wohlgefallen hast, möge mit dem Heiligen Geist, dem Tröster, dir für alles Dank sagen, so wie es dir und ihnen gefällt. Und die glorreiche, seligste, allzeit jungfräuliche Mutter Maria und alle Chöre der seligen Geister und alle Heiligen, sie alle bitten wir um deiner Liebe willen in Demut, daß sie so, wie es dir gefällt, für all das Dank sagen» (Unbestätigte Regel 23).

Welch zentrale Stellung Franziskus Maria in seinem Beten zuweist, wie sehr er sie als Fürsprecherin und Mittlerin sieht, wird auch aus dem Umstand deutlich, daß er bei allen Gebetszeiten die marianische Antiphon betete:

«Heilige Jungfrau Maria, unter den Frauen in der Welt ist keine dir ähnlich geboren, Tochter und Magd des erhabensten, höchsten Königs, des himmlischen Vaters, Mutter unseres heiligsten Herrn Jesus Christus, Braut des Heiligen Geistes: bitt für uns mit dem heiligen Erzengel Michael und allen Mächten der Himmel und allen Heiligen bei deinem heiligsten, geliebten Sohn, dem Herrn und Meister» (Offizium vom Leiden des Herrn).

3. Portiunkula - Heiligtum der Gottesmutter

Das Kapellchen St. Maria von den Engeln liegt am Fuße von Assisi, zwei Kilometer in südwestlicher Richtung in der Ebene. Um das Jahr 352 kamen 4 Einsiedler aus Palästina nach Italien und erbauten mit Erlaubnis des Papstes Liberius (352-366) und Zustimmung der Behörden in der Ebene eine Kapelle unter dem Titel: «Maria von Josaphat». Sie wählten diesen Namen, weil sie eine Reliquie vom Grabe der seligsten Jungfrau in Josaphat aufbewahrten. Der Altar war der Himmelfahrt Mariens geweiht. Im 6. Jahrhundert ging die Kapelle in den Besitz der Benediktinermönche von Monte Cassino über und wurde von ihnen vergrößert und bis ins 11. Jahrhundert betreut. Von dieser Zeit an erscheint sie als Eigentum der Benediktiner vom Monte Subasio. Diese stellten dort einen Priester an. In der Kapelle geschahen häufig wunderbare Gebetserhörungen und es wurde von Engelerscheinungen berichtet, so daß die Kapelle den alten Namen verlor und "St. Maria von den Engeln" genannt wurde. Zur Zeit des hl. Franz war das Heiligtum in Vergessenheit geraten und dem Zerfall preisgegeben.

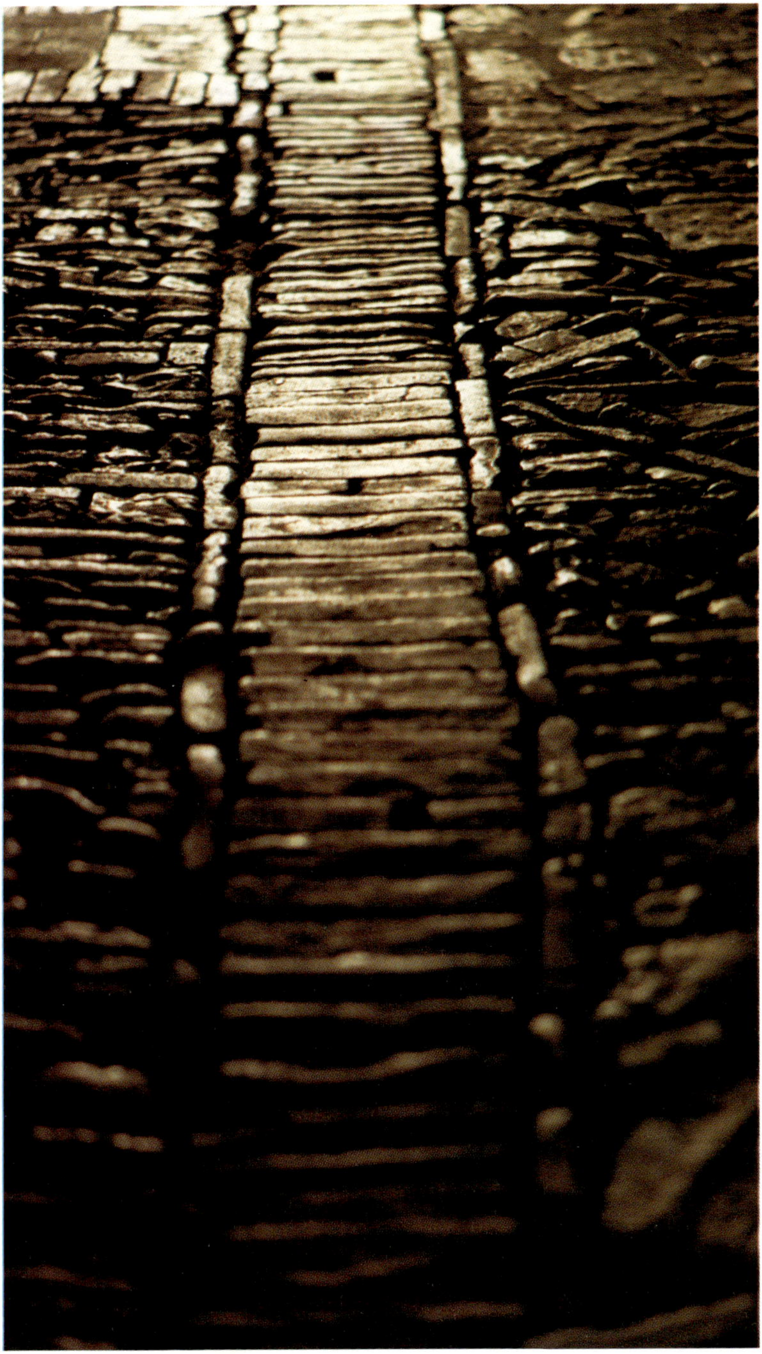

Es gab aber immer noch Leute, die diese Stätten verehrten. Unter diesen soll auch die Mutter des hl. Franziskus, Pica, gewesen sein und dort ihren Sohn Franziskus von Gott erfleht haben. Diese Kapelle wurde auch gerne Portiunkula genannt, weil sie auf einem kleinen, den Benediktinern gehörenden Landstück stand (so Christen).

Nach dem Auftrag des Herrn, die Kirche aufzubauen, den Franziskus in S. Damiano gehört hatte, stellte er auch dieses Heiligtum wieder her.

Hier erlebte er auch während der hl. Messe die Erleuchtung und eigentliche Berufung. Als er die Auslegung des Evangeliums hörte, wollte er sofort Christus nachfolgen. Er nahm ein unansehnliches Gewand und einen Strick; er verzichtete auf Schuhe, Tasche, Stab oder Beutel.

Den nächsten Höhepunkt erlebte das Portiunkula-Kapellchen bei der Einkleidung der hl. Klara, die hier ihre Gelübde ablegte (18. März 1212).

Im Jahre 1216 rang Franziskus dem Papst Honorius III., der zu dieser Zeit in Perugia weilte, den Portiunkula-Ablaß ab, den er im Jahre 1216 am 2. August anläßlich der Kirchweihe von Portiunkula in Anwesenheit von sieben Bischöfen verkündete. Franziskus liebte diese heilige Stätte und wünschte, daß diese Kapelle immer im Besitz der Franziskaner bleiben solle.

So starb auch Franziskus hier, neben der Portiunkula-Kapelle in seiner Zelle am Abend des 3. Oktobers 1226. Nach seinem Tode baute man der Portiunkula-Kapelle einen Chor an. Der hl. Bernardin, zu dessen Lebzeiten am 2. August etwa 100.000 Menschen kamen, um den Portiunkula-Ablaß zu gewinnen, fügte einen zweiten Chor an das Portiunkula-Kapellchen an. Wegen des großen Pilgerstromes baute Papst Nikolaus IV. eine Kirche über dem Kapellchen. Unter Papst Pius V. begannen im Jahre 1569 die

Arbeiten für eine dreischiffige Basilika. Im Jahre 1679 schließlich war die Kirche vollendet.

Im Jahre 1832 wurde die Basilika infolge eines Erdbebens schwer beschädigt. Nur die Kuppel und die Außenwände und das Portiunkula-Kapellchen blieben unversehrt. Von 1836 bis 1840 wurde die Basilika von Luigi Poletti wiederhergestellt. Da die nichtssagende Architektur der Fassade Kritik erregte, wurde im Jahr 1926 von Cesare Bazzani die heute sichtbare Front vorgebaut.

Das Evangelium -
«Frohe Botschaft» für mich

Wie der hl. Franziskus nach Portiunkula kam, schildert Thomas von Celano. Franziskus hatte S. Damiano und eine Kirche in der Nähe von Assisi wieder aufgebaut. «Von da an begab er sich an einen anderen Ort, der Portiunkula heißt. Dort stand eine Kirche der seligen Jungfrau und Gottesmutter, vor langer Zeit erbaut, jetzt aber war sie verlassen und von niemand betreut. Wie sie der Heilige Gottes so verfallen sah, wurde er von frommem Mitleid gerührt und weil er glühende Verehrung für die Mutter aller Güte hegte, nahm er daselbst seinen dauernden Aufenthalt. – Als er die genannte Kirche wiederhergestellt hatte, stand man im dritten Jahr seiner Bekehrung» (1 Celano 21). Den Namen des Ortes, den Franziskus mit Vorliebe Portiunkula nennt, erklärt Celano so: «Der Diener Gottes, Franziskus, unscheinbar von Gestalt, demütig im Geiste, er, der ein Minderer sein wollte, wählte während seines Erdenlebens für sich und die Seinen ein Teilchen von der Erde aus; etwas mußte er von dieser Erde haben, denn anders hätte er Christus nicht dienen können. Nicht ohne Vorherwissen des göttlichen Ratschlusses wurde dieser Ort, den diejenigen bekommen sollten, die von der Erde durchaus nichts haben wollten, seit alten Zeiten Portiunkula genannt» (2 Celano 18).

Celano deutet hier das Erlebnis an, welches Franziskus während der Messe im Portiunkula-Kapellchen hatte: «Eines Tages aber wurde in eben dieser Kirche das Evangelium, wie der Herr seine Jünger aussendet, verlesen und der Heilige Gottes war zugegen. Wie er die Worte des Evangeliums vernommen hatte, bat er gleich nach Beendigung der Meßfeier inständig den Priester, ihm das Evangelium auszulegen. – Dieser erklärte ihm alles der Reihe nach. Als der hl. Franziskus hörte, daß die Jünger nicht Gold oder Silber noch Geld besitzen, noch Beutel, noch Reisetasche, noch Brot, noch einen Stab auf den Weg mitnehmen, noch Schuhe, noch zwei Röcke tragen dürfen, sondern nur das Reich Gottes und Buße predigen sollen, frohlockte er sogleich im Geiste Gottes und sprach: "Das ist's, was ich will, das ist's, was ich suche, das verlange ich aus Herzensgrund zu tun". Deshalb machte sich der heilige Vater, von Freude überströmend, eilig an die Ausführung der heilsamen Mahnung und duldete keine Verzögerung mehr, mit ganzer Hingabe die Verwirklichung dessen zu beginnen, was er eben gehört» (1 Celano 22). Das trug sich mit großer Wahrscheinlichkeit am 24. Februar 1209 zu. Die Dreigefährtenlegende berichtet weiter: «Er machte sich ein sehr unansehnliches und schmuckloses Gewand, warf den Riemen weg und nahm als Gürtel einen Strick. Auf göttliche Eingebung hin begann er als Verkünder der evangelischen Vollkommenheit aufzutreten und einfältig in der Öffentlichkeit Buße zu predigen» (Dreigefährtenlegende 25).

«Der Herr gab mir Brüder»

Bald schlossen sich Franziskus zwei Gefährten an. «Weil aber der Mann Gottes Franziskus, als sich ihm, wie berichtet, zwei Brüder zugesellten, keine Unterkunft besaß, wo er mit ihnen wohnen konnte, begab er sich zusammen mit ihnen zu einer ärmlichen, verlassenen Kirche, die S. Maria von Portiunkula hieß. Dort machten sie sich eine kleine Behausung, in der sie sich zuweilen aufhielten». So berichtet die Dreigefährtenlegende weiter (Dreigefährtenlegende 32). Nicht viel später taucht ein weiterer Mann auf, der sich gerne Franziskus anschließen will, nämlich Bruder Ägidius. Am 23. April 1209, dem Georgsfest, betete er in der Georgskirche andächtig. «Nach dem Gebet lenkte er seine Schritte zur Kirche Unserer Lieben Frau von Portiunkula, wo der selige Franziskus mit den genannten zwei Brüdern sich aufhielt.

Die Stelle kannte Br. Ägidius nicht ..., doch kam im gleichen Augenblick der selige Franziskus heran. Er kam vom Beten aus dem nahegelegenen Wald ... Mit eigener Hand richtete der selige Franziskus ihn dann auf und führte ihn zu der erwähnten Kirche. Und er rief dem hl. Bruder Bernhard zu: "Einen guten Bruder hat der Herr uns geschickt!» Als ein Armer um ein Almosen bettelte, gab Bruder Ägidius sofort seinen Mantel bereitwillig her (Leben des Bruder Ägidius, 1 u. 2).

Nun zu viert, durchzogen die Brüder jeweils zu zweien die Provinz und predigten den Leuten. Dann kehrten sie nach Portiunkula zurück und nahmen drei weitere Gefährten auf. Sie gingen mit diesen wiederum auf Predigtreise, nahmen andere Brüder in ihre Gemeinschaft auf und kehrten alle zur festgesetzten Zeit nach S. Maria von Portiunkula zurück. Als Franziskus etwa 11 Gefährten hatte, ging er mit ihnen nach Rom zum Papst, um sich seine Urregel bestätigen zu lassen.

Sie bekamen Tonsur und eine mündliche Bestätigung und den Auftrag, wiederzukommen, wenn sich ihre Zahl gemehrt hätte.

Sie kehrten aus Rom zurück, verweilten dann in Rivotorto und als sie dort vertrieben waren, kamen sie nach Portiunkula, wo sie sich eine Zeitlang aufhielten.

In dieser Zeit zwischen 1210 und 1212, trafen sich Franziskus und Klara öfters und Franziskus bestärkte ihren Entschluß, sich ganz Gott zu weihen. Am Abend des 18. März 1212 flüchtete sie aus ihrem Elternhaus. «Sie verließ also Haus, Stadt und Verwandte und eilte nach Portiunkula. Dort empfingen die Brüder, die am Altare Gottes heilige Wache hielten, die Jungfrau Klara mit brennenden Lichtern. Bald warf sie dort den Schmutz Babylons von sich», so berichtet der Biograph, «und gab der Welt den Scheidebrief. Dort legte sie durch der Brüder Hand ihr Haupthaar ab und verzichtete auf ihren mannigfaltigen Schmuck. Nirgendwo anders durfte der Orden der Jungfrauen am Abend der Zeiten zur Blüte erweckt werden, als im Kirchlein derer, die als erste und würdigste von allen einzig allein Mutter und Jungfrau zugleich war. Das ist jener Ort, an dem die neue Heerschar der Armen unter Franziszi Führung ihren glücklichen Anfang nahm; klar scheint es daher, daß die Mutter der Barmherzigkeit beide Orden in ihrer Herberge zur Welt bringen wollte» (Leben und Schriften der heiligen Klara, 8).

Dieser Gedanke ist in den Franziskanischen Quellenschriften sehr beliebt. Portiunkula wird als Wiege des Ordens bezeichnet. «In ihr (Portiunkula) nahm der Orden der Minderbrüder seinen Anfang, hier entstand er in vielfältiger Gliederung wie auf einem felsenfesten Grund als herrlicher Bau. Diesen Ort gewann der Heilige vor allen anderen lieb, ihn wollte er gleichsam als Spiegel des Ordens in Demut und höchster Armut stets behütet wissen» (2 Celano 18).

Portiunkula - Ort der Armut

Welche Liebe Franziskus zur Armut hatte und wie konsequent er um sie kämpfte, zeigt eine Episode, die mit Portiunkula verbunden ist.

«Als die Zeit des Generalkapitels herannahte, das jedes Jahr bei S. Maria von Portiunkula stattfand, und das Volk bemerkte, daß die Brüder sich täglich vermehrten und alljährlich dort zusammenkamen, aber nur eine kleine strohgedeckte Hütte besaßen, mit Wänden aus Reisig und Lehm, hielt es eine Beratung ab und errichtete dort ohne die Erlaubnis des seligen Franziskus und in seiner Abwesenheit, aus Steinen und Kalk in wenigen Tagen eilig und in höchster Frömmigkeit ein großes Haus.

Als aber der selige Franziskus aus einer Ordensprovinz zurückkehrte und zum Generalkapitel kam, wunderte er sich sehr über das Haus, das dort errichtet war; er fürchtete aber, andere Brüder würden nach diesem Beispiel an Orten, wo sie weilten und bleiben wollten, ähnliche große Häuser errichten, und weil er wollte, daß

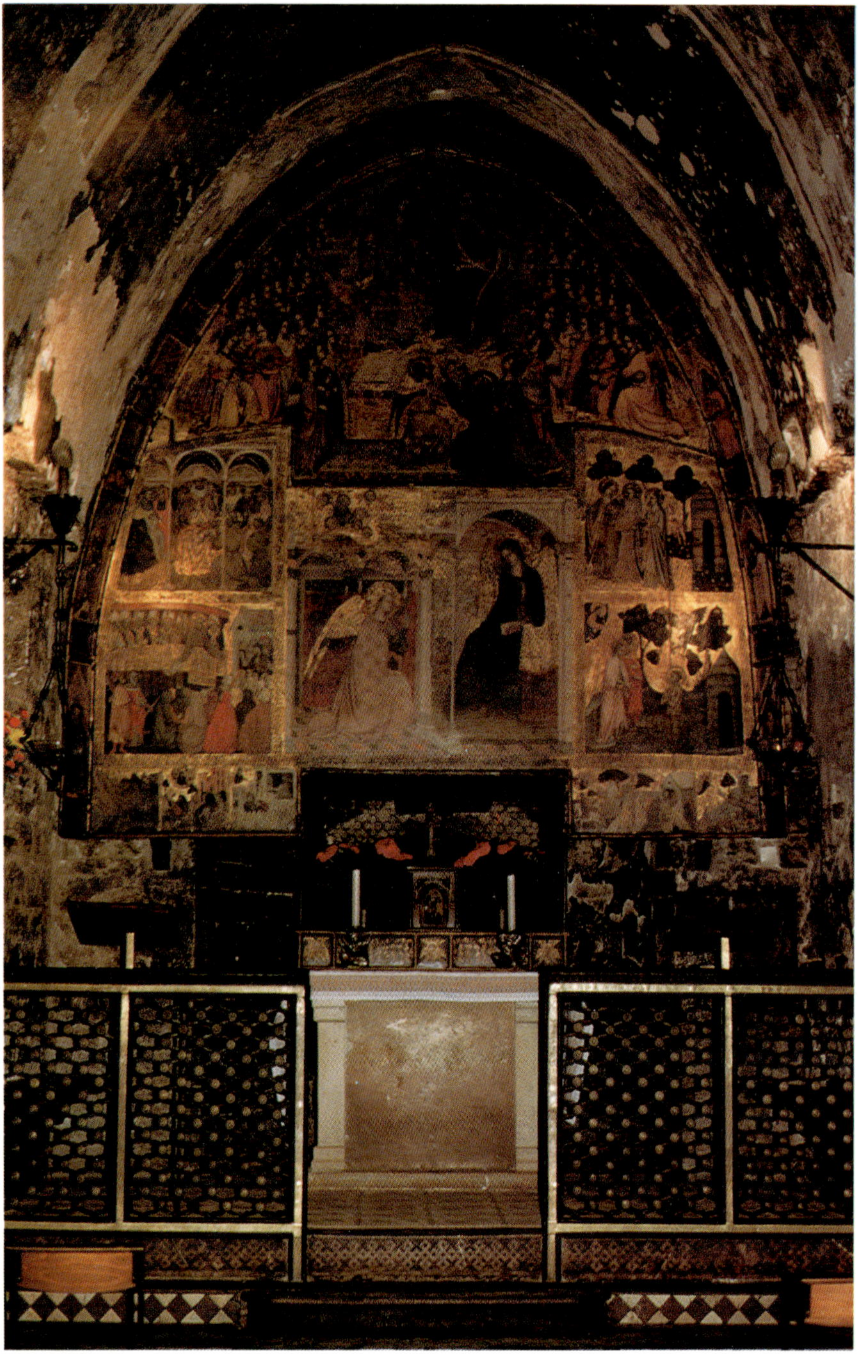

dieser Platz stets das Urbild und das Vorbild für alle andern Plätze des Ordens sei, stieg er, bevor das Generalkapitel begann, auf das Dach jenes Hauses und befahl den Brüdern, die Steinplatten, mit denen jenes Haus gedeckt war, auf die Erde zu werfen und wollte es bis auf die Fundamente zerstören. Es bewachten aber einige Soldaten von Assisi jenen Platz wegen der Menge des Marktvolkes, das dort zusammengekommen war, um das Generalkapitel der Brüder zu sehen. Als diese bemerkten, daß der selige Franziskus mit den andern Brüdern jenes Haus zerstören wollte, eilten sie sogleich herbei und sprachen zu ihm: "Bruder, dieses Haus gehört der Gemeinde von Assisi; wir stehen hier für diese Gemeinde; daher verbieten wir dir, unser Haus zu zerstören". Als der selige Franziskus dies hörte, sprach er zu ihnen: "Wenn es euer Haus ist, will ich es nicht berühren". Und sogleich stiegen er und die andern Brüder herab. Damals beschloß das Volk von Assisi, daß der Bürgermeister der Stadt verpflichtet sein solle, dieses Haus alljährlich instandzusetzen. Und dieser Beschluß wurde lange Zeit jedes Jahr ausgeführt».

Unter dem Hochaltar wurden Reste dieses Hauses freigelegt.

Portiunkula - Kapitelsort

Bald darauf (ca. 1211), erbat der selige Franziskus die Kirche demütig vom Abt des Klosters S. Benedetto am Monte Subasio bei Assisi nach Gottes Willen und Eingebung. Nachdem er die genannte Stätte erhalten hatte, bestimmte er, daß dort zweimal im Jahr ein Kapitel der Brüder gehalten werde, nämlich zu Pfingsten und am Feste des hl. Michael. An Pfingsten kamen zum Kapitel alle Brüder bei der Kirche S. Maria zusammen. Diese Regelung traf er im Jahre 1212 und sie galt etwa bis 1216.

Wie viele Zusammenkünfte der Minderbrüder erlebte doch die Stätte Portiunkula! Dort erließ Franziskus Vorschriften, teilte Ermahnungen aus sowie Tadel, und frischte alle Brüder mit neuem Geist auf, da sie seine Bußgesinnung und seinen Eifer sehen konnten. Am Ende des Kapitels bestimmte er die einzelnen Brüder für die verschiedenen Provinzen und segnete alle. Diese Regelung dürfte – wie schon erwähnt – etwa bis 1216 gegolten haben. Am 14. Mai 1217, auf dem Pfingstkapitel, teilte er den Orden in verschiedene Provinzen auch für das Ausland auf. 1219 war das berühmte Mattenkapitel, zu dem 5000 Brüder gekommen waren und im Freien unter aufgestellten Matten schlafen mußten.

Der Portiunkula - Ablaß

Was ist ein Ablaß?

Nach dem alten kirchlichen Gesetzbuch, dem Kodex Juris Canonici wird im Kanon 911 der Ablaß so beschrieben:

Er ist der Erlaß einer zeitlichen Strafe vor Gott für Sünden, die hinsichtlich der Schuld schon getilgt sind. Dieser Erlaß der zeitlichen Strafe wird von der kirchlichen Autorität aus dem Schatz der Kirche gewährt und zwar für die Lebenden in der Weise der Lossprechung, für die Toten in der Weise einer Fürbitte.

Das kirchliche Lehramt nennt auch Bedingungen, die von dem erfüllt werden müssen, der den Ablaß gewinnen will. Er muß gerechtfertigt (das heißt, ihm muß seine Schuld vergeben sein), und getauft sein, frei von Exkommunikation, muß das vorgeschriebene Ablaßwerk erfüllen und wenigstens die allgemeine Absicht haben, den Ablaß zu gewinnen.

Beim Ablaß ist die Rede von «Schatz der Kirche». Damit sind die Verdienste Christi und der Heiligen gemeint, die dem zugutekommen, der den Ablaß gewinnt.

Dieser Ablaß hat im Laufe der Jahrhunderte seine großen Lobredner und Verehrer, aber auch schon gleich von Anfang an seine großen Gegner gefunden: beides hauptsächlich des wunderbaren Ursprungs wegen, der ihm nachgerühmt wird (siehe hierzu J. Jörgensen, Der heilige Franz von Assisi, 183-192 und Cuthbert-Wildlöcher, Der heilige Franz II, 7).

Petrus Zalfani und Bischof Theobald Offreducci von Assisi (1296-1313), der alle Urkunden zusammenfaßte, berichten: Franziskus brachte die ganze Nacht in Assisi im Gebete zu, als ihm vom Herrn geoffenbart wurde, daß er sich nach Perugia zum Papst begeben solle, um für die von ihm wiederhergestellte Portiunkulakirche einen Ablaß zu erflehen. Begleitet von Bruder Masseo von Marignano begab sich Franziskus noch am gleichen Morgen nach Perugia zu Honorius und trug ihm die Sache mit folgenden Worten vor: «Heiliger Vater, vor einiger Zeit habe ich für Euch eine zu Ehren der Jungfrau und Mutter Christi erbaute Kirche wieder hergestellt. Ich bitte nun Eure Heiligkeit, daß Ihr dort einen Ablaß gewähret ohne Opfergaben». «Das kann nicht wohl geschehen», erwiderte der Papst, «denn wer einen Ablaß verlangt, muß denselben auch durch Wohltun verdienen. Sage aber, wie viel Jahre verlangst du und was für einen Ablaß soll ich dir gewähren?» Worauf Franziskus: «Eure Heiligkeit möge mir nicht Jahre geben, sondern Seelen». «Wie willst du Seelen?» fragte der Papst. «Heiliger Vater» war die Antwort, «wenn es Euch gefällt, so will ich, daß alle, die in die Kirche kommen, gebeichtet haben, reumütig sind und, wie es sich gebührt, vom Priester absolviert werden, im Himmel und auf Erden befreit werden von Strafe und Schuld und zwar vom Augenblick der Taufe an, bis auf den Tag und die Stunde, in welcher sie die Kirche betreten». «Das ist viel», sprach der Papst, «Bruder Franziskus, es ist nicht Brauch oder Praxis der römischen Kurie, solche Ablässe zu erteilen». «Herr», erwiderte Franziskus, «was ich da erflehe, erflehe ich nicht aus mir selbst, sondern im Namen dessen, der mich gesandt hat, im Namen Jesu Christi». «Es gefällt uns so», sprach nun der Papst, «du sollst es haben». Die anwesenden Kardinäle waren mit dieser Ablaßgewährung nicht einverstanden; sie machten dem Papst Vorstellungen, daß er dadurch die dem Heiligen Lande und der Kirche der Apostelfürsten Petrus und Paulus gewährten Ablässe schädige, dieselben entwerte. Der Papst antwortete: «Wir haben ihn gewährt. Es schickt sich nicht, rückgängig zu machen, was geschehen ist; wir sollen aber den Ablaß beschränken, daß er sich nur auf einen einzigen Tag ausdehne».

Franziskus neigte also auf die Entscheidung des Papstes hin sein Haupt und entfernte sich. Der Papst rief ihn zurück und sprach zu ihm: «Einfältiger Mensch, wohin willst du gehen? Welche Sicherheit hast du für diesen Ablaß?» Worauf Franziskus: «Wenn das Werk von Gott ist, wird er sein Werk bekannt machen. Ich will darum keine Urkunde. Die selige Jungfrau sei das Papier, Christus, der Vater und die Engel seien Zeugen». Er ging.

Besonderheiten des Portiunkula-Ablasses

Dieser Ablaß konnte ursprünglich vom Mittag des 1. August bis Sonnenuntergang des 2. August nach Empfang des Bußsakramentes durch ein Gebet in der Portiunkulakapelle gewonnen werden.

Seit Ende des 14. Jahrhunderts wurde durch die Päpste das Privileg des Portiunkula-Ablasses auch anderen Franziskanerkirchen gewährt, 1480 allen Kirchen des Ersten Ordens, 1482 allen Kirchen der drei Orden des hl. Franziskus, jedoch nur für die Ordensangehörigen. Seit 1670 wurde der Ablaß allen Besuchern der Kirchen der verschiedenen franziskanischen Zweige gewährt. Es ist seit dem 14. Jahrhundert Übung, den Portiunkula-Ablaß den Armen Seelen zuzuwenden. Die Toties-quoties Gewinnung (Gewinnung eines vollkommenen Ablasses bei jedem Besuch) gilt seit der Ablaßreform durch Papst Paul VI. nicht mehr. Er kann nur noch einmal gewonnen werden. Die derzeit gültigen Bestimmun-

gen für den Portiunkula-Ablaß lauten:
Alle Dom- und Pfarrkirchen und nach dem klugen Ermessen des Ortsoberhirten (Bischof) auch andere Kirchen und öffentliche Oratorien können auf ein durch den zuständigen Bischof befürwortetes Gesuch hin von der Pönitentiarie in Rom das Privileg des Portiunkula-Ablasses erhalten. Wer den Portiunkula-Ablaß gewinnen will, muß das Sakrament der Buße und die heilige Kommunion empfangen und beim Besuch des entsprechenden Gotteshauses 6 mal das «Vater unser», «Gegrüßet seist du Maria» und «Ehre sei dem Vater» nach der Meinung des Hl. Vaters beten.

Rosengärtchen und Bonaventura-Kapelle

Am Ende des «Rosengartens», der an eine Versuchung erinnert, in der sich Franziskus nach der Legende im nahen Dorngestrüpp gewälzt haben soll mit der Wirkung, daß die bisher wilden Rosen keine Dornen mehr tragen, befindet sich eine dem heiligen Bonaventura geweihte Kapelle. Bemerkenswert dort sind die Fresken von Tiberio d'Assisi. Sie schildern die Versuchung des Franziskus und den «Portiunkula-Ablaß», den Franziskus im Beiscin der umbrischen Bischöfe dem Volke verkündet.

Sterbeort des hl. Franziskus

«Er (Franziskus) wußte zwar, daß an jedem Ort der Erde das Himmelreich aufgerichtet ist und er glaubte, daß allerwärts den Auserwählten Gottes die göttliche Gnade zuteil werde. Aber er hatte doch erfahren, daß der Ort der Kirche S. Maria von Portiunkula mit reicherer Gnade erfüllt und durch den Besuch himmlischer Geister häufiger ausgezeichnet worden ist. Er sagte daher oft zu den Brüdern: "Seht zu, meine Söhne, daß ihr diesen Ort niemals verlaßt! Wenn ihr auf der einen Seite hinausgetrieben werdet, geht auf der anderen wieder hinein, denn dieser Ort ist wahrhaftig heilig und eine Wohnstätte Gottes. Hier hat uns der Allerhöchste vermehrt, als wir noch wenige waren; hier hat er mit dem Licht seiner Weisheit die Herzen seiner Armen erleuchtet, hier hat er mit dem Feuer seiner Liebe unseren Willen entzündet. Hier erhält jeder, der demütigen Herzens bittet, was er begehrt, und wer hier fehlt, wird schwerer gestraft. Deshalb, meine Söhne, haltet aller Ehre würdig den Ort der Wohnung Gottes und preist hier Gott aus eurem ganzen Herzen mit Jubel und Lobgesang!" (1 Celano 106). Kein Wunder, daß Franziskus bei der Stätte, die er liebte, oft betete und oftmals tief ergriffen war vom Leiden Christi. Auch verweilte er häufig in einer Zelle bei dem Portiunkula-Kapellchen, in der er auch am 3. Oktober 1226 abends starb. Er ließ zwei Brüder den Psalm Davids und Lobpreisungen singen, ließ allen Brüdern ihre Vergehen und ihre Schuld nach, sprach sie davon los und beauftragte Elias, alle Brüder an seiner statt zu segnen. Er ließ sich das Evangelium bringen und die Johannesstelle aufschlagen, wo es heißt: «Sechs Tage vor Ostern, da Jesus wußte, daß für ihn die Stunde gekommen sei ...» Der Heilige ließ sich dann auf ein Bußgewand legen und mit Asche bestreuen, da er ja bald Staub und Asche werden sollte, dann starb er (vgl. 1 Celano 109, 110).

Hier sollen noch einige spirituelle Impulse zu Portiunkula gegeben werden:
Portiunkula stand am Anfang des Weges des hl. Franziskus. Hier vollendete er auch seinen Weg. Was liegt alles dazwischen? Portiunkula war eine Stätte der Sammlung – der Treffpunkt der Brüder zwischen den einzelnen Missionen. Alle Wanderungen des Bruders Franz mit seinen Brüdern gingen von Portiunkula aus und führten nach Portiunkula wieder zurück. Nichts hat Franziskus auf seinem Weg irre gemacht. Seine Liebe zum Herrn hat nicht nachgelassen. Er ist vielmehr darin immer mehr gewachsen. Wer müßte sich angesichts dieser Treue des Franziskus nicht aufgerufen fühlen, zurückzukehren zur ersten Liebe?

Die kleine Portiunkula-Kapelle ist überbaut von der großen Wallfahrtskirche, die zu den größten Kirchen der Welt gehört – und dennoch fühlt man sich durch das kleine Kapellchen angesprochen, denn von diesem kleinen Kapellchen ist Größtes ausgegangen. In den kleinen Dingen des Alltags wird das Große entschieden.

Während der hl. Messe am 24. Februar 1209 begreift der hl. Franziskus das Tagesevangelium als Frohe Botschaft für sich. Das Evangelium verlangt, auf Sicherungen zu verzichten. Franziskus hat das Evangelium Wort für Wort in die Tat umgesetzt, ohne lange zu überlegen. Diese konsequente Verwirklichung des Wortes Gottes beeindruckt außerordentlich.

Es fällt auf, daß Franziskus sein neues Leben, sein Leben nach dem Evangelium, in dem er dachte wie Christus, handelte wie Christus, urteilte wie Christus, nicht fernab von seiner Heimat verwirklichte, sondern vor der Haustür seiner Vaterstadt, mitten unter seinen Landsleuten. Er mußte sich von ihnen kritisch am Evangelium messen lassen. Mehr Mißtrauen als sonstwo schlug ihm entgegen. Denn "kein Prophet gilt etwas in seiner Vaterstadt".

Zu bewundern ist das Vertrauen und die Rückhaltlosigkeit des hl. Franziskus in der Ablaßfrage. Franziskus braucht für den Ablaß keine Urkunde. Er ist überzeugt: Wenn es Gottes Werk und Wille ist, dann wächst es von selbst, dann setzt es sich durch.

4. Fragen zur Besinnung:

Was macht Mariens Glaubensgehorsam vorbildlich?
Kann ich mich als Glied der Kirche in ihr erkennen?

Mühe ich mich darum, Mutter und Bruder Jesu zu sein durch das Hören und Befolgen des Wortes Gottes?

Bin ich mir der Armseligkeit meines Gebetes bewußt und rufe ich Maria und die Heiligen als Helfer für mein Beten an?

Bin ich Wegbereiter für den Herrn und öffne ich Menschen Wege zu ihm?

Kann ich scheinbare Widersprüche aushalten und warten?

Habe ich mein Marienheiligtum, mein Marienbild?

Leben mit Maria

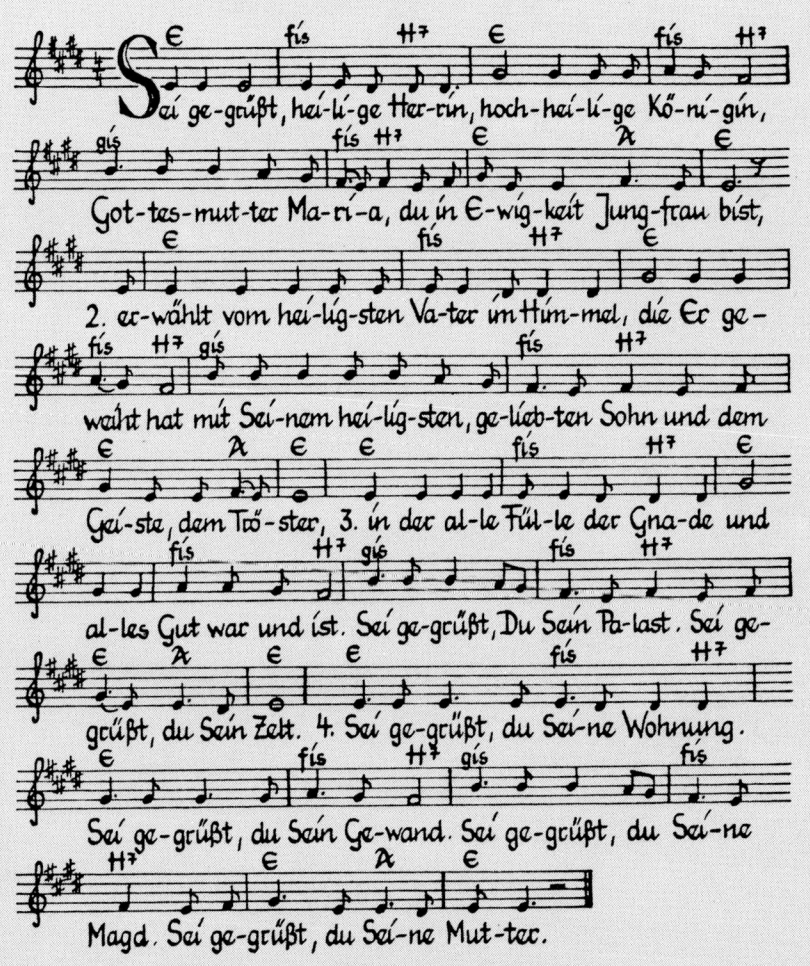

Sei gegrüßt, heilige Herrin, hochheilige Königin, Gottesmutter Maria, du in Ewigkeit Jungfrau bist,

2. erwählt vom heiligsten Vater im Himmel, die Er gewählt hat mit Seinem heiligsten, geliebten Sohn und dem Geiste, dem Tröster,

3. in der alle Fülle der Gnade und alles Gut war und ist. Sei gegrüßt, Du Sein Palast. Sei gegrüßt, du Sein Zelt.

4. Sei gegrüßt, du Seine Wohnung. Sei gegrüßt, du Sein Gewand. Sei gegrüßt, du Seine Magd. Sei gegrüßt, du Seine Mutter.

Text: hl. Franziskus von Assisi
Melodie: Sr. Leonore Heinzl OSF

IX.
LEBEN AUS DER STILLE

1. Die Brautfahrt ins Schweigenland

Es war einmal ein junger König, der hatte noch keine Frau Königin, aber er hätte so gerne eine gehabt. So reiste er viel durch fremde Länder, ob er nicht irgendwo eine Prinzessin fände, die er lieb genug hätte, um sie zu seiner Frau Königin zu machen. Er schaute sich Bilder von Prinzessinen an, aber keine war darunter, die ihm so recht von Herzen gefiel, wie er es sich wünschte. Eines Tages sah er das Bild einer Prinzessin, die war so schön und lieb, daß er rief: «Die, und keine andere soll meine Frau Königin werden! – Wer ist sie denn?» «Das ist die Prinzessin von Schweigenland!» «O weh!» sagte der junge König, «dann ist sie nichts für mich!» Denn er schwätzte nun einmal für sein Leben gerne und wollte lieber 10 Stunden reden, als eine Stunde schweigen. Und so sagte er noch einmal: «Dann ist sie nichts für mich», und er wollte sie einfach vergessen.

Ihr Bild steckte er sich aber in die Tasche und zog es manchmal heraus, um es sich anzuschauen und dachte bei sich: «Wäre sie doch bloß nicht aus Schweigenland!» Und dann machte er sich auf und reiste nach Schweigenland, um die Prinzessin zu sehen.

Schweigenland war ein sehr schönes Land, es hatte große schattige Wälder. Aber hier war es leiser, als anderswo. Der Wind tat, als ob er schliefe, die Vögel sangen leiser, und die Hunde bellten leiser, und die Menschen, denen der junge König begegnete, die schwiegen alle, nickten nur mit dem Kopf und lächelten herüber. Und so kam er an das Schloß, in dem die Prinzessin mit ihrem Vater wohnte.

Der junge König ging hinein und sagte zum König: «Da bin ich! Du bist jetzt mein Gefangener und führst mich zu deiner Tochter. Ich will sie zur Frau nehmen!» «So», sagte der alte König, «dann gehe zu ihr und sage es ihr, sie ist da drinnen in ihrem Zimmer!».
Da ging der junge König zu der Prinzessin und sagte: «Ich bin der weise und mächtige Sonnenkönig! Ich habe euer ganzes Land erobert und habe euer Heer und den König, eueren Vater, gefangengenommen. Aber, ich will dir eine große Gnade erweisen und dich heiraten und zu meiner Frau Königin machen, wenn ihr es auch wahrhaftig nicht verdient habt!» Er war noch nicht fertig mit dieser Rede, da sah er schon die wunderschöne Prinzessin nicht mehr, sondern nur den leeren Stuhl, auf dem sie soeben gesessen hatte. Da wunderte sich der König sehr, sah sich im ganzen Zimmer um und konnte gar nichts mehr sagen vor lauter Schrecken, denn die Prinzessin war nirgends zu finden, bis sie auf einmal wieder auf ihrem Stuhl saß.

«Es war doch nicht bös gemeint», sagte der König, «und deshalb verschwindet man nicht gleich. Du bist ja die schönste, liebste Prinzessin, die es gibt und je gegeben hat und geben wird. Siehst du, hier habe ich dein Bild in meiner Tasche. Das trage ich immer bei mir. Und wenn ich allein bin, zieh ich es hervor und schau es mir an und kann mich nicht satt daran sehen, weil du nun einmal die allerschönste und allerliebste Prinzessin bist, die es gibt. Und wenn du mich jetzt nicht gleich heiratest, macht mir das ganze Regieren keinen Spaß mehr».

Aber auch mit dieser Rede war er noch nicht fertig, da war die Prinzessin schon wieder verschwunden.

Und viele Stunden ging es so fort. Wenn der König schwätzte, war sie schließlich überhaupt nicht mehr zu sehen. Denn die wunderschöne Prinzessin von Schweigenland kann nur sehen, wer schweigt oder doch gut schweigen kann.

Als der junge König sie nun gar nicht mehr sah, wurde er sehr traurig und ging fort und dachte: «Was nützt mir nun mein ganzes

Heer und all meine Macht und daß ich das ganze Land erobert habe, wenn ich meine Prinzessin doch nicht sehen kann».

Am nächsten Tag kam er wieder zur Prinzessin und schwätzte schon nicht mehr so viel und fragte nur: «Was muß ich tun, um dich immer sehen zu können?» Da lächelte die Prinzessin ganz freundlich und sagte: «Schweigen lernen». Der junge König ging wieder fort und schwieg die ganze Nacht und den ganzen Tag. Am Anfang fiel's ihm schwer, am Ende ging's aber schon recht gut.

Am Morgen darauf ging er zum dritten Mal zur Prinzessin und sagte: «Prinzessin, ich glaube, ich kann's». Da lächelte die Prinzessin noch freundlicher, als am Tag zuvor und sagte: «Dann laß uns ein bißchen zusammen schweigen». So setzte er sich der Prinzessin gegenüber, und sie schwiegen beide, und es war gar nicht mehr schwer.

Als sie lange Zeit so dagesessen hatten – immer schweigend – da vernahm der junge König auf einmal eine ganz leise Musik, die hörte sich an, als käme sie von sehr weit her, und sie klang so wunderschön, wie der junge König nie eine Musik hatte klingen hören.

Eine Weile horchte er, dann fragte er die Prinzessin: «Was ist das für eine Musik?» Die Prinzessin wurde sehr froh, als er das fragte, und sie antwortete:

«Das ist die Musik, die die Sterne machen, wenn sie durch den Himmel gehen. Niemand kann sie hören, als wer gut und tief zu schweigen versteht. Und nun weißt du das Geheimnis von Schweigenland. Wir Schweigenländer können alle die schöne Sternenmusik hören, und die Fremden, die bei uns gewesen sind, und das Gesetz gehalten haben, die können sie auch hören. Darum ist auch bei uns alles so leise, damit keiner gestört wird, der die Sternenmusik hören will. Da du sie jetzt aber hörst, so weiß ich, daß du das Schweigen richtig gelernt hast. Und weil du es aus Liebe zu mir gelernt hast, will ich jetzt auch gerne deine Frau werden». Soviel hatte die Prinzessin noch nie in ihrem Leben geredet.

Der junge König war sehr glücklich und sagte es der Prinzessin und weiter sagte er noch: «Aber du kommst mit mir in mein Land, und ein bißchen mehr als 10 Worte am Tage möchte ich doch reden dürfen und möchte auch, daß du mir mehr antwortest». «Das verspreche ich dir», sagte die Prinzessin, «wenn du nur das Schweigen nicht mehr verlernen willst. Und meines Vaters Reich mußt du wieder freigeben, und das alte Gesetz soll wieder darin gelten, damit es ein Land auf der Erde gibt, wo die Sternenmusik

immer zu hören ist».
Der junge König versprach es ihr und hat es auch gehalten. Und er nahm sie mit in sein Reich und machte sie zu seiner Frau Königin, wie er sich's gewünscht hatte.
Im Schweigenland aber herrschte wieder der alte König.

2. Leben aus der Stille

Ein Jesuswort sollte bei diesem Thema jeden persönlich erreichen und im Herzen treffen: «Kommt alle zu mir, die ihr euch plagt und schwere Lasten zu tragen habt. Ich werde euch Ruhe verschaffen» (Mt 11, 28). Obwohl fast jeder dieses Wort kennt, werden nur wenige sagen können, sie hätten die Wahrheit dieses Wortes erfahren. Daß sie wirklich zu Jesus gegangen sind in Ruhelosigkeit, in Schwermut und in der Zerstreuung der Seele – und daß sie bei ihm Ruhe gefunden haben.

Was ist das also, das wir bei Jesus finden können, wenn wir uns zu ihm hin aufmachen, wenn wir seinem Ruf folgen? Wir können dem näher kommen, wenn wir die Menschen um uns anschauen und darauf achten, was sie umtreibt, unruhig macht, plagt, quält und oft so gehetzt erscheinen läßt.

Da sehen wir die Unruhe und Angst vieler, überall oder irgendwo zu kurz zu kommen, nicht mithalten zu können, auch den Mangel, nicht mehr warten zu können. Wir sehen die Unruhe derer, die über alles Maß um ihre Gesundheit besorgt sind und fast ausschließlich davon reden.
Denken wir an die Ruhelosigkeit derer, die alles nur schwarz sehen, alles verdächtigen; an die Gehetztheit derer, die neidisch sind oder hassen; an die Unrast und das Umgetriebensein als Hintergrund so vieler seelischer Krankheiten; an das Außer-sichsein derer, die sich überall angegriffen fühlen oder über etwas

nicht hinwegkommen, das ihnen angetan wurde. Viele halten es nicht mehr aus ohne Geräuschkulisse. Hinter der Furcht vor Ruhe steckt vielleicht die Angst vor sich selber, vor dem Leben, vor der Zukunft, vor dem Nichts; und als Folge die Flucht vor sich selbst, vor dem Nachdenken, die Flucht in Betriebsamkeit. Wenn wir die Unruhe in diesem oder jenem Gewand bei anderen feststellen, werden wir uns fragen müssen, ob nicht vieles davon auch in uns am Werk ist. Viele werden entdecken, daß auch sie Kinder ihrer Zeit und von Unruhe getrieben sind. In diese Wirklichkeit unserer selbst und unserer Zeit spricht Jesus sein Wort: «Kommt alle zu mir». Wir werden von Jesus in unserer eigenen Unruhe und inneren Betriebsamkeit angesprochen und aufgefordert, zu ihm zu kommen. Er sagt uns zu, daß wir bei ihm Ruhe finden werden; nicht Langeweile, nicht die Teilnahmslosigkeit des Gleichgültigen, nicht die Ruhe vor den Anforderungen des Lebens und der Mitmenschen werden uns überraschen, sondern schlicht: Ruhe.

Was Jesus sagt, daß der finden wird, der zu ihm hingeht, das läßt sich nur umschreiben. Wer sich zu ihm auf den Weg macht, wird es erfahren. An Jesus selber können wir es feststellen; im Umgang mit ihm klärt es sich. Es ist letztlich das, woraus er gelebt hat, was der ruhende, feste, tragende Grund in seinem Leben war: Gott selbst.

Ruhe, das ist die Erfahrung, daß Gott uns trägt in der Gemeinschaft mit Jesus, daß er uns liebt, daß wir bei ihm in Zeit und Ewigkeit aufgehoben sind. Ruhe ist Leben, Denken, Handeln aus dieser Geborgenheit, ist Leben aus der Freiheit der Kinder Gottes. Dies durfte Franziskus erfahren.

Lassen wir zunächst einen damaligen Gefährten des Heiligen zu Wort kommen, Thomas von Celano. In seiner Beschreibung des

Franziskuslebens aus dem Jahr 1228 lesen wir:

«Der Gottesmann Franziskus war belehrt worden, nicht das Seine zu suchen, sondern das, was in seinen Augen vor allem das Heil des Nächsten förderte. Über alles jedoch hegte er den Wunsch, aufgelöst zu werden und bei Christus zu sein. Daher ging sein höchstes Streben dahin, von allem, was in der Welt ist, losgeschält zu sein, damit die heitere Ruhe seines Geistes auch nicht eine Stunde lang durch Berührung mit etwas, was nur Staub ist, gestört werde.

Gegen jeden Lärm von außen machte er sich unempfindlich, zügelte mit ganzer innerster Kraft und überall seine äußeren Sinne, beherrschte seine Gemütsbewegungen, um für Gott allein frei zu sein. In Felsenklüften nistete er, und in Steinhöhlen war sein Aufenthalt.

Er wählte deshalb häufig einsame Orte, um sein Sinnen ganz auf Gott richten zu können; doch verdroß es ihn nicht, wenn er einen günstigen Zeitpunkt kommen sah, sich mit Geschäften zu befassen und sich mit Freuden dem Heile des Nächsten zu widmen.

Sein sicherster Hafen war das Gebet. Dieses aber dauerte nicht nur einen kurzen Augenblick, war nicht eitel oder vermessen, sondern währte lange Zeit, war voll Hingabe und wohlgefällig ob der Demut; wenn er am Abend mit dem Gebete begann, konnte er es kaum am Morgen beschließen.

Beim Gehen und Sitzen, beim Essen und Trinken, war er dem Gebete hingegeben. In verlassenen und einsamen Kirchen brachte er oft allein die Nacht im Gebete zu, und hier überwand er unter dem Schutz der göttlichen Gnade viele Schrecknisse und viele Beängstigungen der Seele» (1 Celano 71).

Franziskus bemühte sich um innere Ruhe mit all seinen Kräften. Er hütete sich vor jeder Art der Zerstreuung und ließ sich nicht von Menschen oder Dingen vereinnahmen, weil er sein Herz für Christus offenhalten wollte. Seit seiner Berufung vor dem Kreuzbild in San Damiano lebte der Poverello von Gott her, der ihn in der Stille angerufen hatte. Damit wurde die Stille für das weitere Leben des Heiligen zum Ort des Schweigens, des sehnsüchtigen Wartens und Hinhörens auf die Stimme des geliebten Herrn.

Neben anderen Treff-Punkten mit Gott (z.b. Evangelium, Eucharistie, Mitmenschen ...) begegnete der Mann aus Assisi Christus in besonders unmittelbarer Weise in der Einsamkeit. Franziskus blieb nicht nur in der Haltung des Hörenden vor Gott, er pflegte auch das vertraute Zwiegespräch mit dem Herrn. Die Stille wurde zum Ort des Betens, gekennzeichnet durch Regelmäßigkeit und Beharrlichkeit sowie Demut und Hingabe. Im Bewußtsein seiner eigenen Sündhaftigkeit und Gebrechlichkeit trat Franziskus vor das Angesicht des dreifaltigen Gottes. Voll innerer Glut betrachtete er die Geheimnisse der Menschwerdung, des Kreuzestodes und der Gegenwart Christi unter den eucharistischen Gestalten, wodurch er in die höchste Form des Betens, die Anbetung, geführt wurde. Die innere Ergriffenheit des Heiligen fand nicht nur im gesprochenen oder gesungenen Wort ihren Ausdruck. «Mit allen Fasern seiner Seele dürstete er nach seinem Christus. Ihm weihte er nicht nur sein ganzes Herz, sondern auch seinen Leib» (2 Celano 94). Franziskus betete ganzheitlich: am Boden vor dem Altar ausgestreckt, mit kreuzförmig ausgebreiteten Armen, an die Brust schlagend, mit Tränen in den Augen, ..., so daß Thomas von Celano in der zweiten Lebensbeschreibung von 1247 schreibt: «Der ganze Mensch war nicht so sehr Beter als vielmehr selbst Gebet geworden» (2 Celano 95). Franziskus wurde von Christi Liebe angesteckt in der Einsamkeit, aber auch in der Öffentlichkeit – plötzlich und überwältigend. Er bemühte sich dann, die Begegnung mit seinem Bräutigam Christus im Verborgenen zu lassen. Franziskus stellte etwas zwischen sich und die Umwelt, sei es seinen Mantel, in den er sich ganz einhüllte, oder den Ärmel, den er vor das Gesicht hielt. Er machte aus seinem Herzen einen Tempel, eine Bleibe, eine Heimat für den Herrn (vgl. 2 Celano 94).

Bei Christus in der Stille zu verweilen, war dem Mann aus Assisi so lieb, daß er bereits kurz nach seiner Bekehrung zweifelte, ob er zur Predigttätigkeit berufen sei oder ob er sich ganz dem Gebet und der Beschauung in der Zurückgezogenheit zuwenden solle. Hier schließt sich uns eine dritte Bedeutung der Stille für den Heiligen auf: die Stille als Ort des Kraftschöpfens für das Wirken in der Welt. Deshalb ging Franziskus zwischen seinen Missionsreisen lange Zeit in die Einsamkeit; vor wichtigen Entscheidungen suchte er die Stille, um Gottes Willen zu erkennen und zu erspüren - so z.b. in Fonte Colombo 1223 vor der Abfassung der endgültigen Regel. Bei seiner apostolischen Tätigkeit wollte nicht er sich selbst verkünden, sondern ganz durchlässig für Gott sein. In der Stille klärte sich für Franziskus, was Gott durch ihn den Menschen sagen wollte.

Seine Hochschätzung des Alleinseins mit dem Herrn zog Kreise. Der Heilige nahm stets einige Brüder mit in die Stille. Sie siedelten einzeln in Höhlen oder Hütten meist um ein zentralgelegenes Kirchlein, wo sie sich zum Gebet trafen. Den Gefährten in den Einsiedeleien gab Franziskus kurze Anweisungen: «Jene, die als Ordensleute in Einsiedeleien verweilen wollen, sollen zu drei oder höchstens zu vier Brüdern sein. Zwei von ihnen sollen die Mütter sein und sollen zwei Söhne oder wenigstens einen haben. Jene beiden, die Mütter sind, sollen das Leben der Marta führen und die beiden Söhne sollen das Leben der Maria führen» (Regel für Einsiedeleien). Die Mütter sorgen sich um das leibliche Wohl der Söhne und schirmen diese von den Menschen ab; die Söhne widmen sich dem Gebet und der Meditation.

Hier muß noch auf ein besonderes Kennzeichen franziskanischen Betens hingewiesen werden. So intensiv Franziskus und seine Brüder das persönliche Gebet und die Stille pflegen, so sehr ist diese Art immer auch mit dem geistlichen Gespräch und dem gemeinsamen Gebet verbunden. Persönliches Gebet führt zum gemeinschaftlichen; geistliche Erfahrung des Einzelnen führt zur geistlichen Begegnung. Vor allem das Gebet der kirchlichen Tagzeiten führt die Brüder zusammen. Die Brüder beten nicht nur gemeinsam im Chor der Kirche, sie beten überall, wo sie sich gerade befinden, sei es der kleine Konvent, sei es die Einsiedelei, an der Straße, am Bach oder im Wald. Dieses gemeinsame Beten der Tagzeiten «nach dem Brauch der hl. Kirche von Rom» wechselt sich ab mit gemeinsamem Lob Gottes, das frei formuliert wird. In diesem Gebet drückt sich die Gemeinschaft am tiefsten aus, erfährt sich gemeinsam auf dem Weg zum Herrn und verbunden mit seiner Kirche.

Franziskus wollte, daß seine Gemeinschaft eine Gemeinschaft des Gebetes sei. Hier sollte auch die Atmosphäre beachtet werden, aus der heraus erst freies Gebet der Gemeinschaft möglich ist, Gegenseitige geistliche Mitteilung und Geisterfahrung in Gemeinschaft wird dort am ehesten möglich sein, wo kein Streben nach eigener Zurschaustellung ist, wo Ton und Gebärde unbefangen sind, wo Diskretion ist, wo Freude, Dank, Not, Angst, Schwierigkeiten ausgedrückt werden dürfen.

Ein Bericht aus den Fioretti kann den geistlichen Umgang der Brüder beleuchten:
«Unser seliger Vater Franz hatte sein ganzes Sinnen und Trachten auf Christus den Hochgebenedeiten gerichtet. Sein Wohlgefallen über ihm und über seinen Gefährten, das war in Gebet und Rede der Gegenstand seines ganzen Bemühens und Verlangens. Zu Beginn seines neuen Lebens saß einst der gottinnige Vater mit seinen Söhnen zusammen, und in der Inbrunst seines Geistes befahl er einem von ihnen, er solle im Namen des Herrn den Mund

auftun und von Gott zu reden anfangen, wie es der Heilige Geist ihm eingebe.

Als jener sogleich im Gehorsam begann und eine Weile unter der Belehrung des Heiligen Geistes gar Wundersames hervorgebracht, hieß ihn der selige Vater stillschweigen – und gebot einem andern, gleichfalls von Gott zu reden, wie er es mit der Gnade des Heiligen Geistes vermöge.

Auch dieser gehorchte und sprach von den Großtaten der göttlichen Huld, bis der heilige Franz auch ihm wie dem ersten Stillschweigen gebot.

Auch einem dritten trug er es auf, zum Lobe des Herrn Jesus Christus, wie es ihm komme, etwas beizutragen, und auch der dritte leistete nach dem Vorgang der andern demütig seinen Gehorsam und sprach so wundersam und tief von den Geheimnissen Gottes, daß man nicht zweifeln konnte, der Heilige Geist rede durch ihn wie durch die andern.

Während denn diese schlichten Menschen der Reihe nach gleich Gefäßen des Himmels den Wohlgeruch göttlicher Gnade ausströmten, indem sie nach des seligen Vaters Befehl auf wundersame Weise von göttlichen Dingen sprachen - siehe, da erschien auf einmal in ihrer Mitte der Herr Jesus Christus in Gestalt eines strahlenden Jünglings, und er segnete alle mit so wonnigen Gnaden, daß sowohl Franz wie die andern alle verzückt wurden. Und sie lagen wie tot am Boden und spürten von dieser Welt überhaupt nichts mehr.

Nachdem sie dann wieder zu sich gekommen, sprach der selige Vater: "Meine teuersten Brüder, danket dem Herrn Jesus Christus, dem es gefallen hat, durch den Mund der Einfältigen die Schätze des Himmels zu erschließen! Er ist es ja, der den Mund von Kindern und Stummen auftut, und, so es ihm wohlgefällt, auf die Zungen der Einfältigen Worte der Weisheit legt". – Zum Lobe Gottes» (Fioretti XIV).

Die franziskanische Liebe zur Stille hat ihre letzte Begründung in der Nachfolge Christi: zum Leben Jesu gehörte wesentlich die Einsamkeit. Jesus suchte am Anfang seines öffentlichen Wirkens die Abgeschiedenheit der Wüste und inmitten seines Predigens, Heilens und Wunderwirkens die Stille der Berge, um im Verborgenen zum Vater im Himmel zu beten. Der Herr hielt lange und auch des Nachts in der Stille aus, nahm sie aber nicht als Privileg für sich, sondern gab seinen Jüngern Anteil an dieser Kraftquelle: dort begegnete er ihnen, lehrte sie beten, legte ihnen Gleichnisse aus ... In der Bergpredigt hielt Jesus seine Zuhörer an, im Verborgenen zu Gott zu sprechen. Mit der letzten Nacht im irdischen Leben Jesu auf dem Ölberg gewann die Stille neue Tiefe: sie wurde zum

Ort der mit Blutstropfen errungenen Entscheidung für die Erlösung der Menschen am Kreuz im Gehorsam dem Vater gegenüber. Der Herr ist in seiner Liebe zur Einsamkeit für Franziskus zum Vorbild geworden, so daß auch in dieser Beziehung von Franziskus zurecht als «zweitem» Christus gesprochen werden kann.

Wir Menschen von heute tun uns schwer im Umgang mit stiller Zeit. Wir sehnen uns nach Ruhe und Sammlung, erleben aber, daß wir Zeiten des Alleinseins nur schwer aushalten und neu in die Zerstreuung fliehen (z.b. Arbeit, Hobbies, Musikberieselung ...). Wir haben bei Franziskus den hohen Wert der Stille als Ort des Wartens und Hörens, des Betens und Kraftschöpfens für sein Leben und jedes christliche Leben erkannt. Wie die Atempausen verschiedener Länge in einem Musikstück notwendig sind, so brauchen wir die stillen Zeiten, um eine lebendige Beziehung zu Christus entfalten zu können.

Jeder braucht seine Carceri. Jeder sollte sich aufmachen, seine Carceri zu entdecken.

3. Carceri - Ort der Stille

In dem Büchlein Luise Rinsers «Bruder Feuer» schildert dichterisch nachempfunden eine Jugendfreundin des hl. Franziskus den Auszug des Heiligen aus seiner vertrauten Umgebung. Er geht in die Berge: «Auf einmal hielt er mitten im Tanzen inne, schob mich von sich weg und schaute mich sonderbar an, als wäre ich eine Fremde. Dann sagte er: "Was für ein Leben führen wir, was für ein blödsinnig falsches, leeres Leben!" Da begriff ich, daß er verzweifelt war.

Am gleichen Abend fand ich ihn dann draußen im Weinberg liegen. Ich hatte ihn gesucht, ich ängstigte mich um ihn, und so fand ich ihn liegen und hörte, wie er mit sich selber redete: "Ich

muß aufhören, ich muß mein Leben ändern, aber wie, aber wie, was soll ich nur tun ...?"
Und eines Tages kam er zu mir und sagte: "Leb wohl, Paola!" Mir blieb das Herz stehen, ich spürte, was für ein Abschied das war. "Wohin gehst du?" fragte ich ihn. Er sagte: "In die Berge". "Was tust du dort?" fragte ich. Er sagte: "Ich warte auf eine Antwort". "Und wer soll sie dir geben, Franz?" Er deutete in die Höhe: "Der", sagte er, "der, der mich angerührt hat und der mich haben will". Er schien wieder ganz vernünftig und sagte: "Ich muß mit mir ins Reine kommen, ich muß allein sein und auf meine innere Stimme hören"».

In den Carceri und in den anderen Einsiedeleien suchte Franziskus auf seine innere Stimme zu hören.

Der Weg zu den Carceri führt am Dom vorbei, durch das Kapuzinertor hinaus ins freie Land, immer bergan. Zur Rechten der abfallende Hang bis ins umbrische Tal, bedeckt mit Obst- und Olivenbäumen, zur Linken der steile Hang des Subasio, mit Ginster und Olivenkulturen bewachsen. Der Aufstieg ist ein echter Auszug. Immer mehr läßt man hinter sich zurück. An den Serpentinen kann man die Stadt Assisi am Abhang liegen sehen; eindrucksvoll und doch klein aus dieser Perspektive die Burg der Stadt. Die Teerstraße endet und ein roher Steinweg, begrenzt von einer Mauer aus grob aufgeschichteten Natursteinen zur Rechten, führt in das Heiligtum. Ein Schild mahnt: Stillschweigen in der Einsiedelei Carceri.

Carceri – das sind dem alten Wortsinn nach Stätten der Einsamkeit und Abgeschiedenheit. Zur Zeit des Poverello gehörten zu den Carceri lediglich das Oratorium der Gottesmutter, das Franziskus 1215 von Abt Maccabäus vom Monte Subasio geschenkt bekam, dann eine Grotte, die dem Heiligen als Bet- und Schlafstelle diente und weitere Höhlen sowie primitive Unterkünfte aus Lehm und Ästen für die ersten Gefährten. Ähnlich wie die anderen

Einsiedeleien sind die Carceri ein sichtbares Zeichen für die Liebe des hl. Franziskus zur Abgeschiedenheit.

Der Weg durch das Heiligtum

Wir wollen den ältesten Teil des Konventes mit den kleinen Zellen und dem alten Refektor bei der Besichtigung aussparen und den Rundgang im Marienkirchlein beginnen, das aus der ersten Hälfte des 15. Jahrhunderts stammt, und von Paul von Trinci und Bernardin von Siena erbaut wurde. Im Kirchlein sieht man eine restaurierte Kreuzigungsszene, ein Gemälde der Giotto-Schule.

Das Oratorium oder auch Kapelle der hl. Maria genannt, war der ursprüngliche Kern der Einsiedelei. In ihm feierten die Brüder, wenn sie in den umliegenden Grotten die Stille gepflegt hatten, die hl. Messe.

Das Kreuzigungsbild (aus der Zeit vor Giotto) wird überdeckt von einem Fresko aus dem 16. Jahrhundert: eine Madonna mit Kind und dem hl. Franziskus.

Wer den Weg weitergeht, kommt über eine Treppe in eine Grotte. Es lohnt sich, in der Grotte des hl. Franziskus etwas zu verweilen, um die Sprache dieser stummen Stätte zu verstehen. Die Grotte ist in zwei Räume aufgeteilt; im ersten Raum ist das steinerne Lager des Heiligen, im zweiten der Bet- und Meditationsplatz. Das in der Grotte befindliche Kreuz soll Franziskus selbst gemacht haben. An der Schwelle der engen Ausgangspforte zum kleinen Hof bezeichnet eine Tafel die Stelle, an der der Teufel in den Abgrund gestürzt sein soll, nachdem er den Heiligen ohne Erfolg versucht hatte.

Wie malerisch ist der Hof des Heiligtums! An drei Seiten von Gebäuden umrahmt, an der vierten – zur Schlucht des Wildbaches und zur umbrischen Ebene hin – offen. Nach der Legende versiegte der Wildbach auf Wunsch des Franziskus, weil das Rauschen des Wassers sein Gebet störte. Hier steht auch eine uralte Steineiche, die aus der Zeit des hl. Franziskus stammen könnte.

Viele Brüder haben in der Einsamkeit des Waldes um die Carceri einen Teil ihres Lebens verbracht. Einige Grotten tragen noch die Namen ihrer berühmtesten Bewohner. Da ist die Grotte des Bernhard von Quintavalle, des Bruders Ägidius, des Bruders Silvester, und unterhalb dieser die Grotte des Andreas von Spello.

Was tat Franziskus in den Carceri

Was ist in Franziskus in diesen Wochen der Stille vorgegangen? In dem oben erwähnten Buch Luise Rinsers schreibt Franziskus einen Brief an seine Mutter, in dem er sie in sein Herz blicken läßt: «Trotz allem habe ich es nötig, mich immer wieder einmal in meine Berghöhle zurückzuziehen. Was ich dort tue, weißt Du ja. Meist kommen die Tiere zu mir. Der weiße Hase sitzt jeden Morgen vor der Höhle, und ein Falke kommt auch, und natürlich viele Singvögel. Aber oft ist es gar nicht friedlich hier, und ich werde stark versucht. Der Teufel sagt mir sehr vernünftige Dinge, er sagt: Was willst Du eigentlich, Franz? Mit Deiner Idee von der vollkommenen Armut, welche vollkommene Freude gibt, lockst Du keinen Hund hinterm Ofen vor. Nur ein paar Narren folgen Dir ... aber die Millionen und Milliarden Menschen auf der Erde, die erreichst Du nie. Das ist schon einmal einem mißlungen: dem Narren aus Nazareth.

Franz, Du bist ein Phantast, ein Schwärmer, ein Dichter, ein begeisterter Dummkopf, Du vergeudest Deine Jugend, Du opferst die schöne Klara... Hast Du denn das Recht, andere Menschen in Deine Verrücktheiten einzubeziehen?... Weißt Du denn sicher, ob Dein Weg der richtige ist? Bist Du gescheiter und besser als die in Rom?... Du bist hochmütig, Franz?... werde endlich erwachsen, werde ein Realist, Du Träumer, Du Narr...

Oft spricht diese Stimme eine ganze Nacht hindurch zu mir und am Morgen bin ich ganz zerschlagen und mürbe und entschlossen, zurückzukehren.

Aber dann sehe ich die Stadt unten liegen, ein Nest von Gewinnsucht und Neid und Haß und Blindheit und mich schaudert, teilzuhaben an diesem vergeudeten Leben. Und dann kommt eine große Freude über mich und ich weiß, ich habe die Freiheit der Kinder Gottes erlangt, es kommen alle Tiere zu mir und ich rede mit ihnen und auch die Pflanzen hören zu, und ich höre ihre Botschaft».

Hier, in der Einsamkeit und Stille, war der Ort der Gewissenserforschung und des Sündenbekenntnisses, denn erst die Stille macht fähig, in sich selbst hineinzuhören. Hier war der Ort, an dem Gott am deutlichsten das Wort der Verzeihung sprach, weil der Mensch fähig wird, genau hinzuhören. So wurden die Carceri für Franziskus die Stätte, an der er das Gegengewicht zu seinem aktiven Wirken suchte und fand: sie wurden zur Kraftquelle. Von dieser Erfahrung her wird verständlich, warum Franziskus in der Lage war, Menschen durch die Freude, die er ausstrahlte, zu faszinieren. Es wird verständlich, woher er die Kraft bezog, auch im Leiden froh zu sein. Franziskus erfuhr in den Carceri, was es heißt, sich als Beladener bei Gott ausruhen zu dürfen; er spürte die Nähe Gottes und gewann die Kraft, Gottes Auftrag ausführen zu können.

*Ort der Entscheidung
für das apostolische Leben*

Es ist nicht zufällig, daß in den Carceri mitentschieden wurde, daß Franziskus den Weg des Apostolats einschlug und nicht Einsiedler wurde. In seinem Ringen schickte Franziskus einen Bruder zu Klara und zu Bruder Silvester, der sich in den Carceri aufhielt, mit der Bitte, sie sollten beten, um den von Gott gewollten Weg zu erkennen. Beiden gab der Hl. Geist ein, Franziskus solle den eingeschlagenen Weg des Apostolats weitergehen. Daß hier in der Einsamkeit, im Gebet und in der Meditation, die Entscheidung in Richtung «Apostolat» fällt, zeigt die Bedeutung der Stille für das Wirken in der Welt.

Heute sind die Carceri an schönen Tagen auch nicht mehr Stätte der Stille und Einsamkeit. Fromme Pilger kommen, verweilen kurz, beten und suchen in der Hetze doch etwas von der schöpferischen Kraft der Stille, die normalerweise von dieser Stätte ausgeht, in ihren Alltag mitzunehmen.

Echte Stille ist noch auf den Höhen des Monte Subasio zu finden.

4. *Fragen zur Besinnung:*

Suchen wir nach geeigneten Zeiten für die Stille?
- Nehmen wir unser Morgengebet als Ort des Wartens auf Christus oder unser Abendgebet als Gelegenheit, mit seinen Augen auf den Tag zurückzublicken?
- Entdecken wir im Laufe unseres Wochentages Leerlaufzeiten (z.b. unterwegs ins Büro, zum Einkaufen, aufs Feld, in die Schule...) und lassen Christus schweigend mitgehen?
- Nehmen wir uns genügend Zeit in der Vor- und Nachmeditation wichtiger persönlicher Erfahrungen und Entscheidungen?
- Nehmen wir Tagesereignisse in der großen und kleinen Welt zum Anlaß für eine stille Minute (z.b. Zeitungsmeldungen, Ereignisse in der eigenen Familie ...)?
- Betten wir unsere Teilnahme an der Eucharistiefeier in Zonen des Schweigens vorher und nachher, um Christus ganz begegnen zu können?
- Nehmen wir den Samstagabend oder Sonntagmorgen als Zeit der Besinnung und Einstimmung auf diesen Tag?

Suchen wir in unserer Umgebung nach geeigneten Plätzen zur Stille?
- Entdecken wir in unserem Wohnbereich einen Ort zum Stillwerdenkönnen (z.b. eigenes Zimmer, Garten ...)?
- Machen wir kurz einen Sprung in die Kirche, an der wir vielleicht öfter vorbeikommen können?
- Werden wir still in einer schönen Landschaft (Wald, See)?

Suchen wir auf Franziskus schauend die Stille zu gestalten?
- Entdecken wir unser ganz persönliches, geistliches Tagesprogramm und bemühen wir uns um Beharrlichkeit entgegen unseren Launen?
- Bleiben wir flexibel im Inhalt unseres Betens (Lob, Dank, Bitte, Anbetung, Schweigen, Betrachten, ...)?
- Beten wir frei, laut, mit für uns gefüllten Formeln, murmelnd,

eine Melodie summend, ...?
- Bringen wir unseren Leib mit vor das Angesicht Gottes: im gesammelten Stehen, Sitzen, Knien; vor dem Kreuz oder Tabernakel, liegend, in sich zusammengekauert, mit ausgebreiteten Armen, ...?

Leben aus der Stille

Herr, wir brauchen Dich, laß uns Dich hören!
Herr, wir suchen Dich, laß uns Dich finden!

1 Hilf uns leben aus der Stille, lehre uns Schweigen!
2 Hilf uns lieben! Fruchtbar wird dann unsere Wüste!

Lärm erstickt das Feuer, das im Herzen brennt. Gott birgt sich im Schweigen, im leisen Wehen des Windes, im Lächeln eines Kindes!

3 Herr, wir brauchen Dich!
3 Herr, mach uns still! still!

Text und Melodie: Sr. Leonore Heinzl OSF

X.
GOTT BEGEGNEN IN DER SCHÖPFUNG

1. Die Liebe des Franziskus zu dem Lämmlein

«Einmal befand er sich auf einer Reise durch die Mark Ancona. Er hatte in selbiger Stadt gerade das Wort des Herrn verkündet und setzte mit Herrn Paulus, den er als Minister über alle Brüder in dieser Provinz gesetzt hatte, seine Reise gen Osimo fort. Da traf er auf dem Felde einen Hirten, der eine Herde Ziegen und Böcke weidete. Unter der Menge der Ziegen und Böcke befand sich ein Lämmlein, das ganz demütig dahinzog und ruhig weidete. – Als es der selige Franziskus sah, blieb er stehen und, von tiefem innerem Schmerz erfaßt, seufzte er laut und sprach zu dem Bruder, der ihn begleitete: «Siehst du dort nicht das Lamm, das unter diesen Ziegen und Böcken so sanft einhergeht? Ebenso sage ich dir, wandelte unser Herr Jesus Christus sanftmütig und demütig zwischen Pharisäern und Hohenpriestern. Ich bitte dich deshalb bei seiner Liebe, mein Sohn, teile mit mir das Mitleid mit diesem Lämmlein! Wir wollen einen Lösepreis dafür bezahlen und es aus der Mitte dieser Ziegen und Böcke hinwegführen!»

Bruder Paulus bewunderte seinen Schmerz und begann auch seinerseits tiefes Mitleid zu empfinden. Sie hatten nichts als den wertlosen Habit, mit dem sie bekleidet waren, und so gerieten sie wegen der Bezahlung des Lösegeldes in Sorge. Da kam gerade ein Kaufmann des Weges und bot ihnen das gewünschte Geld an. Die beiden aber dankten Gott, nahmen das Lamm und kamen nach Osimo.

Hier begaben sie sich zum Bischof dieser Stadt, von dem sie mit großer Ehrfurcht aufgenommen wurden. Doch der Herr Bischof wunderte sich über das Lamm, das der Gottesmann mit sich führte, und über die Liebe, die er gegen dasselbe hegte. Als aber der Diener Christi vor ihm eine lange Gleichnisrede über das Lamm gehalten hatte, da wurde der Bischof über die Reinheit des Gottesmannes im Herzen gerührt und dankte Gott. – Als Franziskus am folgenden Tag die Stadt verließ und darüber nachsann, was er mit dem Lamm anfangen solle, ließ er es auf den Rat seines Begleiters und Mitbruders in einem Kloster der Dienerinnen Christi bei S. Severino unterbringen. Und die ehrwürdigen Mägde Christi nahmen das Lämmlein mit Freuden auf, gleich als ob sie ein großes Geschenk von Gott erhalten hätten. Sie hüteten es lange Zeit mit großer Sorgfalt und webten von seiner Wolle einen Habit, den sie dem seligen Vater Franziskus zur Zeit eines Kapitels nach S. Maria von Portiunkula schickten. Der Heilige Gottes nahm ihn mit großer Ehrfurcht und hoher Freude entgegen, ergriff ihn, küßte ihn und lud alle Umstehenden ein, sich mit ihm zu freuen» (1 Celano 77, 78).

2. Gott begegnen in der Schöpfung

Mit dem Thema «Franziskus und die Schöpfung» ist eine Seite im Leben des Heiligen angesprochen, um die viele Menschen wissen, auch wenn sie sich nicht sonderlich für den Poverello interessieren. Es mutet naiv an, wie Franziskus den Geschöpfen begegnet. Aber es ist eine Einfalt, die der Weisheit verschwistert ist.

«Wer vermöchte die Süßigkeit zu schildern, die er empfand, wenn er in den Geschöpfen die Weisheit des Schöpfers, seine Macht und Güte betrachtete. Wahrlich, er wurde bei dieser Betrachtung oft mit wunderbarer und unaussprechlicher Freude erfüllt, wenn er zur Sonne aufschaute, den Mond betrachtete, zu den Sternen, zum Firmament aufblickte. O einfältige Frömmigkeit, o fromme Einfalt» (1 Celano 80). Hier wird deutlich: Es ist eine gläubige Einfalt, eine gnadenhafte Naivität. Das Verhältnis des Franziskus zur Schöpfung ist nicht zu verstehen ohne das Christus-Ereignis von San Damiano. Franziskus sagt in seinem Testament darüber, daß er von Gott selbst belehrt worden sei.

Ein zweites Ereignis muß mitgesehen werden, nämlich jene Szene vor dem Bischof in Assisi, in der er seinem Erbe entsagt und spricht: «Von nun an will ich frei beten: Vater unser, der du bist im Himmel, nicht mehr: Vater Pietro Bernardone, dem ich nicht nur – schaut her! – sein Geld zurückerstatte, sondern auch alle meine Kleider zurückgebe» (2 Celano 12).

Hier liegen die Wurzeln für diese gläubige Einfalt und gnadenhafte Naivität. Für Franziskus gab es gar keine Natur, sondern nur Schöpfung. Wer ihn nur als Naturfreund und Umweltschützer sieht, bleibt weit hinter dem eigentlichen zurück. Franziskus weiß sich von den Dingen nicht in erster Linie gerufen, um ihre innere Gesetzlichkeit zu erforschen, sondern um ihre Botschaft zu verstehen und sie zu lieben. In frommer Einfalt sah er kein Geschöpf ohne den Schöpfer. Ihren leuchtendsten Ausdruck findet diese seine Sicht im Sonnengesang. Die Lobpreisungen der Geschöpfe, die der selige Franziskus zum Lob und zur Ehre Gottes verfaßt hat, als er zu San Damiano darniederlag, beginnen mit den Worten: «Erhabenster, allmächtiger, guter Herr, dein sind der Lobpreis, die Herrlichkeit und die Ehre und jegliche Benedeiung. Dir allein, Erhabenster, gebühren sie, und kein Mensch ist würdig, dich nur zu nennen».

Diese Lobpreisungen der Geschöpfe sind in Wirklichkeit ein Preislied auf den Schöpfer. Gott allein gebührt die Ehre und jeglicher Preis. Franziskus spricht hier nicht von Gott, sondern zu Gott. Der Schöpfer ist ihm dauernd gegenwärtig. Gott ist sein lebendiges Gegenüber. Die erste Antwort des Franziskus ist deshalb ehrfurchtvolles Staunen vor dem Wunder der Schöpfung und unablässiger Dank und Lobpreis an den Schöpfer. Wie er sein eigenes Dasein als geschenkt erachtet, so sieht er in der Schöpfung eine gute Gabe Gottes, die Offenbarung Gottes an den Menschen. Franziskus ist überzeugt: Gottes Größe, Macht und Herrlichkeit dokumentieren sich in seiner Geschichte mit den Menschen, aber nicht minder in der Schönheit der Natur. Im Menschen erkennt er das Bild und Gleichnis des Schöpfers, in den Dingen seine Spuren. Ein gutes Beispiel für die Beziehung des Franziskus zur Schöpfung ist die Vogelpredigt. Sie vermag uns einen guten Zugang zur Wurzel, Gestalt und zu den Auswirkungen franziskanischer Naturliebe zu bieten.

Die Vogelpredigt

«Während sich inzwischen, wie erwähnt wurde, viele den Brüdern beigesellten, zog der hochselige Vater Franziskus durchs Spoletotal. Er wandte sich einem in der Nähe von Bevagna gelegenen Ort zu. Dort war eine überaus große Schar von Vögeln verschiedener Arten versammelt, Tauben, kleine Krähen und andere, die im Volksmund Dohlen heißen. Als der hochselige Diener Gottes Franziskus sie erblickte, ließ er seine Gefährten auf dem Wege zurück und lief rasch auf die Vögel zu. War er doch ein Mann mit einem überschäumenden Herzen, das sogar den niederen und unvernünftigen Geschöpfen in hohem Grade innige und zärtliche Liebe entgegenbrachte. Als er schon ziemlich nahe bei den Vögeln war und sah, daß sie ihn erwarteten, grüßte er sie in gewohnter Weise. Nicht wenig aber staunte er, daß die Vögel nicht wie gewöhnlich auf- und davonflogen. Ungeheure Freude erfüllte ihn und er bat sie demütig, sie sollten doch das Wort Gottes hören. Und zu dem Vielen, das er zu ihnen sprach, fügte er auch folgendes bei: "Meine Brüder Vögel! Gar sehr müßt ihr euren Schöpfer loben und ihn stets lieben; er hat euch Gefieder zum Gewand, Fittiche zum Fluge und was immer ihr nötig habt, gegeben. Vornehm machte euch Gott unter seinen Geschöpfen und in der reinen Luft bereitete er euch eure Wohnung. Denn weder säet noch erntet ihr und doch schützt und leitet er euch, ohne daß ihr euch um etwas zu kümmern braucht". Bei diesen Worten jubelten jene Vögel, wie er selbst und die bei ihm befindlichen Brüder erzählten, in ihrer Art wunderbarerweise auf und fingen an, die Hälse zu strecken, die Flügel auszubreiten, die Schnäbel zu öffnen und auf ihn hinzublicken. Er aber wandelte in ihrer Mitte auf und ab, wobei sein Habit ihnen über Kopf und Körper streifte. Schließlich segnete er sie und, nachdem er das Kreuz über sie gezeichnet hatte, gab er ihnen die Erlaubnis, irgendwo anders hinzufliegen. Der selige Vater aber wandelte mit seinen Gefährten freudigen Herzens seines Weges weiter und dankte Gott, den alle Geschöpfe mit demütigem Lobpreis verehren» (1 Celano 58).

Wir sehen: Franziskus beobachtet die Vögel nicht wie ein vogelkundlich interessierter Wissenschaftler, der ihre Art bestimmen will. Er verfällt auch nicht in eine schwärmerische Naturromantik im Beisein seiner Brüder. Zugegeben – er sieht die Vögel von weitem, geht auf sie zu, kommt ins Staunen und freut sich an ihnen. Der Mann aus Assisi muß also mit wachen, offenen Sinnen durch die Welt gegangen sein. Sonst hätte sein Biograph, Thomas von Celano, nicht an einer anderen Stelle berichtet, Franziskus habe den Duft der Blumen, die in Blütenpracht am Wege standen, eingesogen oder beim Betrachten der Gestirne verweilt. Aber Franziskus macht nicht halt an der Oberfläche der Dinge und Lebewesen; er schaut tiefer – er hat den Durch-Blick des Herzens.

«In jedem Kunstwerk lobte er den Künstler; was er in der geschaffenen Welt fand, führte er zurück auf den Schöpfer. Er frohlockte in allen Werken der Hände des Herrn und durch das, was sich seinem Auge an Lieblichem bot, schaute er hindurch auf den lebenspendenden Urgrund der Dinge. Er erkannte im Schönen den Schönsten selbst; alles Gute rief ihm zu: "Der uns erschaffen, ist der Beste". Auf den Spuren, die den Dingen eingeprägt sind, folgte er überall dem Geliebten nach und machte alles zu einer Leiter, um auf ihr zu seinem Thron zu gelangen» (2 Celano 165).

Jedes Element, jedes lebendige Wesen wird für den Heiligen zur Sprosse auf der Leiter zu Gott, ja mehr: zum sichtbaren Ort der Gegenwart des unsichtbaren Schöpfers. Mit gläubigem Herzen empfängt Franziskus die Natur als täglich neues, unverdientes Geschenk dessen, der alles ins Dasein gerufen hat. Schaut der Heilige in den Spiegel der Natur, trifft er stets auf Gottes gewaltige Schöpfermacht, seine unerforschliche Weisheit und verschwenderische Güte. Mit einer zutiefst weltbejahenden Haltung setzt Franziskus einen Kontrapunkt zu den damaligen Zeitströmungen, die in der Welt nur den Ort der Sünde und Versuchung erblicken.

Die Naturliebe des Poverello – festgewurzelt in der Liebe zu

Gott – bleibt nicht beim Betrachten und Erkennen stehen, sie nimmt konkrete Gestalt an. So spricht Franziskus die Vogelschar an im Bewußtsein des einen, gemeinsamen Schöpfers: «Meine Brüder Vögel!» Wie seine menschliche Zuhörerschaft grüßt der Ordensvater die Tiere mit: «Der Herr gebe euch den Frieden!» (1 Celano 23) und bittet die Vögel in Demut, das Wort Gottes verkündigen zu dürfen – Beobachtungen, die auf eine tiefe Ehrfurcht vor den Geschöpfen schließen lassen. Franziskus stellt sich mitten unter die Vögel als ein Bruder unter Geschwistern, alle zu der einen Gottesfamilie gehörend. Der Mann aus Assisi spürt Verantwortung für das Wohlergehen seiner Brüder und Schwestern in der unbelebten und belebten Natur. So läßt er den Bienen im Winter Honig und Wein hinstellen, damit sie keinen Hunger zu leiden brauchen. Brüderlichkeit wird in die Tat umgesetzt, wenn Franziskus Würmer vom Weg aufliest, um sie vor dem Zertretenwerden in Sicherheit zu bringen. Gerade diese unscheinbaren Tiere erinnern ihn an Christus, der in seiner Passion «ein Wurm, nicht mehr ein Mensch» war. Daneben sind es das Wasser, das Feuer, die Felsen und die Lämmer, die – ganz im Sinne des Neuen Testamentes – das Bild des geliebten Erlösers vor dem inneren Auge des Poverello sichtbar werden lassen. Seine Verantwortung für die Geschöpfe bleibt jedoch nicht auf deren leibliches Wohl beschränkt! Gerade im geistlichen Bereich trägt er Sorge um die Natur. In unserer Geschichte spricht Franziskus zu den Vögeln von Gott; er mahnt sie zum Lobpreis auf den Schöpfer, der sie wunderbar ausgestattet und ihnen Lebensraum, Schutz und Führung geschenkt hat.

Am Ende der Predigt erhalten die Vögel den Segen – ein gewichtiges Zeichen, daß der Heilige die Vögel, die Natur überhaupt, nicht nur den Menschen, in die Erlösung Jesu Christi hineingenommen weiß. Sein Anliegen heißt: die geschaffene Welt zu ihrem ursprünglichen Bestimmungsort, zu Gott zurückführen. Nur weil Franziskus ganz aus der Liebe des Gekreuzigten lebt, ist es verständlich, daß die Natur in seiner Nähe Zeichen des Erlöstseins trägt. Die Geburtswehen der Schöpfung verbunden mit Seufzen – so die paulinische Sprechweise im Römerbrief (vgl. Röm 8, 19 ff.) – finden in der Begegnung mit dem Heiligen ein Ende: Die Vögel fliegen entgegen unserer Erfahrung nicht davon, die Tiere lassen sich berühren, weil sie um Franziskus einen Raum der Geborgenheit und des Geschütztseins finden. Das wird äußerlich sichtbar als Entfaltung, ein «Aufatmen»: Die Vögel recken ihre Hälse, sie breiten ihre Flügel aus und tun ihre Schnäbel auf.

Letztlich sind diese Verhaltensweisen nur Echo auf die Gegenwart des Poverello, der den Geschöpfen das Wort Gottes von der Erlösung mitteilt. Thomas von Celano schreibt: Daher bemühten sich alle Geschöpfe ihrerseits, dem Heiligen seine Liebe zu vergelten und sie ihm durch ihre Dankbarkeit nach Gebühr zu erwidern. Koste er, so lächelten sie; bat er, so nickten sie; befahl er, so gehorchten sie (2 Celano 166).

In der Vogelpredigt hat der Gehorsam der Geschöpfe Franziskus gegenüber einen zweifachen Niederschlag: Zum einen beginnen die Vögel das Singen nach der Ermahnung, zum andern fliegen sie erst mit der Erlaubnis des Heiligen weg.

Viele erbauen sich an der Frömmigkeit des Franziskus, andere betrachten sein Verhalten als großartige Dichtung und erfreuen sich daran. Sind die Gedanken des Franziskus heute noch nachzuvollziehen? Widersprechen sie nicht geradezu unserem Naturgefühl? Naturwissenschaftliches Denken, wie wir es heute pflegen, war Franziskus und seiner Zeit fremd. Diese Art zu denken zielt darauf ab, die der Schöpfung innewohnende Gesetzlichkeit zu erforschen. Eine solche Methode hat ihr gutes Recht und man darf ihre Bedeutung nicht unterschätzen. Die Menschheit ist darauf angewiesen, wenn sie leben und überleben will. Freilich bekommt naturwissenschaftliches Denken die Natur als Schöpfungswirklichkeit, die Natur als Spur der Herrlichkeit Gottes, gar nicht in den Griff. Allzuleicht unterliegt diese Methode der Versuchung, zu leugnen, was sie mit ihren einseitigen Mitteln gar nicht fassen kann. Der naturwissenschaftlich denkende Mensch sollte die Grenzen und Gefahren seiner Methode erkennen und über sein Fachgebiet hinaus fragen, damit er das Ganze nicht aus den Augen verliert und vor allem nicht sich selbst. Beispielhaft könnte hier Newton sein, der durch folgendes Bekenntnis zeigt, daß er kein «Fachidiot» war: «Ich komme mir vor wie ein Kind, das hier und dort mehr oder minder glänzende Muscheln aufhebt. Die wunderbare Harmonie des Weltalls kann nur nach dem Plan eines allwissenden und allmächtigen Wesens zustandegekommen sein».

Noch konkreter ist der französische Physiker und Mathematiker Ampère, wenn er sagt: «Nimm Dich in acht, daß Du Dich nicht so ausschließlich mit den Wissenschaften beschäftigst. Arbeite im Geiste des Gebetes; erforsche die Dinge dieser Welt, das gebietet Dir die Pflicht Deines Standes, aber blicke sie nur mit einem Auge an, damit Dein anderes Auge beständig durch das ewige Licht gefesselt sei».

Holen wir die Vogelpredigt und ihre Aussagen über die Beziehung zwischen Franziskus und der Schöpfung in die Gegenwart des 20. Jahrhunderts, dann wird uns die Geschichte zu einer ernsten Anfrage an unseren Umgang mit der Natur:

– Franziskus empfängt die Natur als ein tägliches neues, unverdientes, von Gott herkommendes Geschenk.

Sind wir mit unseren abgestumpften, übersättigten Sinnen noch empfänglich für die Schönheit eines Schmetterlings oder einer Blüte?

Sind wir noch in der Lage, Elemente und Lebewesen zu beobachten, zu betrachten, zu bestaunen und uns über sie zu freuen?

Versuchen wir durch unsere Umwelt mit gläubigem Herzen auf Gott hin zu sehen?

– Franziskus weiß sich mit dem Geschenk der Natur in die Verantwortung gerufen.

Was tun wir für die Erhaltung und den Schutz der Umwelt in unserem Wirkungsbereich?

Wie gehen wir als Einzelne, als Gemeinschaft, als Menschheit mit den Rohstoffen und Energievorräten unserer Erde um? Beuten wir die Erde rücksichtslos aus oder denken wir an die kommenden Generationen und ihre Umweltbedingungen? Sind wir bereit, Konsumverzicht und Selbstbescheidung im Umgang mit den Gütern zu üben?

Drohen wir der Verteuflung des Menschen und seiner Technik und damit einer Vergötterung der Natur zu erliegen?

Bei aller Neubesinnung auf den rechten Umgang mit der geschaffenen Welt sollten wir gerade in unserer Zeit nicht vergessen, mit Franziskus die Natur zum Anlaß des Dankens und Lobens zu machen. «Franziskus und die Schöpfung» – wer könnte uns das besser nahebringen, als der Heilige selbst mit seinem Sonnengesang?

Der Sonnengesang

Hier beginnt das Preislied der Geschöpfe, das der selige Franziskus zum Lob und zur Ehre Gottes verfaßt hat, als er krank zu San Damiano lag:

Erhabenster, allmächtiger, guter Herr,
    dein sind der Lobpreis, die Herrlichkeit,
    und die Ehre und jegliche Benedeiung.
Dir allein, Erhabenster, gebühren sie,
    und kein Mensch ist würdig, dich zu nennen.
Gepriesen seist du, mein Herr,
    mit allen deinen Geschöpfen,
    zumal der Herrin, Schwester Sonne,
    denn sie ist der Tag,
    und spendet das Licht uns durch sich.
Und sie ist schön und strahlend in großem Glanz.
    Dein Sinnbild trägt sie, Erhabenster.
Gepriesen seist du, mein Herr,
    durch Bruder Mond und die Sterne,
    am Himmel hast du sie gebildet,
    hell leuchtend und kostbar und schön.
Gepriesen seist du, mein Herr,
    durch Bruder Wind und durch Luft und Wolken
    und heiteren Himmel und jegliches Wetter,
    durch welches du deinen Geschöpfen
    den Unterhalt gibst.
Gepriesen seist du, mein Herr,
    durch Schwester Wasser,
    gar nützlich ist es

und demütig und kostbar und keusch.
Gepriesen seist du, mein Herr
   durch Bruder Feuer,
   durch das du die Nacht erleuchtest;
   und es ist schön und liebenswürdig
   und kraftvoll und stark.
Gepriesen seist du, mein Herr
   durch unsere Schwester, Mutter Erde,
   die uns ernährt und lenkt
   und mannigfaltige Frucht hervorbringt
   und bunte Blumen und Kräuter.

Gepriesen seist du, mein Herr,
durch jene, die verzeihen
um deiner Liebe willen
und Schwachheit ertragen und Drangsal.
Selig jene, die solches ertragen in Frieden,
denn von dir, Erhabenster,
werden sie gekrönt.
Gepriesen seist du, mein Herr,
durch unseren Bruder, den leiblichen Tod;
ihm kann kein Mensch lebend entrinnen.
Wehe jenen, die in schwerer Sünde sterben.
Selig jene, die sich in deinem
allheiligen Willen finden,
denn der zweite Tod wird ihnen
kein Leides tun.
Lobet und preiset meinen Herrn
und erweiset ihm Dank
und dienet ihm mit großer Demut.

3. Der Berg Subasio -
Begegnung mit der Schöpfung

Das Leben des Franziskus war geprägt vom Weg. Er war Wanderprediger; er war mit Brüdern unterwegs zu den Menschen, unterwegs zu den großen Wallfahrtsorten seiner Zeit, unterwegs in die Einsiedeleien.

Eine Hilfe, sich in dieses Unterwegssein einzufühlen, könnte eine Wanderung über den Monte Subasio sein. Sie beginnt in Assisi, führt an den Carceri vorbei (1. Abschnitt: neunzig Minuten Gehzeit), zu den Höhen des Subasio. Nach nochmals eineinhalb bis zwei Stunden – (2. Abschnitt) – setzt sie sich in knapp zwei Stunden als Wanderung über die verschiedenen Kuppen des Subasio fort (3. Abschnitt), um dann nocheinmal in vielen Serpentinen einundeinhalb Stunden bis Colle Pino abzufallen (4. Abschnitt). Die Wegstrecke ist insgesamt 24 km lang und sehr abwechslungsreich.

Den Wanderer, der Assisi durch das Kapuzinertor verläßt, erwarten rechts und links der Teerstraße Olivenbäume und verschiedenste Sträucher. Die am Hang hochführende Straße lädt immer wieder zum Blick ins umbrische Tal ein oder auch zum Subasio selbst mit seinen zahlreichen Kuppen und Einschnitten.

Lohnend ist auch von Zeit zu Zeit der Blick zurück in Richtung Stadt. Immer mehr Teile der Burg werden sichtbar, bis sie zuletzt ganz im Hintergrund in der Tiefe liegt. Nach manchen Windungen und einigen stärkeren Anstiegen sind die Carceri erreicht.

Es ist ratsam, diesen ersten Abschnitt morgens zeitig zu machen. Die verkehrsfreie Straße ermöglicht dann ein langsames, intensives, schweigendes Gehen. Das gemeinsame Gehen im Schweigen vermittelt auch Gemeinschaftserfahrung.

Die Carceri können Station sein, an der man das Gespräch, Singen und Gebet pflegt.

Der zweite Abschnitt, von den Carceri auf die erste Kuppe des Subasio, führt über ungeteerte Straße und ist wegen des verhältnismäßig starken Anstiegs der beschwerlichste. Doch die Mühe wird belohnt durch immer neue Ausblicke in die Ferne und Entdeckungen kleiner Kostbarkeiten am Weg. Nicht umsonst hat diese Straße den Namen: Panoramastraße. In der Ferne ist rückwärts gelegentlich der Blick frei hinab zur Stadt Assisi, rechts der Blick in das karge Tal des Tescio und die folgenden Höhen, links der Blick in die umbrische Ebene, vorne die dunklen Höhen des Subasio. Die letzte Quelle ist an den Carceri, danach ist bis Colle Pino kein Wasser mehr zu finden. Bald gibt es auch keinen Baumwuchs mehr und der Wanderer ist der heißen Sonne ausgesetzt. Rechts und links der Straße gibt es die verschiedensten Gesteinsarten und gelegentlich finden sich auch Mineralien, vor allem Kristalle. Mancher herrliche Strauch und vor allem die Vegetation am Wegrand mit zahlreichen Blumen lassen den Wanderer besser verstehen, warum Franziskus die Schöpfung liebte und diesbezüglich manche Anweisungen gab.

«Den Gärtner wies er an, die Raine um den Garten nicht umzugraben, damit zu ihrer Zeit das Grün der Kräuter und die Schönheit der Blumen den herrlichen Vater aller Dinge verkündigten. Im Garten ließ er noch ein Gärtchen mit duftenden und blühenden Kräutern anlegen, damit sie die Beschauer anregten, der ewigen Himmelslust zu gedenken. Vom Wege las er die Würmchen auf, daß sie nicht von den Füßen zertreten würden» (2 Celano 165).

Nach dieser beschwerlichen Wegstrecke ist es sinnvoll, die Mittagspause einzulegen. In dieser Zeit können die Einzelnen sagen, was ihnen aufgefallen ist.

Für den dritten Abschnitt, das Wandern über die verschiedenen Kuppen, empfiehlt sich wieder das Schweigen und die Möglichkeit, daß sich jeder frei und unabhängig bewegen kann. Es ist nun nicht mehr nötig, auf dem Fahrweg zu bleiben. Es genügt, ihn im Auge zu behalten.

Eine gute Übung, um mit offenen Sinnen diese zweistündige Wegstrecke zu gehen, könnte folgende Aufgabe sein: Jeder sucht einen Gegenstand zu entdecken, der ihm persönlich etwas bedeutet und ihn besonders anspricht. Dieser Gegenstand darf mitgenommen und später bei der Mitteilung der Erfahrungen gezeigt und erklärt werden.

Die üppigste Vegetation findet sich auf dem Subasio wohl im Juni, doch auch der August und der Anfang des September haben noch ihren Reiz.
Der Wanderer sieht neben Rinder- und Schafherden ganze Rudel von Pferden mit Fohlen. Auch Vögel sind anzutreffen. Was den Subasio jedoch in dieser Zeit kennzeichnet, sind Tausende von Silber- und Blaudisteln. Gelegentlich ist am Weg auch eine Golddistel zu entdecken. Nicht übersehen sollte der Wanderer die vielen kleinen Blumen und Gräser. Manchmal werden – angezogen durch die Tiere – Mückenschwärme lästig.

Auf dem Subasio weht häufig ein erfrischender Wind, der die Hitze erträglich macht. Gelegentlich schiebt sich auch ein Wölkchen vor die Sonne. Hier drängen sich die Verse des Sonnengesanges auf:

«Gepriesen seist du, mein Herr, - durch Bruder Wind und durch Luft und Wolken - und heiteren Himmel und jegliches Wetter, - durch welches du deinen Geschöpfen den Unterhalt gibst».

Auf dem höchsten Punkt des Berges steht links am Weg das kleine Gipfelkreuz. Knapp 1300 m ist die Höhe des Subasio.
Zwischen den Kuppen gibt es einige Krater. Sie erinnern an vulkanische Tätigkeit. Daneben sind immer wieder Zisternen anzutreffen, die das spärliche Regenwasser für die Tiere sammeln.

Gar mancher ist gepackt von der ungeheuren Weite, von dem Gefühl der Freiheit und Großzügigkeit. Der eine erhebt die Arme und läuft, um diese Freiheit auszukosten, ein anderer singt, ein dritter schweigt; wieder andere legen sich auf den Boden oder knien sich nieder und beten.
Immer wieder ist das Zirpen der Grillen zu vernehmen.

Nach zwei Stunden gemütlichen Wanderns ist der Punkt erreicht, von dem aus der Weg wieder abfällt. Ein Marienbild steht an der Wegbiegung.

Es ist günstig, noch eine halbe Stunde weiterzugehen, um einen schattigen Ruheplatz zu erreichen. Der Wald beginnt wieder und lädt zum Verweilen und Austausch des Gesehenen und der Erfahrungen ein. Vor allem ist es aufschlußreich, zu sehen und zu hören, was die Einzelnen auf ihrem Weg des Schweigens entdeckt haben.

Die letzte Wegstrecke ist noch einmal anstrengend, weil sie stark abfällt und von Serpentinen gekennzeichnet ist. Nie wird es langweilig. Immer ist Neues zu entdecken. Gegen Ende des Weges geht es vorbei am Heiligtum der Kleinen Schwestern des Charles von Foucauld, und Colle Pino, ein kleines, verkehrsfreies Dörfchen oberhalb von Spello, ist erreicht. Dort findet sich ein kleines Kirchlein, wo die Wanderung mit freiem Beten und Singen der Gruppe abgeschlossen werden könnte. Die Eindrücke sind so tief und die Erlebnisse so zahlreich, daß es ein frohes, dankbares und gefülltes Beten werden kann.

4. Fragen zur Besinnung

Wie äußert sich die Naturverbundenheit des Franziskus im heutigen Bewußtsein und Brauchtum?
Inwiefern ist es berechtigt, inwiefern verfehlt?

Inwiefern kann ich durch die Natur, über die Natur, in der Natur Gott finden?

Inwiefern ist Natur als «Sprache» des Schöpfers Wort Gottes an die Menschen? Welche Konsequenzen hat das für mich?

Was steht hinter der Anrede der Elemente und Tiere als «Bruder» und «Schwester»?

Inwiefern wird das Verhältnis des Franziskus zu den Dingen dieser Welt von seiner Armutshaltung geprägt?

Inwiefern hat der Mensch Verantwortung vor Gott für die Geschöpfe? Wie kann er sie wahrnehmen?

Welche Konsequenzen hat das für mich im Hinblick auf mein Verhalten zur Technik und zum Umweltschutz?

Gott begegnen in der Schöpfung

1. Danke, Herr, für Deine Schöpfung, alles ist so wunderschön! Überall bist Du zu finden, überall bist Du zu sehn!
2. Danke, Herr, Du schufst den Menschen, herrlich und als Bild von Dir! Alles atmet Deine Liebe, alle Wesen danken Dir!
3. Danke, Herr, Du schufst die Erde, Himmel, Wasser, Luft und Meer. Herr, wir sehen Deinen Reichtum, Deine Vielfalt um uns her!
4. Danke, Herr, für Deine Schönheit, in der Sonne strahlst ja Du! Hilf uns Dich in allen finden, Dich verkünden immerzu!

Durch die ganze Schöpfung schaust Du uns an! Gott, wir begegnen Deiner Fülle und wir beten Dich an!

Text und Melodie: Sr. Leonore Hainzl OSF

XI.
LEBEN UNTER DEM KREUZ

1. Die andere Schönheit

Es war einmal ein wunderschöner Garten, der im Westen des Landes mitten in einem großen Königreich lag. Dort pflegte der Herr des Gartens in der Hitze des Tages spazieren zu gehen. Ein edler Bambusbaum war ihm der schönste und liebste von allen Bäumen, Pflanzen und Gewächsen im Garten. Jahr für Jahr wuchs dieser Bambus und wurde immer anmutiger. Er wußte wohl, daß der Herr ihn liebte und seine Freude an ihm hatte.

Eines Tages näherte sich der Herr nachdenklich seinem geliebten Bambus, und in einem Gefühl großer Verehrung neigte der Baum seinen mächtigen Kopf zur Erde. Der Herr sprach zu ihm: «Lieber Bambus, ich brauche dich». Es schien, als sei der Tag aller Tage gekommen, der Tag, für den der Bambus geschaffen worden sei. Der Bambus antwortete leise: «Herr, ich bin bereit; gebrauche mich, wie du willst».

«Bambus», die Stimme des Herrn war ernst, «um dich zu gebrauchen, muß ich dich beschneiden!» «Mich beschneiden? Mich – den du, Herr, zum schönsten Baum in deinem Garten gemacht hast! Nein, bitte nicht. Verwende mich doch zu deiner Freude, Herr, aber bitte beschneide mich nicht!» «Mein geliebter Bambus», die Stimme des Herrn wurde noch ernster, «wenn ich dich nicht beschneide, kann ich dich nicht gebrauchen».

Im Garten wurde es ganz still. Der Wind hielt den Atem an. Langsam beugte der Bambus seinen herrlichen Kopf. Dann flüsterte er: «Herr, wenn du mich nicht gebrauchen kannst, ohne mich zu beschneiden, dann – tu mit mir, wie du willst und beschneide mich».

«Mein geliebter Bambus, ich muß dir aber auch deine Blätter und Äste abschneiden!» «Ach Herr, bewahre mich davor! Zerstöre meine Schönheit, aber laß mir doch bitte Blätter und Äste!» «Wenn ich sie dir nicht abschneide, kann ich dich nicht gebrauchen». – Die Sonne versteckte ihr Gesicht. Ein Schmetterling flog ängstlich davon. Und der Bambus, zitternd vor Erwartung dessen, was auf ihn zukam, sagte ganz leise: «Herr, schlag sie ab!» «Mein geliebter Bambus, ich muß dir noch mehr antun. Ich muß dich mitten durchschneiden und dein Herz herausnehmen. Wenn ich das nicht tue, kann ich dich nicht gebrauchen.»

Da neigte der Bambus sich bis zur Erde und sagte: «Herr, schneide und teile!» So schnitt der Herr des Gartens den Bambus, hieb seine Äste ab, streifte seine Blätter ab, teilte ihn in zwei Teile und schnitt sein Herz heraus. Dann trug er ihn dahin, wo schon aus einer Quelle frisches Wasser sprudelte, mitten in die trockenen Felder. Dort legte der Herr vorsichtig seinen so geliebten Bambus auf den Boden. Das eine Ende des abgeschlagenen Stammes verband er mit der Quelle, das andere Ende führte er zu der Wasserrinne im Feld. Die Quelle sang froh ein Willkommenlied, und das klare, glitzernde Wasser schoß freudig auf die dürren Felder, die so darauf gewartet hatten. Dann wurde der Reis gepflanzt, und die Tage vergingen. Die Saat ging auf, wuchs, und die Erntezeit kam. So wurde der einst so herrliche Bambus wirklich zum großen Segen in aller Gebrochenheit und Demut.

Als er noch groß und schön war, wuchs er nur für sich selbst und freute sich an der eigenen Schönheit. Aber in seiner Zerschlagenheit wurde er zum Kanal, den der Herr gebrauchen konnte, um sein Reich fruchtbar zu machen. (Märchen aus Südchina)

2. Leben unter dem Kreuz

Nicht weniger als fünfmal begegnet uns in der Hl. Schrift das Wort von der Nachfolge Jesu unter dem Kreuz: «Wer mein Jünger sein will, der verleugne sich selbst, nehme sein Kreuz auf sich und folge mir nach. Denn wer sein Leben retten will, wird es verlieren; wer aber sein Leben um meinetwillen verliert, wird es gewinnen» (Mt 16, 25).

Die häufige Bezeugung spricht für die Echtheit und den Stellenwert dieses Jesuswortes.

«Will mir jemand folgen, so nehme er täglich sein Kreuz auf sich.» Wir sind von Christus aufgerufen, all das tapfer und gottergeben auf uns zu nehmen, was für uns Kreuz ist, was uns in unserem Leben querkommt. Vieles kann in die Quere kommen. Es gibt viele Schatten, die uns belasten. Manches, was uns quer kommt, kann begradigt werden. Aber es gibt auch Dinge, die uns ein Leben lang quer liegen. Und gerade dieses Querige ist der Schatten unseres Lebens. Der Herr verlangt, daß wir dazu Ja sagen, daß wir ihn auf uns nehmen und uns damit zu ihm unter das Kreuz stellen.

Sein Kreuz annehmen, d.h. im letzten sein eigenes Sterben annehmen. Im einzelnen kann das gar nicht aufgezählt werden. Es heißt z.B.: Altwerden ohne zu verbittern, zu spüren wie die Kräfte nachlassen und sich dennoch nicht dagegen aufzulehnen, zu sehen, wie man glückliche und frohe Stunden nicht festhalten kann und doch fest darauf zu vertrauen, daß es sich lohnt, zu leben.

Sein Kreuz auf sich nehmen, d. h. gelassen sein und zwar nicht aus einer Resignation heraus, daß jemand sagt, man kann doch nichts machen, sondern aus dem tiefen Vertrauen: Da ist ein anderer, der mein Schicksal kennt, der um mich weiß, der weiß, wie ich bin; da ist ein anderer, dem ich mich anvertrauen kann, der mein Leben sinnvoll macht, auch da, wo meine Kräfte nachlassen, auch da, wo ich scheitere, auch da, wo ich die mir gesteckten Ziele nicht erreiche.

Sein Kreuz braucht man nicht zu suchen. Es ist einfach da. Wer versucht, seine eigene Situation mit all ihren Schattenseiten, mit all ihren Kreuzen anzunehmen, der fängt damit an, die ersten Schritte hinter Jesus zu tun. Er wird wohl zunächst merken, daß dieses Jesus-Nachfolgen schwer ist, weil hier die Ablösung vom eigenen Ich, die Ablösung von den eigenen Vorstellungen, von den eigenen Träumen gefordert ist. Das kann wehtun wie bei einer Amputation. Aber wer sich immer wieder darauf einläßt, der wird auch erfahren: Man findet große Geborgenheit und Ruhe, wenn man einmal gewagt hat zu sagen: Vater, dein Wille geschehe, nicht der

meine. Du hast mich so gewollt, du hast mich in dieses Leben gestellt, in diese Situation. Oft bin ich damit völlig unzufrieden. Ich möchte anders sein, ich möchte andere Menschen um mich haben. Ich möcht an einem anderen Ort sein. Ich möchte andere, interessantere Aufgaben haben. Aber du willst, daß ich hier stehe, du willst, daß ich hier aushalte und das Beste aus dieser Situation mache. Ich will es versuchen mit deiner Hilfe.
Wer so spricht, darf etwas von den Verheißungen Jesu erfahren. Er findet Ruhe; er kommt zum Leben.

Es ist der gekreuzigte Jesus selbst, der in das Leben des Franziskus tritt. Als er nämlich eines Tages an der Kirche von San Damiano vorbeiging, wurde ihm im Geiste gesagt, es solle zum Beten hineingehen. Er betrat die Kirche und begann innig vor einem Bild des Gekreuzigten zu beten, das ihn liebevoll und gütig auf folgende Weise ansprach: «Franziskus, siehst du nicht, daß mein Haus in Verfall gerät? Geh also hin und stelle es mir wieder her!» «... Jene Anrede aber erfüllte ihn mit solchem Licht, daß er Christus den Gekreuzigten, der zu ihm gesprochen, wahrhaft in seinem Herzen fühlte. Als er aus der Kirche trat, fand er den Priester neben ihr sitzen, griff in die Börse und überreichte ihm eine nicht geringe Summe Geldes mit den Worten: "Ich bitte dich, Herr, kaufe Öl und lasse immer die Lampe vor jenem Kruzifix brennen; und wenn das Geld dafür aufgebraucht ist, so gebe ich dir wiederum, soviel du brauchst".»

«Von dieser Stunde an war sein Herz verwundet und wie aufgelöst im Gedächtnis an das Leiden des Herrn. So trug er, solange er lebte, immer die Wundmale des Herrn Jesus in seinem Herzen, wie dies denn auch die Erneuerung eben dieser Wundmale, die an seinem Körper wunderbar geschah und ganz klar bewiesen ist, glänzend offenkundig machte.» (Dreigefährtenlegende 13; 14)

Es war das Leiden des Gekreuzigten, das ihm vor Augen stand, als er einmal im Walde bei Portiunkula weinend umherging. Als ein Mann, der dies hörte, nach seinem Kummer fragte, antwortete Franziskus: «Ich betrauere das Leiden meines Herrn Jesus Christus, für den ich mich nicht schämen würde, laut wehklagend die ganze Welt zu durchziehen» (Dreigefährtenlegende 14). Das Kleid, das er erwählt hatte, sollte ihn an das Kreuz erinnern, ja ihn selbst zum Gekreuzigten machen.

Er pflegte beim Gebet die Arme auszubreiten, um sich mit dem gekreuzigten Jesus Christus auch in seiner Gebetshaltung verbunden zu zeigen.

Franziskus wollte «in allem den Fußspuren des gekreuzigten Jesus folgen.» In seinen Ermahnungen ruft er auch die Brüder dazu auf: «Geben wir acht, wir Brüder alle, auf den guten Hirten, der, um seine Schafe zu retten, die Marter des Kreuzes erlitten hat» (Ermahnungen, Kap. 6).

Bruder Leo berichtet: «So groß war im seligen Franziskus die Glut der Liebe und des Mitleids mit dem leidenden Christus, und so sehr war ihm der tägliche Gedanke an die Passion des Herrn ein seelischer und körperlicher Schmerz, daß er dabei um seine eigenen Krankheiten sich nicht kümmerte. Lange Zeit hindurch, bis zu seinem Todestag, hatte er an Erkrankungen des Magens, der Leber und Milz zu leiden, und seit er von der Meerreise (Ägypten) zurückgekehrt war, hatte er auch immerwährend heftige Augenschmerzen» (Fioretti 77).

«In allem wollte er dem gekreuzigten Christus gleichförmig sein, weil Christus arm und voller Schmerzen und nackt am Kreuz gehangen hat» (Bonaventura, großes Franziskusleben XIV, 4). Dieses Verlangen gab Franziskus eine neue Sicht des Lebens. Das Kreuz Christi war tief in seinem Herzen verwurzelt. So wurde sein Leben ganz von selbst anders. Er sah alle Dinge und alle Verhältnisse in neuem Licht und nach anderen Maßstäben. Seine Wertordnung kehrte sich um. In dem vom Kreuz ausgehenden und vom Kreuz bewirkten Umdenken wurde die Ichbezogenheit im Leben des Heiligen überwunden. Sein Leben wurde ein Mitleben und Mitleiden mit dem gekreuzigten Herrn. Es geht Franziskus nicht nur um ein Mitleid, das nur Gefühl ist, das aber doch unverbindlich bleibt, sondern um ein echtes «Der-Welt-Sterben», um in Christus zu leben. Diese Bereitschaft hat sich im Leben des Heiligen erfüllt, wirklich und grausam, bis zum Empfang der Wundmale des Herrn, als er auch dem Leibe nach dem Gekreuzigten gleichförmig wurde.

«Ich aber will mich allein des Kreuzes Jesu Christi, unseres Herrn rühmen, durch das mir die Welt gekreuzigt ist und ich der Welt» (Gal. 6, 14). Tatsächlich sah Franziskus auf allen Dingen dieser Welt das Zeichen des Kreuzes und ging entsprechend damit um. Er selbst lebte auch wie einer, der das Kreuzzeichen auf der Stirn trägt und dem Herrn gehört.

Der heilige Bonaventura berichtet über die zentrale Stellung des Kreuzes in der jungen Brüderschaft: «Unaufhörlich flehten sie zu Gott. Sie beteten aber mehr mit dem Herzen als mit dem Munde, da sie noch keine kirchlichen Bücher besaßen, um das vorgeschriebene Stundengebet singen zu können. Vielmehr lasen sie statt in diesen Büchern unaufhörlich bei Tag und Nacht im Buch des Kreuzes Christi, durch das Wort und Beispiel ihres Vaters belehrt, der oft zu ihnen vom Kreuze Christi sprach» (Bonaventura, Großes Franziskusleben IV, 3). Er hatte sich nämlich so in das Buch des Kreuzes Christi hineinversenkt, daß er gegen Ende seines Lebens bekennen durfte, er kenne Christus, den armen Gekreuzigten, und brauche kein anderes Buch mehr (vgl. 2 Celano 105).

Was während des letzten Aufenthaltes auf dem Alvernaberg im September 1224 an Franziskus geschah, beschreibt Bonaventura mit folgenden Worten:

«Glühendes Verlangen trug ihn wie einen Seraph zu Gott empor, und inniges Mitleiden gestaltete ihn dem ähnlich, der aus übergroßer Liebe den Kreuzestod auf sich nahm. Als er nun eines Morgens um das Fest Kreuzerhöhung am Bergeshang betete, sah er einen Seraph mit sechs feurigen, leuchtenden Flügeln von des Himmels Höhen herabschweben. Da er in blitzschnellem Fluge dem Orte nahegekommen war, wo der Gottesmann betete, schaute Franziskus zwischen den Flügeln die Gestalt eines Gekreuzigten, dessen Hände und Füße zur Kreuzesgestalt ausgestreckt und ans Kreuz geheftet waren. Zwei Flügel waren über dem Haupte ausgespannt, zwei zum Fluge ausgebreitet, und zwei verhüllten den ganzen Körper. Bei diesem Anblick war Franziskus sehr bestürzt; Freude und Trauer zugleich erfüllten sein Herz. Die liebevolle Erscheinung, bei der er Christi Blick auf sich ruhen sah, durchströmte ihn mit Freude; doch der Anblick seines Kreuzleidens durchbohrte seine Seele mit dem Schwert schmerzlichen Mitleidens... Schließlich erkannte er durch eine Offenbarung des Herrn, die göttliche Vorsehung lasse ihm deswegen diese Erscheinung zuteil werden, damit er schon jetzt wisse, nicht der Martertod des Leibes, sondern die Glut des Geistes müsse ihn als Freund Christi ganz zum Bild des gekreuzigten Christus umgestalten. Als sich das Gesicht seinen Augen entzogen hatte, blieb in seinem Herzen jenes wunderbare Feuer zurück, prägte aber auch seinem Leibe ein nicht minder wunderbares Bild der Wundmale ein.

Sogleich wurden nämlich an seinen Händen und Füßen die Wundmale der Nägel sichtbar, wie er sie soeben an jenem Bild des Gekreuzigten geschaut hatte. Hände und Füße schienen in ihrer Mitte von Nägeln durchbohrt; ihr Kopf zeigte sich an den Handflächen und an den Risten der Füße, ihre Spitze aber an der Gegenseite. Die Nagelköpfe an Händen und Füßen waren rund und schwarz, ihre Spitzen länglich, etwas gebogen und gleichsam umgeschlagen, sie wuchsen aus dem Fleisch heraus und ragten darüber hinaus. An der rechten Seite klaffte eine rote Wunde, als wäre sie von einer Lanze durchstochen; aus ihr floß oft Blut

hervor, so daß sein Habit und seine Hose davon benetzt wurden»
(Bonaventura, Großes Franziskusleben, Kap. XIV, 3).

Seine Liebe zu Christus, die er im Laufe seines Lebens immer mehr vervollkommnet hatte, erreichte auf dem Alverna ihren sichtbaren Höhepunkt. Christus schenkte Franziskus an diesem Ort die innigste Vereinigung mit sich. Er erfüllte ihm damit seinen sehnlichsten Wunsch, Jesus darstellen zu dürfen, ihm auch im Leiden ähnlich zu werden. Die sichtbare Wundenverleihung war Ende und Höhepunkt eines Weges, den Franziskus aus freien Stücken gegangen war. Alles, was vorher geschah, die Wunden der Seele, Demütigungen, Enttäuschungen über seine Brüder, seine bewußt getragenen leiblichen Schmerzen, das alles war gleichsam die Vorbereitung auf dieses Ereignis.

An Franziskus hat sich so noch zu Lebzeiten erfüllt, was uns für das andere Leben versprochen ist: Innigste Gemeinschaft mit Christus. Es war der Lohn für ein konsequentes Leben nach dem Evangelium, für das Tragen und Ertragen eines Lebens mit allen Höhen und Tiefen im Kleinen und im Großen, für ein unbändiges Streben nach Vollkommenheit und Christusähnlichkeit. Auf dem Berg setzte Christus ein Zeichen. Hier wurde nochmals lebendig, was am Ölberg und Kalvarienberg geschah.

Die Brüder des Franziskus durften nach dessen Tod, als sie den Heiligen aufbahrten, eine göttliche Bestätigung des christusförmigen Lebens ihres Vater erfahren: «Doch eine unerhörte Freude linderte ihre Trauer und die Neuheit des Wunders versetzte sie in übergroßes Staunen. Ihre Trauer kehrte sich in Lobgesang und ihr Wehklagen in Freudenjubel. Denn noch nie hatten sie gehört oder in Büchern gelesen, was sich ihren Augen darbot und wovon sie sich hätten kaum überzeugen lassen, wenn es nicht durch einen so klaren Beweis bestätigt worden wäre. Es strahlte an ihm wider das wahrhafte Bild des Kreuzes und des Leidens des unbefleckten Lammes, das die Sünden der Welt abgewaschen hat; er sah aus, als sei er frisch vom Kreuz herabgenommen, als seien Hände und Füße von Nägeln durchbohrt und die rechte Seite wie von einer Lanze verwundet. Sie sahen nämlich seinen Leib, der zuvor dunkel gewesen war, in blendendem Glanze erstrahlen und durch seine Schönheit den Lohn der seligen Auferstehung verheißen. Sie schauten endlich sein Antlitz gleich dem Antlitz eines Engels, und so, als ob er lebe und nicht gestorben sei, und seine übrigen Glieder zart und beweglich wie die eines unschuldigen Kindes» (1 Celano 112).

Einige konkrete Hinweise, wie wir uns täglich neu unter das Kreuz stellen können:

Eine gute Möglichkeit ist die hl. Messe. In der hl. Messe können wir uns immer neu mit Christus verbinden, der sich am Kreuz dem himmlischen Vater opfert, der Ja sagt zum Willen des Vaters. Zur Meßfeier können wir alles Querige unseres täglichen Lebens mitbringen und uns so ans Kreuz schlagen lassen. Denn die Enttäuschungen, die Mißerfolge, die Lasten unseres Lebens sollen zu einem Mittragen des Kreuzes Jesu Christi und zu einem Sterben an ihm führen. Das kann vor allem in der hl. Messe geübt werden.

Eine andere konkrete Form, wie wir das Kreuztragen und sein Annehmen einüben können, ist das Gebet der Hingabe, in dem wir uns ganz dem Herrn übergeben und ihm zur Verfügung stellen. Wenn wir sagen: Dein Wille geschehe, du kannst mit mir machen, was du willst, dann ist das Opferung. Es ist möglich, auf zweifache Weise zu beten. Bei der einen Form werden wir auch im Gebet um unser Ich kreisen. Wir werden versuchen, Gott auf unsere Seite zu ziehen, wir werden ihn vor unseren Wagen spannen. Im äußersten werden wir dann versuchen, Gott gleichsam zum Diener, zum Sklaven, zum Ausführungsorgan unserer eigenen Pläne und Wünsche zu machen. In diesem Fall halten wir an uns fest.

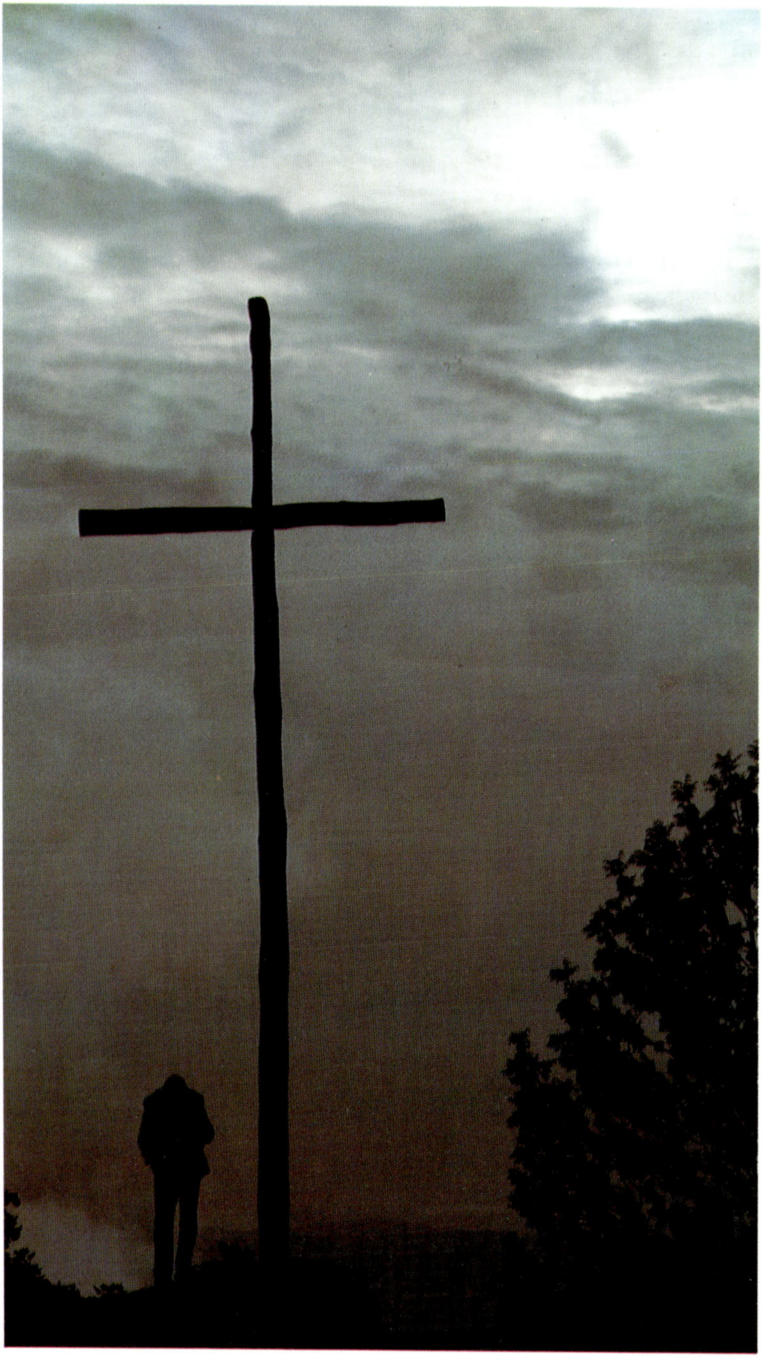

Die wahre Form des Gebetes ist die der Hingabe. Hier stelle ich mich im Gebet auf die Seite Gottes. Ich werde im Gebet Knecht Gottes, Magd des Herrn, weil ich mich auf ihn einlasse, weil ich mich bekehre, hinkehre zu ihm. So hat Maria gesprochen: «Ich bin die Magd des Herrn, mir geschehe nach deinem Wort!» So kann Beten, wenn es in dieser Bereitschaft zur Hingabe geschieht, zu einem Ganzopfer werden.

Wir können uns einüben in dieses unser «Kreuz-auf-uns-nehmen», wenn wir bewußt und mit Andacht das Kreuzzeichen machen. Wenn ich das Kreuzzeichen mache, dann sage ich: Ich gehöre unmittelbar und direkt Christus, ich schließe mich ihm an. Das Kreuzzeichen ist ein Segenszeichen. Segen kommt von Signum (Zeichen). Es ist auch ein Eigentumszeichen, ein Schutzzeichen und als solches ist es Zeichen der Zugehörigkeit und Verbundenheit: Ich gehöre Christus! Ich bin mit Christus verbunden. Er ist Herr meines Lebens und kann über mich verfügen. Franziskus selbst bezeichnete sich an entscheidenden Stellen seines Lebens, wenn er Widerstand spürte, wenn er vor einer wichtigen Entscheidung stand, wenn sein eigenes «Ich» sich aufbäumte, mit dem Zeichen des Kreuzes, um sich zu sagen: Ich gehöre nicht mir, ich gehöre dem Herrn. Er soll bestimmen.

Eine Möglichkeit, auch leiblich das «Ja» zum Kreuz einzuüben ist die Meditation: Der Mensch als Kreuz. C. Pohlmann schildert sie in seinem Franziskusbuch: Franziskus - ein Weg.

Mein Leben ist wie ein Kreuz. Es hat zwei Richtungen, die Vertikale und die Horizontale. Ich liege am Boden und stelle mir vor, wie ich mit meinem ganzen Leben im Wurzelgrund des Ursprungs verankert bin. Ich wachse empor; das ist die Linie in die Höhe, die Entfaltung meiner selbst, meiner Persönlichkeit. Ich möchte mich weiterbilden, möchte größer werden, mich entfalten, in meinem Leben, in meinem Beruf, bis ins Unendliche. Ich möchte wachsen und meine Anlagen und Ansprüche entfalten. Ich möchte von Gottes Gnade angezogen seinem Licht entgegenwachsen. Dies ist die eine große Linie meines Lebens: die Vertikale, die Selbstentfaltung, mein Wachsen in die Zukunft. Aber da ist auch die andere Dimension, die Horizontale, nach rechts und links zu den Menschen hin. Ich bin nicht für mich allein da, sondern für andere. Erst in dem Maße, wie ich für andere da bin, werde ich innerlich wachsen. Es ist wichtig, diese Dimension körperlich auszukosten, die Arme und Hände weit auszubreiten hin zu den Menschen in der Nähe und Ferne.

So werde ich erst ganz Mensch in der doppelten Dimension des Kreuzes, wenn ich mich mit Christus ans Kreuz schlagen lasse, wenn ich «Ja» sage zum Leben im Kreuz, zum durchkreuzten Leben.

All diese Schritte und Übungen zielen im letzten darauf ab, mich mit Jesus am Kreuz zu verbinden. Denn nur «im Kreuz ist Heil, Hoffnung und Leben». Nur über den Weg des Kreuzes bekomme ich Anteil an dem wahren Leben, das ich so sehr ersehne.

3. La Verna - Golgotha des Franziskus

Der Berg La Verna, 1283 m hoch, liegt einsam in der Provinz Arezzo in der Toscana. Der oberste Teil des Berges, ein nach allen Seiten steil abfallender Fels, ist dicht bewaldet und bietet so ein ideales Rückzugsgebiet für Einkehr, Meditation und Gebet. Im Jahr 1213 wurde dieser Berg dem Franziskus vom Grafen Orlando von Chiusi geschenkt.

Wie Celano schreibt, «begab sich Franziskus an einen abgeschiedenen, ruhigen und einsamen Ort, um dort für Gott ganz frei zu sein und den Staub abzuwischen, der etwa aus dem Verkehr mit den Weltleuten an ihm haften geblieben war. Es war nämlich seine Gewohnheit, die Zeit, die ihm verliehen worden, um Gottes Gnade zu verdienen, einzuteilen und zwar, je nachdem es ihm notwendig schien, einen Teil zum Wohl seiner Mitmenschen zu verwenden, den anderen in seliger Abgeschiedenheit der Beschauung zu verbringen.»

Diesem Sehnen des Franziskus kam Graf Orlando, dessen Burgruine heute noch in Chiusi zu sehen ist, entgegen als er sprach: «Ich habe in der Toscana einen Berg, der Monte Alverna genannt wird, und in einer weihevollen Einsamkeit gelegen ist. Für Menschen, die in heiliger Stille leben wollen, wäre er sehr geeignet. Würde er Euch und Euren Gefährten gefallen, so würde ich ihn Euch um meines Seelenheiles willen mit Freuden schenken.» Franziskus nahm dieses großzügige Geschenk an.

Es fasziniert die Einsamkeit und der Friede dieser Berglandschaft. Verständlich wird auch, daß Graf Orlando die zwei ersten Brüder, die sich im Auftrag des Franziskus den Berg ansehen wollten, von 50 bewaffneten Männern zum Schutz gegen Räuber und wilde Tiere, die dort ihr Unwesen trieben, durch diese Einsamkeit begleiten ließ.

Vor dem Torbogen über dem Klostereingang steht auf einer Steinplatte: «Non est in toto sanctior orbe mons» (Es gibt auf der Erde keinen heiligeren Berg). Mit dieser etwas übertriebenen Aussage wird die Bedeutung dieses Ortes für Franziskus und den gesamten Orden unterstrichen. Hier erlebte Franziskus den Höhepunkt seines Lebens durch die innigste Anteilnahme an Christi Leiden in der Stigmatisation.

Das Kreuz an der offenen Stelle des Platzes zum Tale hin spricht in seiner markanten Einfachheit für sich selbst.

Von den Heiligtümern, die auf dem La Verna sehr zahlreich

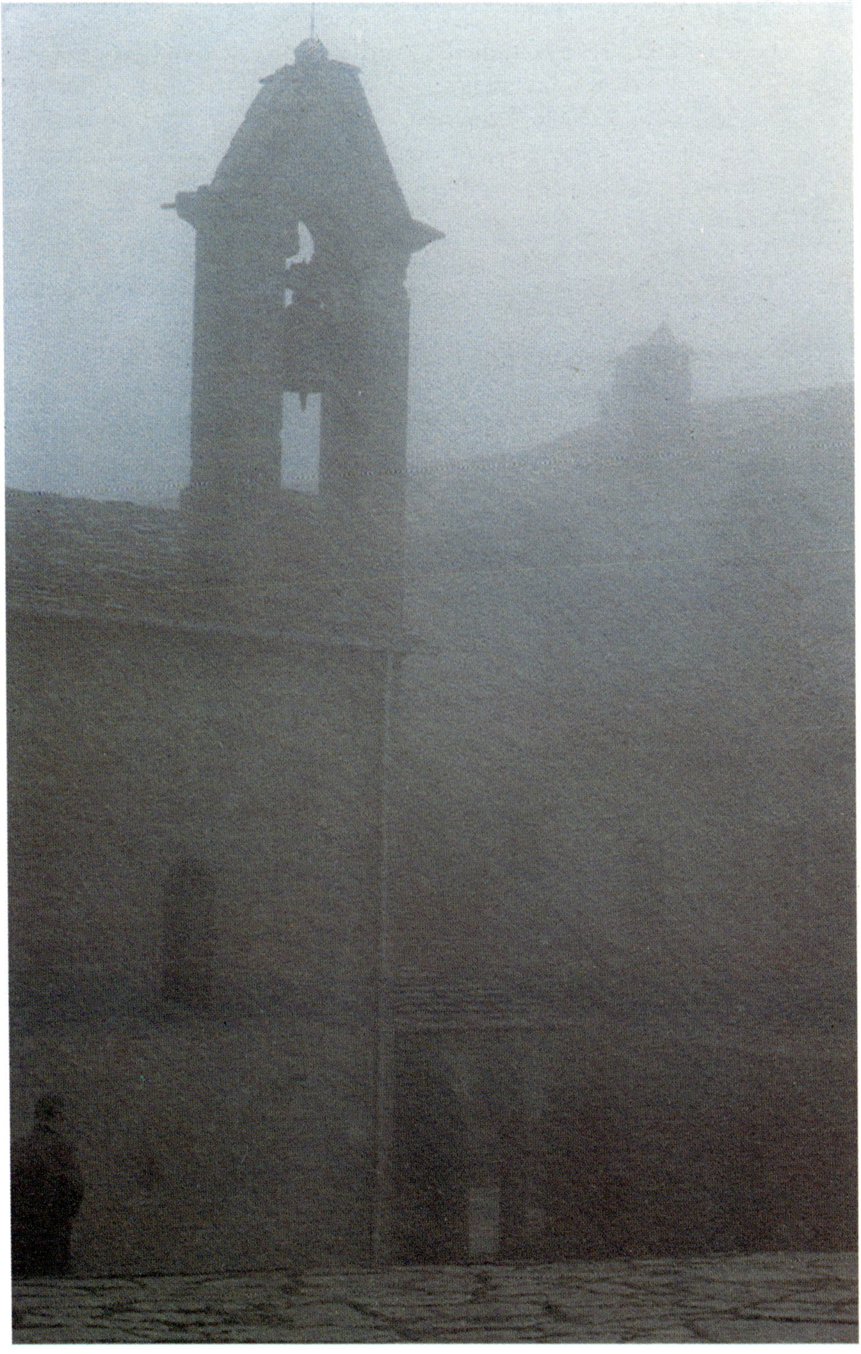

sind, sollen hier nur die wichtigsten genannt werden. Ein unsymmetrischer Säulengang führt zur Kapelle Maria von den Engeln. Gewöhnlich wird sie «chiesina» (d.h. kleines Kirchlein) genannt. Sie wurde auf ausdrücklichen Wunsch des hl. Franziskus in den Jahren 1216-1218 errichtet und der hl. Jungfrau von den Engeln geweiht, gleich dem kleinen Kirchlein Portiunkula von Assisi. Nach einer Legende war die hl. Jungfrau dem hl. Franziskus erschienen und hatte ihm Lage und Ausdehnung dieser ersten Kirche auf La Verna genau angegeben.

Neben dem Kirchlein wurde 1348 der Bau der Klosterkirche begonnen und 1509 abgeschlossen. Die kostbarsten Kunstschätze der Kirche sind die Bildtafeln von Andrea della Robbia aus Terracotta. Sie zeigen Szenen aus dem Leben Jesu und seiner Mutter. Insgesamt gibt es 15 Bildtafeln aus dem Schaffen der Familie della Robbia in der Kirche. Die della Robbia waren eine florentinische Bildhauerfamilie, die fast 200 Jahre lang mit der Technik der glasierten Terracotta La Verna bereicherten (etwa von 1400 bis 1600).

Ein Gang verbindet die Basilika mit der Kapelle der Wundmale. Der Bau dieses Ganges geht auf 1578 zurück und gibt den Brüdern die Möglichkeit, Tag und Nacht, Sommer und Winter die Prozession zur Kapelle der Wundmale zu halten. Schon seit der Mitte des 15. Jahrhunderts wiederholt die Klosterfamilie des La Verna dauernd diesen frommen Brauch, der so eigentümlich und bewegend ist.

Ungefähr in der Mitte des Ganges öffnet eine kleine Tür den Weg zum sogenannten Bett des hl. Franziskus. Eine feuchte und kalte Grotte von schauderhaftem Anblick; große, fast freihängende Felsenmassen, ein Stein, bedeckt mit einem Eisengitter, das ist alles. Hierhin zog sich der Heilige zurück, um Buße und Gebet zu üben. War er dann müde, gab er «Bruder Esel» etwas Ruhe, indem er sich auf dem nackten Stein ausstreckte.

Auf der anderen Seite des Ganges kommt der Pilger durch eine Eisengittertür zur Kapelle der Maddalena. Sie wird auch erste Zelle des hl. Franziskus genannt. An diesem Ort befand sich, vom Stamm einer großen Eiche gestützt, die erste Hütte oder Zelle, welche Graf Orlando dem hl. Franziskus errichten ließ, als er das erste Mal den La Verna bestieg. Die Kapelle ist auch die Stätte, an der Bruder Leo, von einer schweren geistigen Versuchung gepeinigt, den Segen aus den Händen des hl. Franziskus erhielt. Er schenkte dem Bruder Leo wieder die Seelenruhe. Das Original dieses Schreibens mit dem Autogramm des Heiligen wird in Assisi aufbewahrt.

Auf der Rückseite des Schriftstückes für Bruder Leo mit dem Lobpreis Gottes steht der sogenannte Aaron-Segen. Franziskus hat ihn dem Bruder Leo geschrieben:
«Der Herr segne und behüte dich.
Er zeige dir sein Angesicht und erbarme sich deiner.
Er wende dir sein Antlitz zu und schenke dir den Frieden.
Der Herr segne dich, Bruder Leo.»

Eine Treppe führt weiter hinunter in eine Schlucht des Berges, zu dunklen Höhlen, zerklüfteten Felsen, vorbei an Buchen, die in tiefen Spalten verwurzelt sind. Der Pilger kommt bis zum Sasso spico (vorstehender Fels), einem riesigen Felsstück, das nur mit einer Ecke am Felsmassiv fest ist. In diesem, seiner Zelle nahegelegenen Gelände, so düster und angsterregend, erging sich Franziskus in der Betrachtung des Leidens seines gekreuzigten Herrn, über das er bittere Tränen vergoß.

Durch die Kreuzkapelle oder zweite Zelle des hl. Franziskus, in der er sich während seiner letzten Fastenzeit auf La Verna aufhielt und die schwere Todesangst vor seiner Kreuzigung erduldete, gelangt man in die Kapelle der hl. Wundmale. Das ist der Ort, welcher den Alvernaberg in der ganzen Welt berühmt werden ließ. In der Mitte der Kapelle und dem Altar nahe befindet sich die Felsklippe, auf welcher der Heilige in der Nacht des 14. September 1224 «von der Hand des Herrn» getroffen wurde.

Franziskus suchte gerade den Alverna auf, um mit sich und Gott alleine zu sein. Er war nachweislich hier in den Jahren 1215, 1216, 1217 und 1221. Das letzte Mal begab er sich nach Alverna 1224 zu einem 40-tägigen Fasten. Was in dieser Zeit geschah, ist oben mit den Worten des hl. Bonaventura beschrieben worden.

4. *Fragen zur Besinnung:*

Welches ist mein Kreuz? Was liegt mir quer?
Womit muß ich mich am meisten abplagen? Womit werde ich nicht fertig?

Wie gehe ich mit diesem meinem Kreuz um?
Stelle ich mich ihm oder laufe ich davon?
Bin ich dauernd auf der Flucht?

Nehme ich die Aufforderung Jesu an: «Kommt alle zu mir, die ihr euch plagt und schwere Lasten zu tragen habt. Ich werde euch Ruhe verschaffen» (Mt 11, 28).

Übe ich die Haltung der Hingabe und des Opfers, die Annahme des Kreuzes ein?

Habe ich diese Ruhe schon einmal durch ein «Ja» zu einem Kreuz erfahren?

Leben unter dem Kreuz

Wer mir nach-fol-gen will, ver-leug-ne sich selbst, neh-me täg-lich sein Kreuz auf sich und fol-ge mir nach!

nach jeder Strophe wiederholen

1. Dein Sieg, o Herr, ist das Kreuz, hier schöpft unser Glaube Kraft. Für immer sind wir ganz frei, wie schwer die Schuld auch sei!
2. Wir leben unter dem Kreuz und tragen so schwer, o Herr; richte uns auf, laß uns Dei-ne Lie-be tie-fer sehn!
3. Du gehst ans Kreuz und vergibst, weil Du wirklich jeden liebst. Dein Kreuz ist Kraft, welche Auf-er-steh-ung in uns schafft!
4. All unsre Not trägst Du mit, wo wir nur das Dunkel sehn! Mitten im Kreuz und im Leid strahlt Licht der E-wig-keit!

Text und Melodie: Sr. Leonore Heinzl OSF

XII.
LEBEN MIT BRUDER TOD

1. Wir sind nur Verwalter

Rabbi Meir saß eines Tages im Hörsaal und hielt einen Vortrag. Während dieser Zeit starben seine zwei Söhne. Seine Frau legte ein Tuch über sie, und als am Ende des Sabbats der Rabbi nach Hause kam und sich nach den beiden Söhnen erkundigte, sprach die Mutter: «Sie sind unterwegs!»
Dann trug sie ihrem Mann Speise auf, und nachdem der Rabbi gegessen hatte, sagte er abermals zu seiner Frau: «Wo sind nun meine beiden Söhne – unterwegs wohin?» Die Frau antwortete: «Vor langer Zeit kam ein Mann und gab mir etwas zum Aufbewahren. Jetzt kam er wieder, um es abzuholen. Ich habe es ihm gegeben. War das richtig, Rabbi, so zu handeln?» Meister Meir sagte: «Wer etwas zum Aufbewahren erhalten hat, muß es seinem Eigentümer zurückgeben, wann immer dieser es zurückhaben möchte.» «Genau das habe ich getan», sagte die Mutter der beiden Söhne. – Dann führte sie den Rabbi hinauf ins Obergemach, zog das Bettuch weg und zeigte ihm die Toten ... Da fing der Rabbi an zu weinen. Seine Frau faßte ihn am Arm und sprach: «Rabbi, du hast mir doch gesagt, daß wir das Aufbewahrte seinem Eigentümer zurückgeben müssen, wann immer er es zurückhaben möchte!»
Da sah der Rabbi ein, daß seine Frau recht hatte, und er hörte auf, über den Tod seiner Söhne zu weinen (W. Hoffsümmer, 255 Kurzgeschichten, S. 133).

2. Leben mit Bruder Tod

Es hat wohl nicht den rechten Sinn, am Grab des Franziskus über diesen Toten zu sprechen, viel mehr Berechtigung hat es wohl, daß dieser Tote, der durch die Spuren und die Stätten, die er hinterlassen hat, noch so lebendig ist, zu uns Lebenden spricht. Er, der Tote, ist nicht stumm. Sein Schweigen ist eindringlicher als alles menschliche Reden. Von Franziskus und seinem Weg sollten wir uns ergreifen lassen. Ja, als Ergriffene sollen wir auch vor seinem Heimgang stehen, weil es nichts Lebendigeres gibt als tote Heilige. Franziskus soll sein Wort an uns richten. Sein Wort ist ernst, denn seine Mahnung heißt: Lebt auf den Tod hin! Übt den Tod ein! Tun wir das? Ist unser täglich näherkommender Tod ein Faktor unseres Lebens, ein Posten mit dem wir rechnen? Die derzeitige Welt versteht es mit raffiniertem Geschick alle Mahnungen an Tod und Sterben aus unseren Augen zu schaffen, sie mit Blumen, Kränzen und Musik zu verdecken. Der Mensch hält den Anblick des Todes nicht mehr aus. Und doch muß gefragt werden: Lebt nicht jeder Weg vom Ziel? Wie kann also einer seinen Tod geflissentlich aus seinen Gedanken schlagen, wo der Tod doch die Bilanz unseres Lebens ist? Wird nicht jeder Weg ein sinnloses Wagnis, wenn kein Ziel ins Auge genommen wird? Nur als Todbereite und Todgeweihte können wir mit Recht am Grab des Franziskus stehen.

Das letzte Glied unserer Lebenskette ist der Tod. Wo dieser Tod nicht Tat, sondern ehernes Schicksal ist, wo unser Ende einmal nur Verenden, nicht aber Vollendung ist, da steht am Ende auch des aktivsten Lebens ein jämmerlicher Bruch, ein schmerzliches Zerbrechen.

Bei Franziskus erfolgt am Ende der Durch-Bruch. Für ihn wurde hier end-gültig, was in seinem Leben Gültigkeit hatte.

Hören wir, was Thomas von Celano (2 Celano 220 a) über den Heimgang des Heiligen schreibt:

«Im Jahre der Menschwerdung 1226 am 4. Oktober, an dem Tage, den er vorausgesagt, zwanzig Jahre, seitdem er aufs vollkommenste Christus anhing und dem Leben und den Spuren der Apostel folgte, ging der apostolische Mann Franziskus, losgelöst von den Fesseln des sterblichen Lebens, glücklich heim zu Christus. Sein Leib wurde in der Stadt Assisi bestattet.»

Lassen wir Franziskus selbst sprechen: «Es sind nun zwanzig Jahre her, daß ich aus der Welt ausgezogen bin. Seitdem habe ich nirgends mehr in der Welt ein Zuhause gehabt, nichts wohin ich mich hätte zurückziehen können: keine Frau, keine Familie, kein Geschäft, keinen Besitz in der Hinterhand, keine Beziehungen und Privilegien. Nur das zum Leben Notwendige hatte ich. Zwanzig Jahre zog ich betend, predigend und mahnend durch Umbrien, Italien und weit darüber hinaus, ohne einen festen Wohnsitz, ohne auch irgendwo für immer Ruhe zu suchen. Ich führte ein Leben, in dem ich mich nicht schützen wollte vor den harten Seiten des menschlichen Daseins. Und diese trafen mich bis in mein Inneres. Aber ich wählte dieses Leben freiwillig, weil ich begriffen hatte, daß man in der Welt nicht ganz zu Hause sein kann, niemals ganz zu Hause sein kann. Zu Hause, das war für mich ein anderes Wort für Gott. Und deswegen suchte ich Gott. Ich wollte die Welt verlassen, weil ich begriffen hatte, daß ich die wahre Erfüllung anderswo finden müsse. All mein Umherziehen und Ausziehen war eine Vorbereitung auf den Hinübergang zu meinem wahren Zuhause. Der Herr war der Schatz im Acker, die kostbare Perle, für die ich gerne alles verließ.

Auch in dem einen Notwendigen, in dem was unumgänglich ist, begann ich den Herrn zu erkennen: In meinem Bruder Tod. Auch durch ihn hörte ich Gott zu mir sprechen. Ich hörte, wie Gott mich durch den Tod hindurch zum Leben rief. Und jetzt stehe ich vor dem letzten entscheidenden Schritt nach Hause. Ich bin wie der verlorene Sohn in dem Augenblick, als sein Vater ihm schon von Ferne entgegenkommt. Ich bin ein Mensch, der wie alle Menschen gesät wurde in Vergänglichkeit, der aber nun fertig ist für den Übergang zum unvergänglichen Leben (vgl. 1. Kor. 15, 35-38). Ich bin bereit für den letzten großen Auszug, um meinem Herrn von Angesicht zu Angesicht zu begegnen.

Meine Lebensform kann für euch ein Weg sein, auf dem auch ihr zum vollen und wahren, zum ewigen Leben kommen könnt. Was habe ich getan? Einfach und ohne umständliche Worte gesagt: Ich habe das Evangelium gehört und befolgt. Freilich gab es auch in meinem Leben Umwege. Ich habe beispielsweise erfahren, wie sich das Streben nach irdischer Größe – etwa im Leben eines Kaufmanns und Ritters – totläuft. Ich habe erfahren, daß, wer sein Leben in dieser Welt zu behaupten versucht, sein Leben an die Auflösung preisgibt. Gerufen und angelockt vom Herrn bin ich den umgekehrten Weg gegangen. Ich habe die Stricke, die mich an die Welt banden, gelöst. Ich habe alles losgelassen und bin aus allem ausgezogen, was mich daran hinderte, zu mir selbst zu kommen, zu meinem Nächsten, zum Herrn. Ich bin in die Fußspuren meines Meisters getreten, bin Diener geworden, Knecht aller Menschen, die der Herr auf meinen Weg sandte. Ich wurde ein

Armer, der sich auf nichts mehr etwas einbildet: Nicht auf äußere Dinge, aber auch nicht auf innerliche Reichtümer. Ich wollte mich nicht anders zeigen, als ich wirklich war. Auf diesem Weg durfte ich erfahren, wie ein Leben nach dem Evangelium neues Leben hervorbringt. Jesus hat sein Versprechen, das er im Evangelium abgibt, an mir wahrgemacht: «Amen, ich sage euch: Jeder, der um meinetwillen und um des Evangeliums willen Haus oder Brüder, Schwestern, Mutter, Vater, Kinder oder Äcker verlassen hat, wird das Hundertfache dafür empfangen: Jetzt in dieser Zeit wird er Häuser, Brüder, Schwestern, Mütter, Kinder und Äcker erhalten, wenn auch unter Verfolgungen und in der kommenden Welt das ewige Leben (Mk 10, 29-30).

Ich durfte tatsächlich all diesen Reichtum schon hier finden. Vor allem wurde mir der Herr vertraut. So hoffe ich, vorbereitet zu sein auf mein Nachhausekommen zum Vater. Mein Vertrauen wird auch dadurch genährt, daß ich schon in diesem Leben den Vorgeschmack dieses wahren Zuhause wiederholt geschenkt bekam. Ich durfte schon Erfahrungen mit dem Herrn machen, die mir zeigen, wieviel Glück und wieviel Freude der Herr schon hier bereitet hat für die, die ihn lieben. Der Weg des Evangeliums ist tatsächlich der Weg, der in das Land der Lebenden führt.

Ich kann auch jetzt, so wie ich es oft in meinem Leben getan habe, singen:

«Lob sei Dir, Du Herre mein, - durch unsern Bruder, den leiblichen Tod; - ihm kann kein Mensch lebendig entrinnen. - Unheil wird jenen, die in Todsünde sterben. - Selig sind jene, die in Deinem allheiligen Willen sich finden, - denn der zweite Tod tut ihnen kein Leid an» (Sonnengesang).

3. Die Grabeskrypta von San Francesco

Es waren noch nicht zwei Jahre seit dem Tode des Franziskus

vergangen, als sein Nachfolger in der Leitung des Ordens, Bruder Elias, das Land dicht vor dem westlichen Stadttor Assisis als Geschenk erhielt. Es war abschüssig, der Hinrichtungsplatz für Verbrecher, Höllenhügel genannt. An dieser Stelle sollte sich die gewaltige Kirche erheben, die dazu bestimmt war, die sterblichen Reste des hl. Franziskus zu bergen.

Am Tag nach der Heiligsprechung des Franziskus am 17. Juli 1228 begab sich Papst Gregor IX. auf den Höllenhügel, um den Grundstein des gewaltigen Baues zu Ehren des neuen Heiligen zu segnen.

Schon die Ankündigung rief Widerstand hervor. Verriet Bruder Elias nicht den Geist der Armut und damit die Grundhaltung des Heiligen? Führte er die Brüder nicht auf den falschen Weg, wenn er sie aus ihren verstreuten Hütten herausholte, um sie in einem mächtigen, festungsähnlichen Konvent wohnen zu lassen? Im Orden gab es zwei Richtungen: die des Bruder Elias und die des Bruder Leo, der den Bruder Elias beschuldigte, Frau Armut untreu zu werden.

Bruder Elias hatte das Gelände im Namen Papst Gregors IX. angenommen. Dieser hatte der ganzen Christenheit den Bau zu Ehren des hl. Franziskus angekündigt und um Spenden dafür aufgerufen. Die Kirche sollte also Eigentum des Heiligen Stuhles sein. Franziskus blieb der Heilige der Armut. Der Bau gehörte zu den Ehrenbezeugungen, welche die Kirche dem «Armen aus Assisi» erwies.

Bruder Elias – einem siegessicheren Feldherrn gleich – trieb den Bau energisch voran. 2 Jahre nach der Grundsteinlegung war die Unterkirche beendet und konnte den Leichnam des Heiligen aufnehmen.

Der italienische Schriftsteller Piero Bargellini schildert den geschichtlichen Ablauf der Überführung der Gebeine des hl. Franziskus so:

«Am 25. Mai 1230, d.h. weniger als vier Jahre nach dem Tod des Heiligen, war die Unterkirche vollendet und der Leichnam des Heiligen, der vorübergehend in der Kirche San Giorgio beigesetzt worden war, konnte entsprechend einer päpstlichen Anweisung nach hier überführt werden.

Die Übertragung vollzog sich in einer Atmosphäre ungeheurer Spannung und die Zeremonie hatte gleichzeitig etwas kirchlich Feierliches und parademäßig Militärisches. Die Prozession, an der drei päpstliche Legaten, Bischöfe, Prälaten, fast der ganze Orden und eine riesige Volksmenge teilnahmen, ging von San Giorgio zwischen zwei Reihen von Bewaffneten aus, da man Unruhen und eine Entführung des Leichnams befürchtete. Als der Wagen, der von mehreren Ochsenpaaren gezogen war, vor dem Portal der Unterkirche ankam, bemächtigt sich Frate Elia, der niemand, nicht einmal den Legaten, den Eintritt in die Kirche gestattete, des eisenbeschlagenen Sarges, versperrte das Tor und ließ den Sarg tief unter der Erde in einen mächtigen Pfeiler versenken. Niemand hätte so die sterbliche Hülle des Heiligen entführen können, ohne das Mauerwerk auszuhöhlen, das widerstandsfähiger als der Fels selbst war. Dann setzte er, ohne sich um das erregte Ärgernis und die heftigen Proteste zu kümmern, den Bau der Oberkirche fort, die den Triumph des Glaubens und der Kunst der Franziskaner darstellen sollte.»

Der Plan des Bruders Elias sah nur die beiden übereinander errichteten Kirchen vor. Der stolze und entschlossene Ordensgeneral hatte, wie wir gesehen haben, den Sarg mit den sterblichen Resten des hl. Franziskus in der Tiefe versenkt, ohne eine Spur von der Grabstätte zu hinterlassen und den Fußboden der Basilika darüber sorgfältig wieder eingeebnet. Man ahnte zwar, daß das Grab des Heiligen sich unter dem Hochaltar befinden müsse, den seinerseits die Vierung mit ihren allegorischen Darstellungen überwölbte, aber in welcher Tiefe? Es gab keine Urkunde und keine mündliche Überlieferung hatte sich erhalten. Zweimal versuchte man eine Erforschung des Untergrundes, aber ohne Ergebnis. Erst im Jahre 1818 wurde mit Erlaubnis Papst Pius VII. ein dritter Versuch, das Grab des Heiligen zu finden, gemacht. Man grub in aller Heimlichkeit 52 Nächte lang, bis man schließlich in einem mächtigen Pfeiler, in einem steinernen, eisenbeschlagenen Sarkophag, die sterblichen Reste des Heiligen fand.

Man dachte sofort daran, um jenen Pfeiler, auf dem der Hochaltar der Unterkirche ruhte, eine unterirdische Kirche zu bauen. Die Arbeit wurde dem römischen und päpstlichen Architekten Pasquale Belli anvertraut, der die Krypta im Stil seiner Zeit (1824), d.h. im Sinne des herrschenden Klassizismus, mit dorischen Säulen und weißen Stuckornamenten errichtete. Aber der so entstandene Bau stand in einem zu schroffen Gegensatz zu dem Stil der beiden Basiliken und vor allem zu dem Geist echten Franziskanertums. Die Krypta wurde daher in den Jahren 1925 bis 1932 von dem

Architekten Ugo Tarchi aus Assisi grundlegend umgebaut, der dem Bau einen strengen, ans Romanische erinnernden Charakter verlieh. Der Umbau hatte keine künstlerischen Absichten: sein Ziel war einzig, die fromme Stimmung der Pilger nicht zu stören, die voller Ehrfurcht auf den einfachen Steinstufen zu Füßen des an dem Grabespfeiler errichteten Altars niederknien.

Rings umher sind in einfachen Nischen die ersten Jünger des Heiligen beigesetzt, gleichsam als habe man hier, auf engem Raum und im Zeiches des Todes, die Gemeinschaft der "Troubadoure Gottes", die mit ihrer heiteren Frömmigkeit Stadt und Land erfüllt hatten, wiederherstellen wollen. Beim Verlassen der Krypta beachte man in der Mauer die kleine Urne der sel. Jacoba von Settesoli, jener römischen Witwe, die der hl. Franz "Frate Jacoba" zu nennen pflegte, der einzigen Frau, die, nach der hl. Klara, das Vertrauen des Heiligen genoß. Von ihr nahm Franziskus selbstverfertigte Süßigkeiten als Geschenk an. Wie durch ein Wunder gerufen, eilte sie an das Sterbelager des Heiligen; und mit mütterlicher Liebe hüllte sie den Leichnam in die Leinentücher, die sie mitgebracht hatte, nachdem sie ihm mit einem gestickten Tuch den Todesschweiß von der Stirn gewischt hatte (3 Celano 37-39).

Franziskus lebt weiter

Franziskus hat reiche Frucht gebracht, hundertfältige Frucht. Obwohl es ein schwieriges Unterfangen ist, im geistlichen Bereich von Erfolg zu sprechen und erst recht, ihn abzuschätzen, gibt es doch Indizien, die etwas über die Wirkung und Strahlkraft des Heiligen aussagen.

Franziskus selbst behauptet immer noch einen bedeutenden Platz im Denken, Fühlen, Wünschen und Sehnen vieler Menschen. Franziszi Anziehungskraft ist sozusagen ein Vorschuß, der jedem Minderbruder gegeben und nur bei persönlicher Enttäuschung zurückgenommen wird.

Die franziskanische Bewegung ist in einer ähnlich stürmischen Umbruchszeit entstanden wie jene, die wir heute erleben. In Politik, im Finanzwesen, in Gesellschaft, Kunst und Kultur, in Arbeit und Arbeitsorganisation, im Privat- und Gemeinschaftsleben, in Staat und Kirche stehen wir sicher in einem stärkeren und tieferen Umbruch als die Menschheit ihn je erfahren hat – aber die Wellen gingen auch am Ende des 12. und am Anfang des 13. Jahrhunderts sehr hoch. Es muß einer schon ansehnliche Dimensionen haben, wenn er in dem damaligen Getümmel überhaupt bemerkt werden sollte. Und doch, Franziskus, der Sohn des Tuchhändlers Pietro Bernardone aus Assisi, hat sich im Weltgeschehen der damaligen Zeit so hervorgetan, daß er den Vergleich mit Innozenz III. und Friedrich II. vorteilhaft aushält.

Er selbst gibt in seinem «Testament» Rechenschaft darüber, wie er den Ursprung der von ihm ausgegangenen Bewegung verstand: als eine «Bekehrung», die nicht nach fertigem Programm vor sich gegangen ist, sondern die aus Umständen des konkreten Lebens, aus Geschehnissen und ihrer betrachtenden Deutung, aus der Kraft des Wortes Gottes im Evangelium langsam zur Klarheit gekommen war. Das daraus entstandene Leben war Zeugnis von solcher Kraft, daß es andere anzog und aus den vielen eine starke und immer stärkere Bewegung machte. Als Franziskus 1226 starb, war die Entwicklung noch in vollem Gange und ist es bis heute geblieben. Wer zur franziskanischen Bewegung hinzustößt, erfährt es immer noch schmerzlich und bedrückend: man kann nicht nach einem allseitig ausgeführten Programm leben, sondern muß sich tagtäglich in Frage stellen lassen vom hohen Ziel und von der immer fragwürdigen und bedrückenden Unzulänglichkeit der vielschichtigen Wirklichkeit im eigenen Leben, sowie von der Einfügung in Welt und Kirche.

Einige Zahlen und Tatsachen

Trotz dieses dauernden Infragegestelltseins von innen und von außen, ist die Anziehungskraft der «Lebensweise der Minderen Brüder» aber doch so stark, daß der seit langem dreigeteilte Erste Orden des hl. Franziskus (Franziskaner, Konventualen, Kapuziner) immerhin mehr als 40.000 Brüder zählt. Von Klausurschwestern des Zweiten Ordens gibt es heute etwa 20.000. Dazu kommen mehr als 350 Institute des klösterlich lebenden Dritten Ordens mit mehr als 150.000 Brüdern und Schwestern. Der weltliche Dritte Orden umfaßt mehr als eineinhalb Millionen Brüder und Schwestern, die in Beruf und Familie dem franziskanischen Leben gerecht zu werden versuchen. Dazu kommt noch ein großes Heer von Menschen, die sich irgendwie von Franziskus angezogen fühlen, ohne sich einem der franziskanischen Institute anzuschließen:

von großen Künstlern angefangen, von großen Geschichtsforschern über Soziologen, Psychologen, Wirtschaftlern bis hin zu einfachen Menschen aus allen Bereichen, Religionen und Nationen. Man kann wohl mit einer gewissen Berechtigung sagen: wem Franziskus wirklich begegnet ist, dem hat er es irgendwie angetan! So ist es trotz des Auf und Nieder in verschiedenen Zeiten nun schon seit mehr als 750 Jahren. Das ist wahrhaftig eine erstaunliche Wirklichkeit! Das ist unleugbar ein starker Faktor in Welt und Kirche, auch noch in einer Zeit, die sich längst an die «großen Zahlen» gewöhnt hat. Dies hat nichts mit Triumphalismus zu tun. Diese Hinweise sollen Ermutigung sein zu einem Leben als Kleiner, Minderer im Geist und in der Nachfolge des heiligen Franziskus in der Gemeinschaft vieler gleichgesinnter Schwestern und Brüder.

4. *Fragen zur Besinnung:*

Wie gehe ich mit meinem Tod um? Fliehe ich vor ihm? Verdränge ich ihn oder stelle ich mich ihm?

Übe ich das Annehmen und Loslassen im Alltag ein?

Habe ich schon die Erfahrung gemacht, daß sich mir aufgrund einer Selbstlosigkeit, eines Opfers, eines Verzichts neue Wege auftaten, daß mir neues Leben geschenkt wurde?

Wird mir der Herr Schritt für Schritt vertrauter?

Worin und wo besteht für mich das wahre Zuhause?

Leben mit Bruder Tod

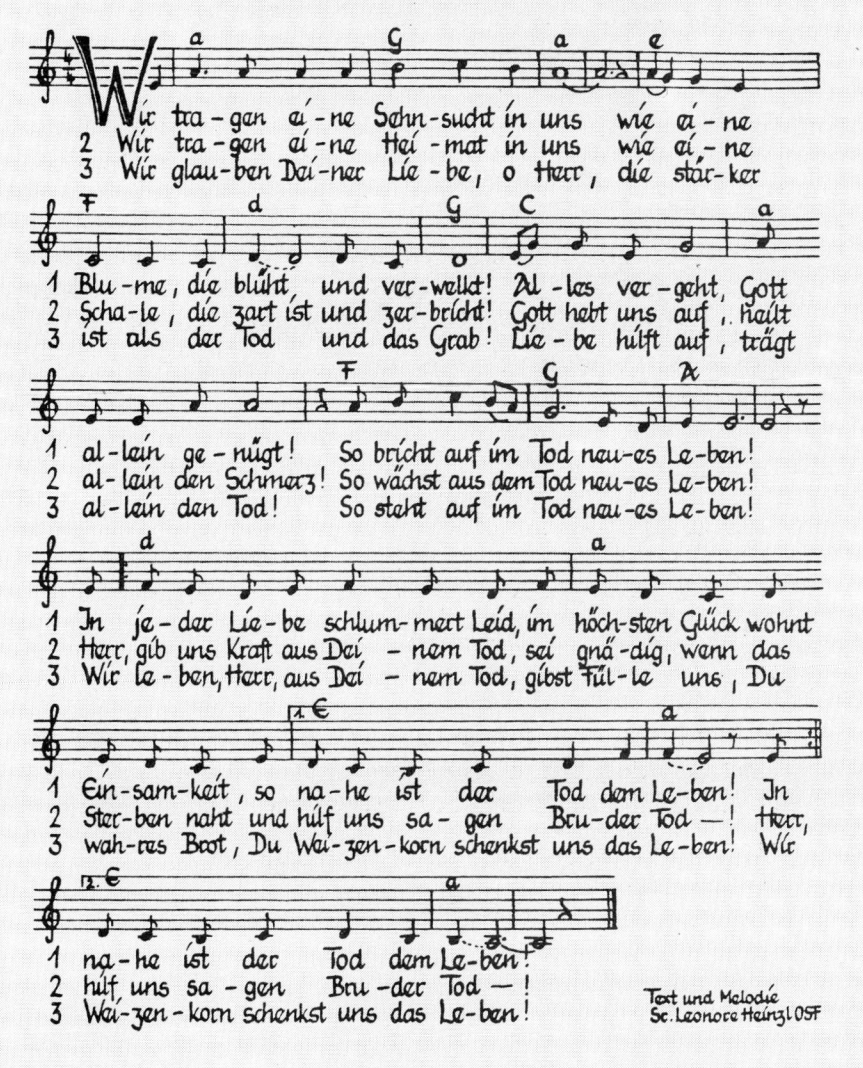

1. Wir tragen eine Sehnsucht in uns wie eine Blume, die blüht und verwelkt! Alles vergeht, Gott allein genügt! So bricht auf im Tod neues Leben! In jeder Liebe schlummert Leid, im höchsten Glück wohnt Einsamkeit, so nahe ist der Tod dem Leben! In nahe ist der Tod dem Leben!

2. Wir tragen eine Heimat in uns wie eine Schale, die zart ist und zerbricht! Gott hebt uns auf, hält allein den Schmerz! So wächst aus dem Tod neues Leben! Herr, gib uns Kraft aus Deinem Tod, sei gnädig, wenn das Sterben naht und hilf uns sagen Bruder Tod —! Herr, hilf uns sagen Bruder Tod —!

3. Wir glauben Deiner Liebe, o Herr, die stärker ist als der Tod und das Grab! Liebe hilft auf, trägt allein den Tod! So steht auf im Tod neues Leben! Wir leben, Herr, aus Deinem Tod, gibst Fülle uns, Du wahres Brot, Du Waizenkorn schenkst uns das Leben! Wir Waizenkorn schenkst uns das Leben!

Text und Melodie
Sr. Leonore Heinzl OSF

XIII.
LEBEN MIT EINER SENDUNG

*1. Das Gleichnis, das er
vor dem Herrn Papste darlegte*

«Als sich Franziskus mit den Seinen dem Papste Innozenz vorstellte, um eine Regel für seine Lebensweise zu erbitten, sprach der Papst, der ein Mann mit einer großen Unterscheidungsgabe war und sah, daß der Vorsatz seine Kräfte übersteige: «Bete zu Christus, mein Sohn, daß er uns durch dich seinen Willen kundtue. Wenn wir ihn erkannt haben, wollen wir deinen frommen Wünschen um so unbesorgter zustimmen.» Willig fügte sich der Heilige dem Auftrag des obersten Hirten und eilte voll Vertrauen zu Christus; er betete inständig und forderte auch seine Gefährten auf, voll Hingabe zu Gott zu flehen. Um es kurz zu sagen: Im Gebete erhielt er Antwort und berichtete den Söhnen die neue Heilsbotschaft.

In einem Gleichnis tut sich ihm die traute Ansprache Christi kund: «Franziskus», sprach der Herr, «so sollst du zum Papste sagen: Eine ärmliche, aber schöne Frau lebte in einer Wüste. Ob ihrer großen Anmut gewann sie ein König lieb, nahm sie mit Freuden zum Weibe und zeugte mit ihr gar herrliche Söhne. Als sie herangewachsen waren und edel erzogen, sprach die Mutter zu ihnen: "Liebe Kinder, schämt euch nicht, weil ihr arm seid, denn ihr seid ja alle Söhne jenes großen Königs. Geht mit Freuden an seinen Hof und fordert von ihm, was ihr nötig habt!" Als jene dies vernahmen, wunderten und freuten sie sich. Gestützt auf die Versicherung ihrer königlichen Abstammung, wußten sie sich als künftige Erben und erachteten jede Not für Reichtum. Unerschrocken stellten sie sich dem König vor und fürchteten sich nicht vor seinem Blicke, da sie doch seine Ebenbilder waren. Als nun der

König erkannte, wie sehr sie ihm glichen, forschte er voller Staunen, wessen Söhne sie seien. Als sie versicherten, die Kinder jener ärmlichen Frau zu sein, die in der Wüste wohne, umarmte sie der König und sprach: "Meine Söhne seid ihr und meine Erben, fürchtet euch nicht! Denn wenn ich an meinem Tische Fremdlinge sättige, um wieviel mehr ist es da gerecht, jene zu speisen, denen von Rechts wegen die ganze Erbschaft aufbewahrt ist." So gebot denn der König dem Weibe, alle seine Kinder an seinen Hof zu schicken, damit er sie dort ernähre.»

Froh und freudig stimmte den Heiligen dieses Gleichnis und sogleich berichtete er die heilige Offenbarung dem Papst.

Diese Frau war Franziskus, fruchtbar an vielen, kräftig geratenen Söhnen. Die Wüste ist die Welt, zu jener Zeit unbebaut und unfruchtbar in der «Kunst» der Tugend: das stattliche, zahlreiche Geschlecht der Söhne ist die vielfältige und mit aller Tugend geschmückte Zahl der Brüder; der König ist der Sohn Gottes, dem sie in heiliger Armut ähnlich, sich gleich gestalten; von dieses Königs Tafel nehmen sie, ohne wegen ihrer Niedrigkeit zu erröten, ihre Nahrung; ganz hingegeben der Nachfolge Christi, leben sie von Almosen und erkennen, daß ihnen der Spott der Welt die Seligkeit bringen werde.

Der Herr Papst war erstaunt über das ihm vorgelegte Gleichnis und erkannte unzweifelhaft, daß Christus in diesem Menschen gesprochen habe. Er erinnerte sich an ein Gesicht, das er wenige Tage zuvor geschaut hatte, und der Heilige Geist gab ihm die Gewißheit ein, daß es sich an diesem Manne erfüllen werde» (2 Celano 16, 17).

2. Leben mit einer Sendung

Wer von der heiligen Klara sprechen will, muß im gleichen Atemzug auch den heiligen Franziskus nennen. Ihr Lebensweg spiegelt den des heiligen Franz wieder. Sie verwirklichte und ergänzte als Frau und in ihrer Ordensgemeinschaft das, was bereits Franziskus mit seinen Brüdern als den «neuen Weg», als «franziskanisches Ideal» lebte. Klara und Franziskus bilden eine Einheit in dem einen Geist, der die völlige Gleichgestaltung mit Christus und die Verwirklichung seines Evangeliums sucht. Diese gemeinsame radikale Ausrichtung auf Christus und sein Wort ließ sie einander Bruder und Schwester werden, und in tiefer Ehrfurcht voreinander – Franziskus nannte Klara des öfteren «unsere Herrin», Klara nannte Franziskus «unseren Vater» – waren sie sich Verpflichtung und Geschenk und ebenso Diener der Erneuerung der Kirche.

Der Berufungsweg der heiligen Klara

Klara ist 12 Jahre nach Franziskus 1194 in Assisi geboren. Als Adelige erfuhr sie eine standesgemäße Erziehung und Bildung. Sie erlebte den Glanz ihres reichen Elternhauses, aber auch die sozialen Mißstände und die Not der Armen, ebenso den Kampf des Adels gegen die Bürger um Rechte und Mitsprache in der Stadtregierung von Assisi. Einmal mußte sie mit ihren Eltern vor den aufbegehrenden Bürgern in Assisi fliehen. All diese äußeren Eindrücke haben sicherlich ihre Lebensentscheidung vorgeprägt. Die sichtbaren Widersprüche machten Klara nicht nur frühzeitig wach und kritisch gegen jeden Anspruch an Macht und Privilegien, der über Nacht wertlos werden konnte, sondern auch hellhörig für alles, was bleibenden Wert versprach. Aber entscheidender als diese äußeren Erfahrungen war der Einfluß ihrer Mutter Ortulana auf ihre Person und ihren Glauben. Ortulana war eine religiös überzeugende Frau. Sie tat viel für die Armen in ihrer Stadt und war als Pilgerin nach Rom und Jerusalem unterwegs. Diese Glaubenshaltung der Mutter blieb bei ihrer Tochter Klara nicht ohne innere Frucht und verlor sich nicht bei ihr in bloß äußerer Nachahmung.

Wie sie kümmerte sich Klara um die Armen in Assisi; sie war wegen ihrer Großzügigkeit und Güte geliebt. Mit ihrer Mutter lernte sie mit dem familiären Reichtum sinnvoll und bescheiden umzugehen, vor allem aber bekam sie durch ihre Mutter einen Zugang zum Gebet. Diese anfänglichen Bemühungen, ein Stück Gottes- und Nächstenliebe zu verwirklichen, waren das Fundament für eine größere Berufung, in der sie sich freiwillig für eine radikale Christusnachfolge entschied. Dieser weitere Weg Klaras ist aber nicht zu verstehen ohne die Gestalt des heiligen Franziskus. Er half Klara, ihren Weg vor Gott zu finden.

Klara kannte Franziskus. Überall in Assisi war seine Umkehr zu einem armen, radikalen Leben in der Christusnachfolge bekannt geworden. Der öffentliche Prozeß seines Vaters, in dem sich Franziskus ganz von seinem Elternhaus und dem väterlichen Erbe lossagte, blieb unvergessen. Auch hörte man in Assisi seine Predigten, sah ihn betteln und den Armen und Aussätzigen helfen. Davon betroffen waren Rufino und Silvester, beide Vettern Klaras, in die Gefolgschaft des Heiligen eingetreten. Auch für Klara war Franziskus in seiner radikalen Umkehr zu Christus eine echte Anfrage und ein Ansporn, sich noch persönlicher zu hinterfragen, in welcher Berufung und Lebensform der Herr sie haben wollte. Diese Herausforderung durch Franziskus hatte für Klara Konsequenzen. Dem Drängen ihrer Eltern und Verwandten auf eine Heirat gab sie nicht nach, sondern sie wartete und hielt sich offen, bis sie mehr um ihre eigene Berufung wußte. In dieser Zeit der Ungewißheit, des Fragens und Suchens, wundert es nicht, wenn Klara versuchte, mit Franziskus zusammenzutreffen, um durch ihn Klarheit über ihren Weg zu finden.

Franziskus willigte ein, Klaras Wegbegleiter zu sein. Er ging hier seiner ureigensten Berufung nach, die eigenen Erfahrungen mit Gott für andere fruchtbar werden zu lassen. Voraussetzung war sein ehrfürchtiges Verhältnis zu Klara. Er wollte wach und sensibel werden für ihre besondere Berufung, sie herausschälen aus ihren eigenen Wünschen und Idealen und ihr den Weg bereiten, so daß sie sich selbständig und freiwillig für ihre Berufung entscheiden könne, d.h. daß sie auch unabhängig von ihm ihre Berufung leben könne. Franziskus bereitete sie auf eine neue evangelische Lebensform vor, die ganz in Christus und der Kirche gegründet war.

Der entscheidende Schritt Klaras in ihre neue Lebensform geschah am Palmsonntag 1212. In Absprache mit Franziskus und Bischof Guido II. von Assisi entschloß sie sich zur Flucht aus ihrem Elternhaus. Noch am selben Abend nahm Franziskus sie stellvertretend für den Bischof in Portiunkula in den geistlichen Stand auf, schor ihr als Zeichen ihrer Hingabe an den Herrn die Haare kurz, gab ihr das Bußgewand und geleitete sie in die nahegelegene Benediktinerabtei S. Paolo bei Bastia, kurz darauf nach San Angelo di Pansa. Der Ort, an dem eigentlich das neue Leben der jungen Klara begann, war die Portiunkulakapelle, der Mittelpunkt der jungen Gemeinschaft um Franz. Hier vollzog sich symbolhaft, was Franziskus und Klara wirklich verband. In Portiunkula hatte Franziskus seine Berufung erkannt, aus Liebe zu Christus das Evangelium zu leben, jetzt verpflichtete sich Klara auf den gleichen Weg. In Portiunkula waren seine Brüder zu Hause. Sie lebten als Gemeinschaft in Brüderlichkeit und Minoritas und auch Klara sollte davon beseelt den selben Geist in ihre Lebensform übernehmen. Mit Franziskus nahm ihr neues Leben den Anfang und mit Klara verwirklichte sich auch franziskanischer Geist unter den Frauen.

Aber noch war es nicht so weit. Franziskus geleitete Klara zuerst zu den Benediktinerinnen nach S. Paolo zu Bastia «bis der Allerhöchste selbst für etwas anderes sorgen würde» (Leben der heiligen Klara, 8), denn für beide war an diesem Palmsonntag noch lange nicht klar, was konkret aus diesem Schritt werden sollte. Aber schon hier zeigt sich Klara in franziskanischer Nachfolge. Sie ließ den Dingen ihren Lauf, aber nicht fatalistisch, sondern in festem Glauben und dafür aufmerksam, wo Gott führt und wie er für die Zukunft Sorge trägt.

Sie mußte ein weites und offenes Herz haben für Gottes Fügung und seine Absichten. Denn Gott hatte auch Franziskus auf einfache und verständliche Weise seinen Willen kundgetan; er sprach durch Menschen und besondere Umstände des äußeren Lebens!

In S. Paolo kam für Klara die eigentliche Bewährungsstunde ihrer Berufung, als sie getrennt von Franziskus ihren Schritt vor der aufgebrachten Verwandtschaft verteidigen mußte. Als diese sie schließlich mit Gewalt aus der Kirche der Benediktinerinnen, in die sie geflüchtet war, wegschleppen wollte, klammerte sie sich dort am Altar fest. Damit nahm sie ein altes Asylrecht der Kirche in Anspruch, das sie unter den unverletzten Schutz der Kirche und des Altares stellt. Ihr geschorenes Haar bezeugte ihre persönliche Entscheidung vollends. Sie wollte von nun an ganz zu Christus gehören.

Die Aussage dieser Ereignisse ist klar: nicht Schwärmerei für Franziskus, nicht jugendlicher Idealismus, der wie ein Strohfeuer vergeht, nicht Träumerei und Spiel haben Klara bewegt, Elternhaus, gesicherte Zukunft, Ehe, Familie, hintanzustellen, sondern eine freie, bewußte, gläubige Entscheidung für Jesus Christus, dem sie allein folgen will. Wie an den Altar klammert sie sich an den Herrn und niemand kann sie davon abbringen. Sich in die Nachfolge Christi stellen, heißt loslassen können, heißt Sicherheiten, Wünsche, Pläne, liebgewordene Gedanken preisgeben, aber es heißt auch vertrauen können, sich von ihm gehalten und geführt wissen. Christus forderte von Klara viel, aber um so sicherer hat er sie geführt und in ihrem Leben reich beschenkt.

16 Tage nach Klaras Einkleidung schlossen sich ihr ihre Schwester Agnes und eine Jugendfreundin an. Im Sinne des heiligen Franziskus konnte Klara sagen: «und der Herr gab mir Schwestern...». Franziskus erkannte diesen Fingerzeig Gottes und erbat

daraufhin vom Bischof von Assisi das Kirchlein San Damiano und seine Nebengebäude. Celano bemerkte dazu, daß Klaras Seele in S. Angelo di Panso nicht vollkommen zur Ruhe gekommen sei, denn die ganze Lebensart dort entsprach nicht dem, was Franziskus als Ideal in ihr geweckt hatte. Die Umsiedlung nach San Damiano erfolgte im Mai 1212.

Bis in die Jahre 1218/19 lebte Klara mit ihren Schwestern dort unter der persönlichen Leitung des heiligen Franziskus. Was Franziskus bisher in Klara allein als Grund und Ausrichtung ihrer neuen Lebensform legte, galt auch jetzt für die gesamte Gemeinschaft, und er gab durch sein Beispiel und das der Brüder dem neuen Frauenorden seine franziskanische Prägung.

In ihrem Testament bemerkt Klara: «Nachdem der allerhöchste himmlische Vater sich gewürdigt hatte, mein Herz durch seine Barmherzigkeit und Gnade zu erleuchten, daß ich nach dem Beispiel und der Lehre unseres hochseligen Vaters Franziskus Buße tue, habe ich bald nach seiner eigenen Bekehrung freiwillig zusammen mit eigenen Schwestern, die mir der Herr bald nach meiner Bekehrung gegeben hatte, Gehorsam versprochen, so wie uns der Herr durch sein preiswürdiges Leben und seine Lehre das Licht seiner Gnade verliehen hatte» (Testament der Klara, 7).

Klara sieht ihre Gemeinschaft als eine Pflanzung des Heiligen und sie spricht von sich selbst als der kleinen Pflanze des hl. Franziskus. Franziskus gab dem Orden dieselben Grundlagen wie seinen Brüdern und stellte sie in denselben Dienst, den er vom Kreuz in San Damiano empfangen hatte: «Geh, und bau mein Haus wieder auf, das, wie du siehst, in Trümmer fällt.»

Im folgenden soll versucht werden, die wichtigsten Züge dieser Franziskanischen Frauengemeinschaft um Klara zu skizzieren:

Das Leben nach dem Evangelium

Das Leben der Minderbrüder und der armen Frauen ist dies:

«Unseres Herrn Jesu Christi heiliges Evangelium zu beobachten durch ein Leben in Gehorsam, ohne Eigentum und in Keuschheit» (Regel der Heiligen Klara, I. Kap.).

Wie es für Franziskus und seine Brüder oberstes Gesetz war, nach der Weise des Evangeliums zu leben, das Wort in seiner Gesamtheit zu verwirklichen, so wurde es auch für die Gemeinschaft um Klara zum obersten Grundsatz erhoben. Im VI. Kapitel ihrer Regel, das eine Formulierung aus der «forma vivendi» übernimmt, die Franziskus 1212 dem jungen Orden als Regel gegeben hatte, schreibt Klara: «Als aber der selige Franziskus bemerkte, daß wir keine Armut, Beschwerde, Mühsal ... der Welt fürchten, ja sogar für große Wonne hielten, schreibt er uns, von Liebe bewegt, die Lebensweise auf folgende Art nieder: Da ihr euch auf göttliche Eingebung hin zu Töchtern und Dienerinnen des höchsten und größten Königs, des himmlischen Vaters, gemacht und euch mit dem heiligen Geist vermählt habt, indem ihr das Leben nach der Vollkommenheit des heiligen Evangeliums erwähltet, so will ich ... für euch genau so wie für diese immer liebevolle Sorge und besondere Aufmerksamkeit hegen.»

Das Leben nach dem Evangelium stand für Franziskus und Klara an erster Stelle, aber es war unlöslich verbunden mit einem zweiten Grundsatz, der für ihre Christusnachfolge erst das eigentliche Fundament und den Lebensraum abgab:

Die Bindung an die Kirche

Ähnlich wie Franziskus schließt Klara an den Grundsatz, nach dem Evangelium leben zu wollen, unmittelbar den Satz: «Klara, die unwürdige Magd Christi und kleine Pflanze des hochseligen Vaters Franziskus, verspricht dem Herrn Papst Innozenz wie auch seinen rechtmäßigen Nachfolgern und der römischen Kirche Gehorsam und Ehrerbietung» (Regel der heiligen Klara 1, 2). Auch hier zeigt sich Klara auf der gleichen Spur wie Franz. Und wie er für seinen Orden, nimmt auch sie zum ersten Mal in der Geschichte ausdrücklich dieses Gelöbnis an Kirche und Papst in ihre Ordensregel auf. Ein Leben nach dem Evangelium außerhalb der Kirche ist für beide schlechthin unmöglich. Wie selbstverständlich unterstellen sich die Schwestern Klaras dem Kardinalprotektor der Minderbrüder als dem eigentlichen Oberen und Vertreter des Papstes. «Außerdem sollen die Schwestern streng verpflichtet sein, stets jenen Kardinal der heiligen Römischen Kirche als unseren Leiter, Schutzherrn und Mahner zu haben, der vom Herrn Papst für die Minderen Brüder bestimmt ist» (Regel der heiligen Klara, XII, 10).

Das Leben in Armut

Armut als bedingungslose Hinwendung zu Gott, als Garant wahrer Freiheit, als Sichentäußerung und Ablegung all dessen, das den Weg zu Gott hindert, hat Klara in einer Weise gelebt, wie wir sie nur noch bei Franziskus kennen. In einem Brief an die Königstochter Agnes von Prag gibt sie Einblick in ihr tiefes Verständnis der Armut:

«Selige Armut! Denen, welche sie lieben und umfangen, verbürgt sie ewige Reichtümer! Heilige Armut! Wer sie besitzt und nach ihr sich verzehrt, dem verheißt Gott das Himmelreich... Gottgefällige Armut! Sie hat der Herr Jesus Christus, der Himmel und Erde regierte und regiert... vor allem anderen zu empfangen sich gewürdigt! Wenn also ein solch großer Herr in den jungfräulichen Schoß kam und verachtet, hilflos und arm in der Welt erscheinen wollte, damit die Menschen, die so arm und hilflos waren und überaus großen Mangel an himmlischer Speise litten, in ihm reich würden durch den Besitz des Himmelreiches, so frohlocket gar sehr und freuet euch; erfüllet euch mit höchster Freude und geistlicher Fröhlichkeit... Ihr habt erkannt, ... daß das Himmelreich einzig und allein den Armen vom Herrn versprochen und geschenkt wird...» (Erster Brief Klaras an die selige Agnes von Prag).

Obwohl ihre Armut dem Geist des Evangelims entsprach und in allem mit dem Ideal des heiligen Franz übereinstimmte, mußte Klara lange mit der Kirche ringen, bis ihr das sogenannte «privilegium paupertatis» anerkannt wurde. Sie forderte wie Franziskus nicht nur die Armut des einzelnen, sondern auch die kollektive der Gemeinschaft. Da aber nach dem Laterankonzil von 1215 jedem neuen Orden aufgetragen wurde, seine Regel nach einer der bis dahin gutgeheißenen Ordensregeln auszurichten, hatte auch die Gemeinschaft um Klara eigentlich das Recht, ja die Pflicht, als Gemeinschaft Besitz anzunehmen.

Um diesem Ansinnen entgegenzuwirken und auch Schenkungen an das Kloster zu verhindern, erbat sie vom Papst das «privilegium paupertatis», das jedem unter kirchlicher Strafe verbot, dem neuen Orden irgendeinen Besitz aufzudrängen. Dieses Privileg war natürlich für die Verantwortlichen in Rom umstritten und es wurde auch nur zögernd gegeben, denn wovon sollte auf die Dauer eine Gemeinschaft leben, die nicht das Leben der Minderbrüder führte? Diese bettelten, waren ohne festen Wohnsitz und als Wanderprediger unterwegs. Klara und ihre Schwestern aber waren durch strenge Klausur an ein Haus fest gebunden.

Aber hier kommt einer ihrer herausragendsten Charakterzüge zum Vorschein. Klara kämpfte um diese Weise der Armut, wie sie sie bei Franziskus kennengelernt hatte und in Treue selber halten wollte. Dem Papst erwiderte sie: «Heiliger Vater, auf gar keine Weise will ich in Ewigkeit von dieser Nachfolge Christi befreit werden». Damit hatte sie letztlich auch Erfolg, denn 2 Tage vor ihrem Tod wurde ihr dieses Privileg von der Kirche zugestanden. Da erst konnte sie sterben und beten: «Herr sei gepriesen, weil Du mich erschaffen hast» (Leben der heiligen Klara, 46).

Leben in Liebe und Menschlichkeit

Wer den Mut, die Tapferkeit und Standfestigkeit kennt, mit denen Klara um die Armut kämpfte, um das päpstliche «Ja» zur Seelsorge der Franziskaner bei ihren Schwestern und um die Bestätigung ihrer Regel, der könnte sie für eine starke, aber harte Frau halten. Doch menschlich hart war Klara nicht. In der Sache konsequent war sie menschlich liebenswürdig und herzlich. Obwohl sie schon mit 21 Jahren Äbtissin ist und dieses Amt 38 Jahre innehat, bleibt Klara ihren Schwestern Mutter und Dienerin. Auch im Verhältnis zwischen Oberen und Untergebenen soll die schwesterliche Liebe eine Atmosphäre des Vertrauens, des sich gegenseitigen Verstehens, des Verzeihens und des Tragens schaffen.

Klara bleibt Schwester unter Schwestern. Lieber wollte sie ihren Mitschwestern dienen, als sich von ihnen bei Tisch bedienen zu lassen. Mit «liebendem Eifer» sorgte sie sich um die Kranken, bedeckte diese nachts mit einer Decke, schreckte bei den Bettlägrigen vor nichts zurück, wusch und pflegte sie. Wie eine Mutter teilte sie mit den Trauernden ihren Schmerz und tröstete sie. Echte Menschlichkeit und ein unverdorbenes Herz bezeugen auch die Vorschriften der Regel:

«Wenn einer Schwester von ihren Eltern oder von anderen Leuten etwas geschickt wird, so soll die Äbtissin es ihr zukommen lassen. Die Schwester aber soll es gebrauchen können, wenn sie dessen bedarf; andernfalls soll sie es in Liebe einer bedürftigen Schwester zuwenden. Wenn ihr aber Geld übersandt wird, so soll die Äbtissin sie nach Besprechung mit den Ratsschwestern mit dem versorgen, was sie nötig hat.

Was die kranken Schwestern angeht, so soll die Äbtissin streng verpflichtet sein, in eigener Person und durch andere Schwestern sich sorgfältig zu erkundigen nach allem, was die Krankheit erfordert, sowohl an guten Ratschlägen als an Speisen und allen notwendigen Dingen, und es nach Möglichkeit des Ortes liebevoll und barmherzig besorgen. Denn alle sind verpflichtet, ihre kranken Schwestern so zu versorgen und so zu bedienen, wie sie selbst bedient sein möchten, wenn sie von irgendeiner Krankheit befallen sind...

Die Kranken aber sollen auf Strohsäcken liegen und unter dem Kopf ein mit Federn gefülltes Kopfkissen haben; und die, welche wollene Socken und Polster benötigen, sollen sich ihrer bedienen können» (Regel der heiligen Klara, Kap. VIII, 5-10).

Ihr ganzes Leben war davon geprägt, Dienerin, Magd und Mutter für ihre Mitschwestern zu sein. Thomas von Celano bezeichnet sie des öfteren als «neue Führerin der Frauen» und als ein «Nachbild der Mutter Gottes» (Einleitender Brief zum Leben der heiligen Klara).

Der Weg der Einfalt und Demut

Klara wollte wie Franziskus der Lebensform nachgehen, wie sie der Herr in seiner Barmherzigkeit geoffenbart und verliehen hat.
In ihrem Testament schreibt sie: «Ich mahne aber inständig im Herrn Jesus Christus alle meine Schwestern, die gegenwärtigen und die kommenden, sich immer zu bemühen, den Weg heiliger

Einfalt, Demut und Armut nachzugehen...; So nämlich wurden wir seit dem Anfang unserer Bekehrung zu Christus von unserem seligen Vater Franziskus belehrt» (Testament der heiligen Klara, 17). Auf ihrem Weg der Einfalt und Demut wollte sie selbst die Leitung ihrer Gemeinschaft in die Hände einer anderen Schwester übergeben, aber ihr größeres Opfer brachte sie dort, wo sie in Gehorsam zu Franziskus diesen Auftrag dennoch weiterführte.

Zuletzt sollen noch einige Schwerpunkte ihrer Frömmigkeit genannt werden. Sie waren wie bei Franziskus die Menschwerdung, das Leiden Christi und die heilige Eucharistie. Die Kunst stellt die heilige Klara oft mit einer Monstranz dar. Damit stellt sie ihre besondere Verehrung der hl, Eucharistie heraus, weist aber auch auf ein Ereignis des Jahres 1240 hin, als sie durch ihr Gebet und durch die eucharistischen Zeichen, die ihr der Kaplan des Klosters voraustrug, den Angriff der Sarazenen auf San Damiano und Assisi verhindern konnte.

Besonders verehrte sie Krippe und Kreuz, da beide an die Armut des Herrn erinnerten. Ihr Biograph berichtet, daß «sie das Kreuzoffizium lernte, so wie es Franziskus, der Liebhaber des Kreuzes, angeordnet hatte und betete es häufig und mit ähnlicher Liebe» (Leben der heiligen Klara, 30). Ihr Leben stand im Zeichen der Nachfolge des gekreuzigten Christus, sie lebte die Armut und Buße, fastete viel und war die letzten 28 Jahre ihres Lebens immer von Krankheit gezeichnet. Trotzdem war sie ihren Mitschwestern stets Trösterin und immer um ihr Wohlergehen besorgt.

Die Beziehung der beiden Heiligen zueinander

Klara war durchdrungen von einer geistlichen Liebe, die einzig getragen und genährt war von ihrer Liebe zu Christus und die sich ganz an ihre Gemeinschaft verschwendete. Um diese geistliche Liebe ging es auch in ihrem Verhältnis zu Franziskus.

Diese Beziehung muß von Gott her gesehen werden. In der geistlichen Liebe zu Franziskus ging sie einen Weg, den sie mit Franziskus als den eigenen entdeckt hatte. Sie schreibt in ihrem Testament: «Der Herr hat uns unseren hochseligen Vater Franziskus zum Gründer, Pflanzer und Helfer im Dienste Christi und in all dem gegeben, was wir Gott und diesem unserem Vater versprochen haben, der zu seinen Lebzeiten in gleicher Weise in Wort und Tat besorgt war, uns, seine kleine Pflanze zu hegen und zu pflegen» (Testament der Klara, 14).

Auch Franziskus war gegenüber Klara von der gleichen geistlichen Liebe bestimmt, die sie einander zu einem großen Geschenk werden ließ. Klaras Leben in Buße und Gebet – denn ein Apostolat wie das des Franziskus war für Frauen zu dieser Zeit undenkbar – war für das Apostolat des Heiligen und das seiner Brüder eine mächtige Unterstützung. In Stunden des Zweifels und der Bedrängnis war ihm Klara ein leuchtendes Beispiel und gab ihm in ihrer unbeirrbaren Festigkeit wieder Mut und Vertrauen. Wenn Franziskus vor schwerwiegenden Entscheidungen stand und nach dem Willen Gottes suchte, fragte er auch Klara um Rat. Als er nicht wußte, ob er weiter dem Apostolat oder einem rein beschaulichen Leben nachgehen sollte, fragte er auch bei Klara nach. «Ihrem Zureden verdankte er neue Freudigkeit, neuen Frieden: wurde ihm doch durch ihren Mund die Weisung gegeben, weiterzuschreiten auf der Bahn des Apostels. Er schüttelte alles ab, was ihn bedrückt hatte und machte sich auf den Weg, zielbewußter, strahlender denn je...» (Paul Sabatier, Leben des heiligen Franziskus von Assisi, 130).

Franziskus und Klara zeigen gerade in ihrem Verhältnis zueinander, wie tief und fruchtbar eine Beziehung zweier Menschen werden kann, die in echter Ehrfurcht und Achtung voreinander sich in geistlicher Liebe begegnen, um füreinander Hilfe auf dem Weg zu Gott zu sein. Das Brudersein oder Schwestersein hat seine tiefe Bedeutung wohl darin, den anderen ehrfürchtig und liebevoll mit seiner Andersartigkeit, seinem persönlichen Charakter, auch mit seinen Fehlern und Schwächen anzunehmen und ihn in seiner Freiheit und ganz eigenen Lebensberufung belassen zu können. Diese Liebe hat Anteil an der Liebe Gottes, die jeden in unverwechselbarer Einmaligkeit geschaffen und berufen hat. Jeder ist in besonderer Weise von Gott gezeichnet und ihm sind alle Anlagen, auch seine Geschlechtlichkeit, als Geschenk und Aufgabe gegeben. Es gilt das, was mir und dem anderen von Gott geschenkt ist, in Ehrfurcht anzunehmen und entsprechend damit umzugehen. Wo es Ehrfurcht vor Gott und vor den Menschen gibt, die nach seinem Bild geschaffen sind, ist der Boden bereitet, sich auch als Mann und Frau in Achtung der Geschlechtlichkeit und Freiheit und der je anderen Persönlichkeit und Berufung treffen und begegnen zu können. Franziskus und Klara haben diese Haltungen nicht nur in ihren eigenen Gemeinschaften gelebt, sondern auch in ihrer Beziehung verwirklicht. Zu dieser Ehrfurcht voreinander gehört bei ihnen noch ein wesentliches: ihre Entschiedenheit, Christus allein zu folgen und sich nur an ihn zu binden. Diese Berufung macht sie im gewissen Sinne unfähig, sich aneinander zu fesseln, weil für beide die erste Liebe nur Christus gilt und durch Christus allen Menschen.

Weil Franziskus und Klara wissen, daß sie Berufene sind, haben sie um dieser Berufung willen Verantwortung voreinander. Sie sollen sich als geistliche Menschen begegnen und lieben können, um so Zeugnis zu geben von der Einheit des Leibes Christi, wo es keine Trennung gibt zwischen Juden und Heiden, Sklaven und Freien, Männern und Frauen...

Als geistliche Menschen sollen sie sich im Gebet, in Rat und Tat Helfer sein auf ihrem Berufungsweg. In dieser Hinsicht war Franziskus für Klara geistlicher Bruder und Ratgeber sowie ein tatkräftiger Helfer. Ebenso war Klara für Franziskus geistliche Schwester, die durch ihr Gebet, besonders wohl durch ihre radikale Christusnachfolge, ihm eine Stütze, ein Ansporn und Ratgeber war. Dort, wo Ehrfurcht vor dem Menschsein des anderen ist, ist auch Raum für echte Bruder- und Schwesterliebe, die sich öffnet und riskiert, die aushält, mitträgt und weiterhilft.

All dies mußte sicher auch erkämpft werden und war sicher Ergebnis eines längeren Ringens.

3. Santa Chiara - Grabeskirche der heiligen Klara

Der hl. Franziskus starb in Portiunkula, aber dort wurde er nicht begraben. Die hl. Klara starb in San Damiano, aber auch sie wurde dort nicht begraben. Wie ist das zu erklären? Warum wurden die sterblichen Reste der beiden großen Heiligen nicht an den ihnen vertrauten Stätten begraben? Die Antwort auf diese Frage ergibt sich, wenn man bedenkt, daß sie innerhalb der Stadtmauern begraben werden sollten.

Die Städte waren in jener Zeit innerhalb ihres Mauerrings eingeschlossen. Auch Assisi war mit seinen zinnenbekrönten Mauern, seiner Burg und seinem turmbewehrten Stadttoren eine Festung.

Portiunkula und San Damiano befanden sich dagegen außerhalb der Mauern. Sie waren unbefestigt und den Anschlägen feindlicher Truppen ausgesetzt. Die Soldaten Perugias konnten in einem Nachtmarsch Portiunkula erreichen und überraschen. Die von Spello konnten San Damiano noch leichter heimsuchen. Und die Reliquien der Heiligen wurden in jenen Zeiten des Glaubens und der Fehde als kostbare Kriegsbeute betrachtet. Das ist der Grund, weshalb die Bürger von Assisi, kaum daß der hl. Franziskus in Portiunkula verschieden war, seinen Leichnam innerhalb der Stadtmauern, in der Kirche San Giorgio, beisetzten, wo er bis zur Fertigstellung der Kirche zu Ehren des Heiligen bleiben sollte.

Die Kirche San Giorgio stand an der heutigen Stelle von Santa

Chiara und wurde in den Bau des Klarissen-Klosters einbezogen. Genau da, wo sich das erste Grab des Franziskus befunden hatte, errichtete man die Kirche, welche den Leichnam der hl. Klara aufnehmen sollte.

Die Kirche der hl. Klara

Die weite, romanisch-gotische Kirche wurde in den Jahren 1257-1260 wahrscheinlich von Bruder Filippo di Campello, dem Erbauer der Oberkirche von San Francesco, errichtet. Sie hat eine einfache, rot und weiß gestreifte und in drei Zonen geteilte Fassade: die untere hat ein einziges Portal, die mittlere eine gewaltige Rosette und der Giebel ein kleines Rundfenster. Sie wäre eine schlanke Kirche, wenn der Baumeister nicht die Seitenmauern mit niedrigen Strebebögen hätte stützen müssen.

Die Kirche war einmal vollkommen ausgemalt. Heute findet man nur noch Fragmente von Fresken. Sie stellen das Leben der Klara dem Leben des Herrn gegenüber. «Leben nach dem Evangelium» soll veranschaulicht werden.

Im rechten Kreuzarm ist eine Altartafel mit der Figur der hl. Klara und acht Szenen aus ihrer Legende. Diese Tafel wurde ungefähr dreißig Jahre nach dem Tode Klaras von einem unbekannten Meister gemalt. Die acht Bilder dieser Tafel schildern (von links unten begonnen), wie Klara den Palmzweig aus der Hand des Bischofs von Assisi erhält; die Flucht der Heiligen, die Einkleidung in Portiunkula; wie Klara ihren Verwandten widersteht und sich an den Altar klammert; wie Klara ihrer Schwester Agnes zu Hilfe eilt, die ebenfalls ins Kloster flieht; das Leben der Armut zu San Damiano; die Erscheinung der Muttergottes am Sterbebett der Heiligen; Begräbnis der Heiligen von Papst Innozenz IV. persönlich als Diener der Kirche geleitet.

Bedeutende Erinnerungsgegenstände

Der ursprünglichste Teil der Anlage sind die Reste der St. Georgskirche. Wahrscheinlich existiert von ihr nur noch ein Rest der südlichen Mauern in der Seitenkapelle der Kirche. Hier finden sich ergreifende Erinnerungsgegenstände an den hl. Franziskus und die hl. Klara. Da ist das Original des San Damiano-Kreuzes, das Franziskus zu sich sprechen hörte, vor dem er das Gebet der Bekehrungsstunde sprach.

Dem Kreuz gegenüber, hinter einem Gitter, erläutert eine verschleierte Klarissin weitere Erinnerungszeichen.

Allem voran jenes Brevier, aus dem der Heilige und seine ersten Brüder das Stundengebet zu verrichten pflegten. Auf der ersten Seite dieses Buches hat Bruder Leo, der Sekretär des Franziskus geschrieben:

«Der selige Franziskus besorgte sich dieses Brevier für seine Gefährten, den Bruder Angelo und den Bruder Leo. Und er wollte sich seiner selbst bedienen, wenn es ihm die Gesundheit erlaubte. Immer wollte er nämlich das Offizium beten, wie es in der Regel vorgesehen ist. Die Krankheit hinderte ihn später, es selbst zu lesen. Darum wollte er es wenigstens hören. Sein ganzes Leben blieb er darin treu. Er ließ auch das Evangelium abschreiben. Und wenn ihn die Krankheit oder etwas anderes an der Teilnahme an der Messe hinderte, ließ er sich wenigstens das Evangelium des Tages vorlesen. Auch darin blieb er treu bis zum Tode. Er pflegte zu sagen: Wenn ich der Messe nicht beiwohnen kann, bete ich den Leib des Herrn mit den Augen des Geistes an, ganz gleich, wie ich ihn anbete, wenn ich ihn im Geschehen der Messe betrachte. Nach der Lesung küßte der selige Franz den Text des Evangeliums, aus Ehrfurcht vor dem Herrn.»

Daher baten Bruder Angelo und Bruder Leo die Mutter Benedikta, die Äbtissin der Armen Frauen des Klosters der hl. Klara, und nach ihr alle künftigen Äbtissinnen dieses Klosters, dieses Buch immer im Kloster der hl. Klara aufzubewahren: «Zum ehrfürchtigen Andenken an unseren heiligen Vater.»

Daneben ist die päpstlich genehmigte Regel der hl. Klara; ferner eine Meßalbe, welche die hl. Klara für Franziskus angefertigt hat. Kenner bezeichnen sie als das bedeutendste Stück dieser Art des Mittelalters. Daneben befindet sich das Kleid, das der Bischof von Assisi dem Franziskus gegeben hatte, als dieser vor ihm all seine Kleider ablegte und seinem Vater zurückgab; ferner einen Habit, den er später trug, außerdem die Haare Klaras, die ihr Franziskus bei ihrer Einkleidung in Portiunkula abschnitt.

Aus der Mitte der Kirche steigt man in die Krypta hinab, wo das Grab der hl. Klara ist. Der Leib der Heiligen ruhte vom 3. Oktober 1260 bis 23. September 1872 in einem Steinsarkophag unter dem Hochaltar der Basilika. Diese Grabstätte ist nüchtern und kahl und heute noch zugänglich. 1872 wurde die Heilige in der neu erbauten Krypta in einem Glassarg beigesetzt. Die Krypta mit ihren Alabasterfenstern und den verschiedensten Marmorarten paßt nicht so recht zu dieser großen Liebhaberin der Armut.

Erinnerung an Franziskus und seine Brüder

Der Biograph des hl. Franziskus und der hl. Bonaventura stimmen darin überein, daß Franziskus in San Giorgio als kleiner Junge das Lesen gelernt hat, hier zum ersten Mal gepredigt hat und nach seinem Tode an diesem Ort beigesetzt worden ist: «Es ist sicher wunderbare Fügung, daß er dort zuerst zu predigen anfing, wo er als kleiner Junge lesen gelernt hatte, und wo er auch ursprünglich ehrenvoll bestattet worden war, so daß den glücklichen Anfang noch eine glückliche Vollendung krönte. Wo er gelernt, hat er auch gelehrt, und wo er angefangen, dort hat er glücklich vollen-

det» (1 Celano 23).
Der hl. Bonaventura berichtet über die Beisetzung des hl. Franziskus: «Man trug den kostbaren Schatz in die Kirche San Giorgio und setzte ihn dort in aller Ehrfurcht bei. Dort hatte er als Kind zuerst das Lateinische gelernt, dort zum ersten Male gepredigt, dort endlich auch seine Ruhestätte gefunden» (Bonaventura, Großes Franziskusleben, Kap. XI, 5).
Hiermit bestätigen beide, daß S. Giorgio ein Ort war, an dem sich bedeutende Ereignisse franziskanischen Lebens abspielten. Ungeklärt ist, wie lange Franziskus hier in die Schule ging und wieweit er durch diesen Unterricht geprägt wurde.

Thomas von Celano schildert das Begräbnis in der S. Giorgiokirche noch näher: «Als endlich der ganze Zug bei der Stadt anlangte, bestattete man unter großer Freude und Jubel den heiligen Leichnam an geweihtem Ort, der in Zukunft noch geweihter werden sollte. Hier erleuchtete er die Welt zur Ehre des höchsten allmächtigen Gottes durch die Lehre seiner heiligen Predigt ...» (1 Celano 118).
Bonaventura erwähnt das genaue Datum der Beisetzung in der S. Giorgiokirche: «Der ehrwürdige Vater ging im Jahre 1226 nach der Menschwerdung des Herrn am 4. Oktober, am Abend des Samstags, aus dieser Welt und wurde am Sonntag beigesetzt» (Bonaventura, Großes Franziskusleben, XV, 6).
Thomas von Celano berichtet ausführlich von den Feierlichkeiten bei der Heiligsprechung, die mit aller Wahrscheinlichkeit vor oder in der Nähe der S. Giorgiokirche stattgefunden haben und zwar am 16.7.1228: «Da steigt endlich der glückselige Papst Gregor IX. von seinem erhabenen Thron die Stufen hinab, tritt ein in das Heiligtum, um Gebete und Opfer darzubringen. Er küßt den Sarg, der den heiligen, gottgeweihten Leib bewahrt, mit seinen vor Glück bebenden Lippen ...» (1 Celano 126).

Auch für die Minderbrüder hat dieser Ort eine Bedeutung.

In «Leben und goldene Worte des Bruder Ägidius» wird berichtet, daß Bruder Ägidius im Jahre 1208 oder 1209 am Tage, an dem er Franz um Aufnahme in den Orden hat, bevor er zu Franziskus ging, in der S. Giorgiokirche um Erhörung seines Anliegens gebetet habe, weil an diesem Tage gerade das Fest des hl. Georg gefeiert wurde: «Und da das göttliche Wort im Fluge dahineilt und weht, wie es ihm gefällt, machte er sich am folgenden Morgen geschwind auf den Weg nach S. Giorgio, dessen Fest man an diesem Tage gerade feierte, und betete dort andächtig ...» (Leben des Bruders Ägidius, 1).

Von Bernhard von Quintavalle heißt es, daß er bei seinem Eintritt in den Orden auf dem S. Giorgio-Platz, «wo jetzt das Kloster der hl. Klara steht», sein ganzes Hab und Gut an die Armen verteilt habe.

Die Kirche Santa Chiara erscheint wie beherrscht und geprägt von zwei großen Kreuzen: dem mächtigen über dem Altar und dem San Damiano-Kreuz in der Kapelle zur Rechten. Es ist darin ein Symbol des Lebensweges der hl. Klara zu sehen. Sie folgte Christus dem Gekreuzigten, er begleitete sie zeitlebens und läßt sie in ihrem zweiten Leben an seiner Herrlichkeit teilnehmen.

4. *Fragen zur Besinnung:*

Wie erleben mich meine Mitmenschen?
Erleben sie mich als Gabe Gottes?

Bin ich meinen Mitmenschen Helfer auf dem Weg zum Herrn?

Welche Fähigkeiten und Stärken hat Gott mir gegeben?

Sehe ich die Aufgabe, diese Talente fruchtbar zu machen für Gesellschaft und Kirche?

Leben mit einer Sendung

Du aber, Kind, wirst Prophet des Höchsten heißen, dem Herrn vorangehn und Ihm den Weg bereiten!

nach jeder Strophe wiederholen

Sende uns, o Herr, und mach uns ganz bereit. Dein
Sende uns, o Herr, denn Du gibst uns die Kraft, die
Sende uns, o Herr, und laß uns Helfer sein, Dein
Sende uns, o Herr, denn alle Welt soll sehn, daß

1 Reich komme zu uns, o Herr! Heiliger Geist,
2 Liebe zu tun jeden Tag!
3 Werkzeug für Dich, o mein Gott!
4 Du mitten unter uns lebst!

1 so wirke durch uns, teile aus richte auf, schaffe neu!
2 ermutige uns, laß uns schenken die Gaben von Dir!
3 befähige uns, daß wir leben aus Dir und durch Dich!
4 so wachse in uns, daß wir Zeugnis ablegen von Dir!

Text und Melodie: Sr. Leonore Heinzl OSF

DIE FRANZISKANISCHEN STÄTTEN

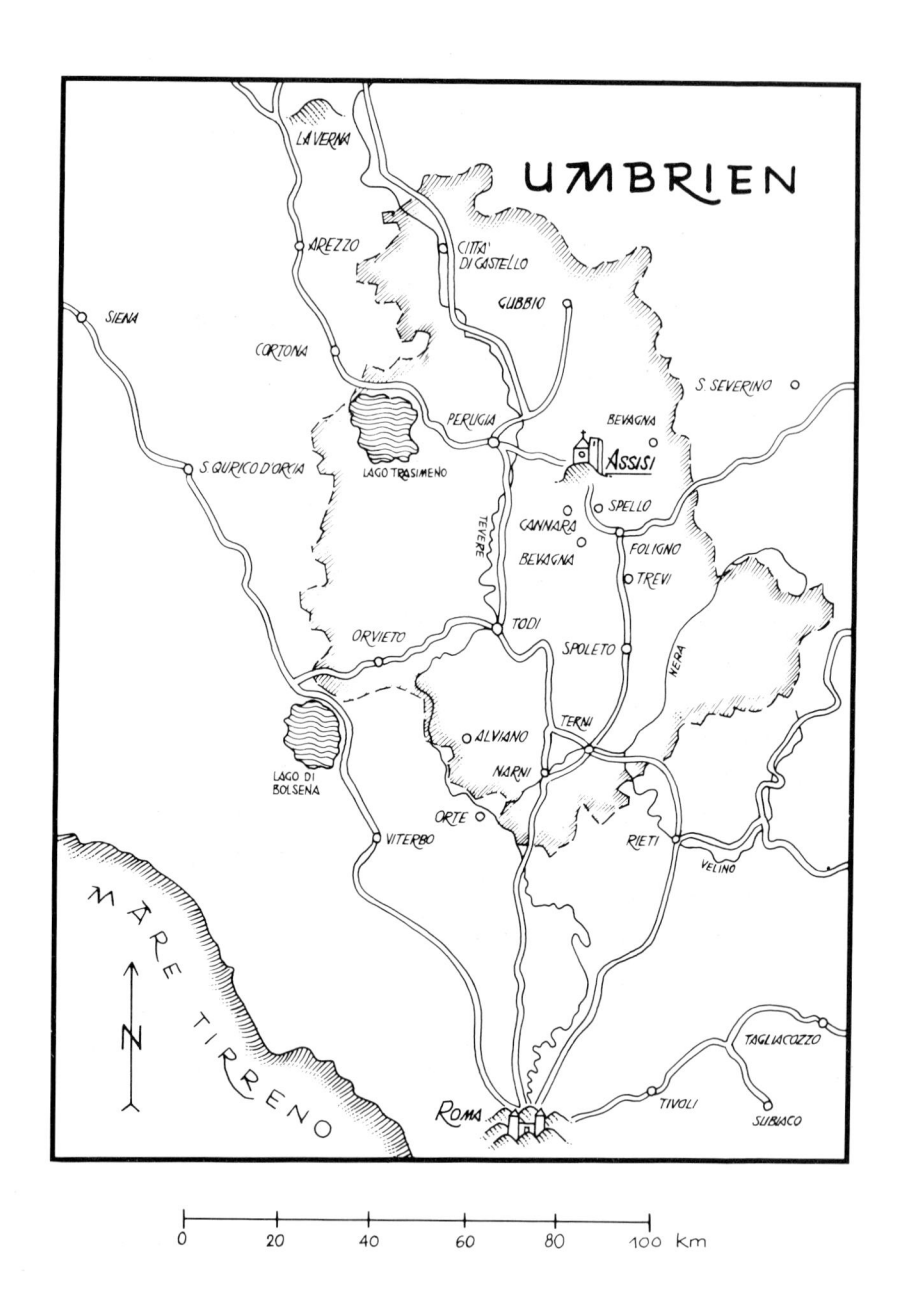

ZEITTAFEL

Geburt des hl. Franziskus	1182 (1181)
Franziskus in Gefangenschaft zu Perugia	1202 - 1203
Zug nach Apulien, Rückkehr von Spoleto nach Assisi	1205
Stimme vor dem Kruzifix in S. Damiano	um 1206
Enteignung vor dem Bischof von Assisi	1206 (1207?)
Wiederherstellung der 3 Kapellen: S. Damiano, S. Pietro u. S. Maria degli Angeli	1207 - 1208
Evangelium von der Aussendung der Apostel in Portiunkula. Die ersten Gefährten	1209
Mündliche Bestätigung der Urregel in Rom	1210 (1209)
Bekehrung der hl. Klara	1212
IV. Laterankonzil	1215
Abreise Franziszi in den Orient	vor 1219
Begegnung des hl. Dominikus mit Franziskus bei Kardinal Hugolin in Rom	1220
Bestätigung der Endgültigen Regel	1223
Krippenfeier in Greccio	1223
Stigmatisation	1224
Tod des hl. Franziskus	1226 (3.10. abends)
Beisetzung in S. Giorgio	1226 (4.10.)
Heiligsprechung des hl. Franziskus	1228
Beisetzung in der Grabeskirche S. Francesco	1230

Lied in der Stunde der Bekehrung

Höchster, glor-rei-cher Gott! Er-leuch-te die Fin-ster-nis mei-nes Her-zens und schen-ke mir rech-ten Glau-ben, ge-festigte Hoff-nung und voll-en-de-te Lie-be. Gib mir, Herr, das rech-te Emp-fin-den und Er-ken — nen, da-mit ich Dei-nen hei-li-gen und wahr-haf-ten Auf-trag er-fül-le. A—men.

Text: hl. Franziskus von Assisi
Melodie: Sr. Leonore Heinzl OSF

INHALTSÜBERSICHT

Vorwort 5
Lied: Assisi 7

I. LEBEN IM VERTRAUEN AUF GOTT
   1. Märchen von dem Menschen, der Gott sehen wollte   9
   2. Leben im Vertrauen auf Gott - Wer ist Gott und wie ist Gott? 12
   3. Fonte Colombo 22
   4. *Fragen zur Besinnung* 30
   5. *Lied:* Wir beten dich an 31

II. DER RUF ZUM LEBEN
   1. Jene, die der Welt entsagen 33
   2. Der Ruf zum Leben: Berufung 34
   3. San Damiano: Ort der Berufung 43
      San Damiano: Ort des Anrufes Gottes 45
      San Damiano: Wiege des Klarissenordens . . . 47
      Freude aus der Verbundenheit mit dem gekreuzigten Christus 48
   4. *Fragen zur Besinnung* 49
   5. *Lied:* Ruf zum Leben 51

III. BERUFUNG ZU EINEM LEBEN NACH DEM EVANGELIUM: DIE HEILIGE SCHRIFT
   1. Wie er der armen Mutter zweier Brüder das erste Neue Testament, das im Orden vorhanden war, geben ließ 53
   2. Berufung zu einem Leben nach dem Evangelium - Die Heilige Schrift 53
   3. Die Grabeskirche San Francesco - Franziskus als Verkörperung des Evangeliums 57

    Die Unterkirche 57
    Die Oberkirche 63
  4. *Fragen zur Besinnung* 72
  5. *Lied:* Berufung zu einem Leben nach dem
     Evangelium 73

IV. LEBEN ALS GEHEILTER –
    BEWÄLTIGUNG DER SCHULD

  1. Die kleinen Leute von Wippidu
     (ein amerik. Märchen) 75
     Fragen zur Auswertung des Märchens . . . 80
  2. Leben als Geheilter - Bewältigung der Schuld . . 81
     Was ist der Ursprung dieser Probleme 87
  3. Poggio Bustone: Ort der Heilung 94
     Das untere Heiligtum 95
     Das obere Heiligtum 96
     Weitere Ausbreitung des Ordens 97
  4. *Fragen zur Besinnung* 98
  5. *Lied:* Leben als Geheilter 99

V. LEBEN IN HINGABE – MENSCHWERDUNG
   UND ERLÖSUNGSTAT JESU CHRISTI

  1. Der Zweifler 101
  2. Leben in Hingabe - Menschwerdung und
     Erlösungstat Jesu Christi 102
     Menschwerdung 102
     Öffentliches Wirken Jesu 105
     Leiden und Sterben Jesu 108
  3. Greccio - Das Bethlehem des Franziskanerordens . 111
     Das Dormitorium 116
     Kostbarkeiten des Heiligtums 117
     Greccio - Ort einer franzisk. Laiengemeinschaft . 119
  4. *Fragen zur Besinnung* 121
  5. *Lied:* Leben in Hingabe 123

VI. LEBEN IN BRÜDERLICHKEIT

1. Wie er seine Brüder ermahnte, in Weisheit Buße zu tun 125
2. a) Leben in Brüderlichkeit 126
   b) Leben in geistlicher Gemeinschaft 135
3. Rivo Torto: Wiege der franzisk. Gemeinschaft . . 140
4. *Fragen zur Besinnung* 145
5. *Lied:* Leben in Brüderlichkeit 147

VII. LEBEN MIT DER KIRCHE

1. Wie er seinen Orden der römischen Kirche anvertraute 149
2. Leben mit der Kirche 150
   Was ist Kirche? 150
   Franziskus und die Kirche / Geschichtliche Situation der Kirche zur Zeit des hl. Franziskus . 153
   Das franziskanische Ja für Christus und die Kirche 154
   Franziskanisches Leben in der Kirche 157
   Die Eucharistie als Herzmitte seiner Kirchlichkeit . 158
   Seine Ehrfurcht vor Papst, Bischöfen und Priestern 159
   Kirchlichkeit als Maßstab und Garant seiner Brüderschaft 160
   Franziskanisches Leben für die Kirche . . . 161
   Schlußfolgerungen 162
3. San Rufino - Der Dom zu Assisi 166
   Taufe des Heiligen 168
   Klaras Berufung 169
   Was kann uns heutigen Menschen diese Stätte sagen? 172
4. *Fragen zur Besinnung* 174
5. *Lied:* Leben mit der Kirche 175

VIII. LEBEN MIT MARIA DER SCHWESTER UNSERES GLAUBENS

1. Die Liebe Mariens zum Evangelium ihres Sohnes . 177

2. Leben mit Maria der Schwester unseres Glaubens . 178
3. Portiunkula - Heiligtum der Gottesmutter . . . 184
   Das Evangelium - Frohe Botschaft für mich . . . 187
   «Der Herr gab mir Brüder» 188
   Portiunkula - Ort der Armut 191
   Portiunkula - Kapitelsort 193
   Der Portiunkula-Ablaß 194
   Besonderheiten des Portiunkula-Ablasses 196
   Sterbeort des hl. Franziskus 197
4. *Fragen zur Besinnung* 199
5. *Lied:* Leben mit Maria 201

IX. LEBEN AUS DER STILLE

1. Die Brautfahrt ins Schweigenland 203
2. Leben aus der Stille 207
3. Carceri - Ort der Stille 215
   Der Weg durch das Heiligtum 217
   Was tat Franziskus in den Carceri 218
   Ort der Entscheidung für das apostolische Leben . 220
4. *Fragen zur Besinnung* 221
5. *Lied:* Leben aus der Stille 223

X. GOTT BEGEGNEN IN DER SCHÖPFUNG

1. Die Liebe des Franziskus zu dem Lämmlein . . . 225
2. Gott begegnen in der Schöpfung 226
   Die Vogelpredigt 228
   Der Sonnengesang 235
3. Der Berg Subasio - Begegnung mit der Schöpfung . 237
4. *Fragen zur Besinnung* 241
5. *Lied:* Gott begegnen in der Schöpfung 243

XI. LEBEN UNTER DEM KREUZ

1. Die andere Schönheit (Märchen) 245
2. Leben unter dem Kreuz 247

3. La Verna - Golgotha des Franziskus 257
4. *Fragen zur Besinnung* 262
5. *Lied:* Leben unter dem Kreuz 263

XII. LEBEN MIT BRUDER TOD
1. Wir sind nur Verwalter 265
2. Leben mit Bruder Tod 265
3. Die Grabeskrypta von San Francesco 269
   Franziskus lebt weiter 273
   Einige Zahlen und Tatsachen 275
4. *Fragen zur Besinnung* 276
5. *Lied:* Leben mit Bruder Tod 277

XIII. LEBEN MIT EINER SENDUNG
1. Das Gleichnis, das er vor dem Herrn Papste
   darlegte 279
2. Leben mit einer Sendung 280
   Der Berufungsweg der hl. Klara 281
   Das Leben nach dem Evangelium 286
   Die Bindung an die Kirche 287
   Das Leben in Armut 288
   Leben in Liebe und Menschlichkeit 289
   Der Weg der Einfalt und Demut 291
   Die Beziehung der beiden Heiligen zueinander . . 292
3. Santa Chiara - Grabeskirche der hl. Klara . . . 295
   Die Kirche der hl. Klara 296
   Bedeutende Erinnerungsgegenstände 297
   Erinnerung an Franziskus und seine Brüder . . . 298
4. *Fragen zur Besinnung* 300
5. *Lied:* Leben mit einer Sendung 301

Zeittafel 302
Die franziskanischen Stätten 303
Lied: Höchster, glorreicher Gott 305